现代教育理论与德育研究

孟晓玮　唐启纲　马永泽◎著

线装书局

图书在版编目（CIP）数据

现代教育理论与德育研究 / 孟晓玮，唐启纲，马永泽著. -- 北京：线装书局，2024.4
ISBN 978-7-5120-6082-1

I. ①现… II. ①孟… ②唐… ③马… III. ①教育理论－研究②德育工作－研究 IV. ①G40②G41

中国国家版本馆CIP数据核字(2024)第080434号

现代教育理论与德育研究
XIANDAI JIAOYU LILUN YU DEYU YANJIU

作　　者：	孟晓玮　唐启纲　马永泽
责任编辑：	白　晨
出版发行：	线装书局
地　　址：	北京市丰台区方庄日月天地大厦B座17层（100078）
电　　话：	010-58077126（发行部）010-58076938（总编室）
网　　址：	www.zgxzsj.com
经　　销：	新华书店
印　　制：	三河市腾飞印务有限公司
开　　本：	787mm×1092mm　1/16
印　　张：	13.5
字　　数：	300千字
印　　次：	2025年1月第1版第1次印刷
定　　价：	78.00元

前　言

随着社会经济的快速发展,在现代一体化、文化多元化发展的时代背景下,传统的德育教育理论和实践已经无法继续满足学校教育的要求,教育工作者应立足于现实,积极地在教育理论和实践过程中进行改革和创新,采取有效的发展途径,尽可能地使学校德育教育适应教育主体多元化发展,从而跟上现代社会教育改革的速度。学校德育教育作为学校教育的一个重要的组成部分,其教学作用是显而易见的,不仅能够培养学生高尚的人格、高远的志向以及高雅的情趣,同时还能够与学校智育教学相得益彰,促进智育教学的顺利开展,因此,积极探寻学校德育的发展途径具有重要的办学意义。

本书首先对现代教育的社会化特征,经济、文化的发展与现代教育以及现代教育的人本化发展研究做了简要介绍;其次阐述了现代教育技术,其中包括现代教育技术概述,现代教育技术的理论基础,现代教育技术与新课程改革、学校现代教育技术环境。然后对现代高中教育的理论研究、德育及其学科的发展、高校德育的基本理论进行了深入的研究,最后从多维度阐述了高校德育的发展研究,充分反映了 21 世纪我国在现代教育论理与德育研究方面的前沿问题,力求让读者充分认识现代教育论理与德育研究的重要性和必要性。本书兼具理论与实际应用价值,可供广大德育相关工作者参考和借鉴。

笔者在撰写本书的过程中,借鉴了许多前人的研究成果,在此表示衷心的感谢。由于现代教育理论与社会实践研究涉及范畴比较广,需要探索的层面比较深,笔者在撰写的过程中难免会存在一定的不足,对一些相关问题的研究不透彻,提出的现代教育理论与社会实践研究策略也有一定的局限性,恳请前辈、同行以及广大读者斧正。

编委会

李　慧　魏雪芹　李海涛
魏　萍　佟全辉

目 录

第一章 现代教育概述 …………………………………………………… (1)
    第一节 现代教育的社会化特征 …………………………………… (1)
    第二节 经济、文化的发展与现代教育 …………………………… (9)
    第三节 现代教育的人本化发展 …………………………………… (19)

第二章 现代教育技术 …………………………………………………… (30)
    第一节 现代教育技术概述 ………………………………………… (30)
    第二节 现代教育技术的理论基础 ………………………………… (43)
    第三节 现代教育技术与新课程改革 ……………………………… (61)
    第四节 学校现代教育技术环境 …………………………………… (74)

第三章 现代高中教育的理论研究 ……………………………………… (90)
    第一节 我国高中教育改革的基本取向 …………………………… (90)
    第二节 我国高中教育的基本模式 ………………………………… (94)
    第三节 高中教育指导思想 ………………………………………… (97)
    第四节 高中课程体系建构 ………………………………………… (99)
    第五节 高中教学方法改革 ………………………………………… (105)

第四章 德育及其学科的发展 …………………………………………… (109)
    第一节 德育的基本概念 …………………………………………… (109)
    第二节 德育的历史发展 …………………………………………… (123)
    第三节 德育学科的发展 …………………………………………… (131)

第五章 高校德育的基本理论 …………………………………………… (137)
    第一节 高校德育目标及其功能 …………………………………… (137)
    第二节 高校德育方针及其原则 …………………………………… (148)
    第三节 高校德育过程及其规律 …………………………………… (157)
    第四节 高校德育课程及其主要内容 ……………………………… (176)

第六章　高校德育的发展研究 ……………………………………………（184）
　　第一节　高校德育方法及其应用 ………………………………………（184）
　　第二节　高校德育环境及其评估 ………………………………………（191）
　　第三节　高校德育的现状及其对策 ……………………………………（202）
参考文献 ……………………………………………………………………（206）

第一章 现代教育概述

第一节 现代教育的社会化特征

一、现代社会的特点

从历史学的角度来看,所谓现代社会是指在社会政治、经济、文化等方面发生与近代社会有着根本性、革命性变化的社会历史阶段。社会主义国家的历史学家比较认同以1917年的俄国十月社会主义革命为开端,我国历史学家一般认同以1919年的五四运动为标志,西方历史学家侧重于从科技革命,特别是信息科学、生命科学、材料科学、能源科学、海洋科学为主要标志的新技术革命来理解现代社会。不管是从什么角度来认识现代社会,人们都能感受到,从20世纪特别是从20世纪50年代以来,人类社会进入了一个不同于以往的时代,社会的现代化进程进入到一个更加广泛、更加全面、更加深刻、更加有序的阶段。综合来看,现代社会一般呈现以下一些特征。

(一)迅速变革

奴隶社会、封建社会之所以在人类历史上存在那么长的时间,是这种社会以稳定为准则所导致的,但是在现代社会,迅速变革却是其最主要的特征,也是社会进步最主要的动力。南斯拉夫的学者那依曼谈到:"如果人类历史近5万年以相当于一个人的生命62年左右为一阶段,大体上可以分为800代这种阶段。在这800代中,至少有650代人出生在洞穴中。但仅仅是在最近这70代人中才变得可能在连续两代人之间建立一种真正的交往——文字带来了这种进步;只是最近这6代人才看到了印刷文字,近4代人才能以某种精确度计算时间,近2代人才能使电动机在世界上得到普及……""1500年前，根据慷慨的估计，欧洲每年出版1000多本著作。这就差不多意味着需要整整一个世纪才能建立藏书10万卷的图书馆。4个半世纪以后，1950年的出版速度如此之快，致使欧洲每年出版12万部著作，过去需要一个世纪才能办到的事，现在只用10个月就全部完成。仅仅在10年以后，在1960年就又达到了一个新水平，一个世纪的工作只用了7个半月就完成了。"

迅速变革首先表现在人们的物质生活中。现代社会的物质产品极大丰富，产品更新换代速度加快。同一种产品的结构不断更新、制作更加精巧、功能不断增加、使用更加方便。以个人计算机为例，在短短的十年内，从人们对计算机一无所知到今天普遍使用运行速度极快、运用范围极广的高性能计算机，我们个人生活的节奏甚至跟不上计算机发展的步伐。许多新技术含量极高的产品，可能过不了多久就被无情地淘汰。

迅速变革也表现在人们的精神生活中。人们经常自嘲"不是我不明白，这世界变化快"。今天流行的观念、思想，明天就有可能过时，昨天被人们崇拜的偶像，今天可能不再为人所知晓。回过头去看一看，有好多在过去被人们坚信不疑地奉为真理的价值观念、道德准则早已无法指导现代人的行为。人们的行为方式、生活态度、衣食住行也都在发生急剧的变化。一句话，一成不变的东西越来越少，变化不定的东西越来越多了。

（二）科学化

科学技术知识的发展已进入到高度分化、又高度综合的阶段。科学转化为技术，技术运用于生产的时间间距正在逐渐缩短。随之而来的是科学技术知识的更新速度日益加速、老化周期日益缩短。这样，科学、技术和生产趋向一体化，科学技术也逐渐成为最活跃的、最具革命性的生产力。

现代科学不仅推动了生产科学化、劳动智力化，而且也带来了决策科学化和管理科学化。人类不再像早期为获得某项新发明而欣喜若狂，不再滥用科学技术，而是更全面科学地处理科学应用与环境污染、生态平衡、核战争之间的关系；在思维方式上，迷信和盲目崇拜减少，科学的选择和决策起着更重要的作用。

（三）信息化

现代社会是一个信息社会，信息是现代社会运行的血液与润滑油。信息社会的第一个特点是信息增长的速度急剧加快。科学技术日新月异的发展为人类提供了大量的信息资源，知识激增呈爆炸趋势，已不能用倍数来形容，而是按指数级增长的。按粗略统计，20世纪前50年的研究成果，远远超过整个19世纪；而20世纪60年代科学技术的新发现、新发明，则比过去2000年的总和还要多；20世纪初时，杂志数量约为1万种，到了20世纪70年代，就超过了10万种。信息社会的第二个特点是人们获取信息的速度增快，获取信息的途径增多。在信息社会中，传统的信息传播媒介如报纸杂志、广播电视、电话，通过技术革新和管理革命加快了信息传播的速度，而新的信息技术手段如光纤传输、卫星通信、可视电话、互联网以及宽带技术使得生活在现代社会的人们与世界上各个角落的大小事件联系在一起。可以说，人们的思想、观念、态度每天都在与来自多种途径的其他思想、观念和态度发生交互作用。

（四）整体化

社会整体化的特点首先表现在现代科学发展的综合化与一体化。在新的学科不断产生的同时，各种科学之间出现了彼此联系日益紧密的高度综合的趋势，出现了边缘科学、横断科学、综合科学，出现了社会科学与自然科学的交叉、融合，出现了科学与实践活动的大系统或巨系统现象。另外，随着分工越来越细和越来越普遍，人们在工作之间、生活之间越来越需要相互依赖，团结协作。社会不同地区、不同部门之间，个人同集体、个人同他人越来越存在千丝万缕的联系。

正是靠着现代科学技术的成就和文明、现代生产的分工与合作、人与人之间的紧密联系，社会的整体化特征才得以形成。但是，需要注意的是，社会整体化特征是以制度化社会、法制化社会、组织性社会为前提的。没有共同遵守的制度和法律，人们不守信用，不承担对他人和社会的义务和责任，社会生活也就不可能走向整体化。

（五）民主化和法制化

承认人身自由和人人地位平等为前提的现代民主源于现代商品经济的发展与成熟。在人们物质生活极大丰富的同时，必然会伴随着精神文明的进步。个人的主体地位、个人自主性、能动性、个人权利更加受到他人、集体以及国家的重视，同时，公民的文明素质得以较大提高，人们学习如何宽容与尊重他人的不同观念和思想倾向，学习增强对他人的责任感和义务意识。这一切，又反过来促进现代商品经济的发展。

法制化是现代社会民主化成熟的一个表现和标志。民主要规范化和制度化，就要法制化。尽管不同制度的国家的民主和法制有着重大区别，但民主化必然继之法制化却是现代民主的规律。只有完善法制，才能真正保护人身自由和实现人人地位平等，才能保证社会主义国家公民的最大的民主。

二、教育在现代社会中的地位

（一）教育地位的两种转变

在向现代社会的转变过程中，教育的地位完成了由依附宗教和政治到相对独立，由阶级和等级地位的象征到社会发展基础的两种转变。

在长达上千年的历史发展中，教育的地位主要是或者基本是依附于宗教和政治的。奴隶社会的教育依附于奴隶主和奴隶制度的政治，教育的主要目的是使奴隶主的子弟学习一套管理国家、镇压奴隶和参与作战的本领。封建社会的教育则依附于封建地主阶级和封建制度的政治；在欧洲封建社会，宗教成了封建制度的精神支柱和统治人民的工具，宗教的势力主宰了文化和学校教育。进入资本主义社会以后，由于工业化和世俗化的进程日益加速，也带来了教育上的变革。普及教育的思想使教育开始逐渐摆脱由政治和宗教独占的局面，教育与经济、军事、文化、科学、社会生活方式等方面都开始有了紧密的联系。教育的独立地位建立和加强起来了。同样道理，在奴隶社会和封建社会里，学校教育被统治阶级所占有，成为一种阶级和等级地位的象征。唐朝的"六学二馆"是教育的阶级性和等级性的典型表现，当今英国的公学仍然残留着等级制的浓浓痕迹。正是因为如此，两千年前孔子的一句"有教无类"才为人们如此之推崇。工业化的发展，使社会的发展越来越依赖教育的发展。现代生产是以机器生产为起点的，这标志着科学进入了生产过程，人类的物质文明建设由主要依赖于体力转向越来越依赖人们的智力，由主要依赖于熟练转向主要依赖于知识。所以，现代社会要求其成员尽可能具备较高的文化水平，选拔人才更多地根据一个人的受教育程度以及他的能力，而不是主要根据他的出身。教育的价值观念变化了，教育的职能变化了，它以一种非常有力的方式发挥着作用。一方面，它能够协助维持现存的社会关系；另一方面，它也能够准备、创立和推动新的社会关系。社会发展的标志是生产力的发展，先进的生产力的基础是科技、人才和教育，三者又最终归结于教育。教育是社会发展的基础。

（二）现代中国教育的战略地位——"百年大计，教育为本"

随着世界新技术革命的到来，人们逐渐认识到，国与国间的经济、政治和军事竞争实际上就是经济实力和科学技术水平的竞争，而经济实力和科学技术水平的竞争实质上就是人才的竞争、教育的竞争。把发展教育视为本国经济、社会发展的战略重点，已成为多数国家的共识。1987年，党的十三大正式确立了我国教育的战略地位，提出："把发展科学技术和教育事业放在首位""百年大计，教育为本，必须把发展教育事业放在突出的战略位置，加强智力开发"。

正确理解"百年大计，教育为本"，必须从以下两个方面来认识：第一，要从人才在社会发展和经济建设中的作用来看教育的战略地位。我国在社会现代化的进程中，一个很突出的矛盾是人才短缺，既存在着数量上的短缺，也存在着种类上的短缺。众所周知，社会发展需要各种人才，没有人才，谈不上经济的飞速发展和各项社会事业的兴旺发达。教育是培养人才的摇篮,只有加速发展教育事业,才能解决当前人才匮乏的问题,才能为我国经济的可持续发展提供必要的条件。人才问题既是我国当前经济发展的问题所在,也是将来我国社会发展的优势所在。一个十二亿多人口的大国,如果教育搞上去了,那么这种人才资源的巨大优势是任何国家都比不了的。第二,要从实现现代化的经济目标看教育的战略地位。我国经济发展的远景目标是在2010年实现国民生产总值比2000年翻一番。实现这一宏伟目标的前提是发挥科学技术在经济发展中的先导作用,使科学技术从一种知识形态的、间接的、潜在的生产力转变为物质形态的、直接的、现实的生产力。而这种转变,是主要通过两种途径得以实现的。其一,是提高劳动者的科学文化素质和劳动技能,使人这个生产力中最活跃的因素得以发挥最积极的作用;其二,改造生产资料,为扩大和利用劳动对象开辟新的领域,变单纯依赖自然界提供自然资源为利用科技力量创造出新的材料资源。这两种途径的根本都是大力发展教育。只有大力发展教育,才能实现劳动者科学文化素质的大面积提高;只有大力发展教育,才能出更多更好的科技成果,并将这些成果更好地加以利用。因此,无论是从当前的经济目标来看还是从社会的现代化进程对人才的需求来看,只有重视和发展教育事业,才是实现中华民族伟大复兴的根本。

三、现代教育的特征

现代教育这个概念,可以有三种不同的理解:第一种是被理解为一种特定概念,在教育史上,美国教育家杜威把德国教育家赫尔巴特为代表的教育理论称为"传统教育",把自己提出的实用主义教育理论标榜为"现代教育"或"进步教育";第二种是从社会历史发展的阶段来看,人类社会的历史分为古代社会和现代社会,因此相应地有古代教育、现代教育;第三种理解认为,现代教育是与传统教育相对应的概念。虽然现代教育要与一定的时间概念联系起来,可是如同"现代经济、现代科学、现代观念、现代人"等概念,其内涵早已超出了断代分期的意义,成为与"传统的……""旧的……"相对的概念。

我们认为,教育是培养人的活动,现代教育仍然是以培养现代社会所需要的人为宗旨的教育。在不脱离教育的原有内涵的前提下,具体地说,现代教育所代表的教育观念、形态和特征,必须适合当今现代社会、现代生产体系、现代经济关系、现代文化体系、现代科学技术、现代社会生活方式,等等,现代教育是现代社会所提倡和应用的教育思想、制度、管理体系、内容、方式、方法等的总和。

从教育发展与社会发展必须同步的认识出发,现代教育发展呈现出以下的一些特征。

（一）教育先行

"二战"以后，世界教育发展出现了前所未有的新特点，教育的经济功能第一次超过其他功能而得以凸现，引起了国际社会的普遍重视。许多国家在处理教育与经济的关系上采取了教育先行的策略。所谓教育先行，是指在一定的生产力发展的条件下，为了发展经济，必须注意首先发展教育。它包括两层意思：一是教育事业的发展，在教育投资的增长速度上应超过经济增长速度；二是教育事业的发展，在人才培养上要兼顾经济建设近期和远期的目标，目标应当超前。以日本为例，作为"二战"战败国的日本在20世纪五六十年代出现了经济的超高速发展，这当然与战败的耻辱激发国民奋发图强有关，但主要应归功于教育。从1905年到1960年的55年间，日本的教育投资增加了23倍，同期物力投资增加7倍，国民收入增加10倍，教育投资的速度远快于物力投资的速度；1872年日本开始建立现代学制，到了1907年就已普及了六年义务教育。也就是说，早在日本经济腾飞之前，它的教育发展就已达到了很高的水平。美国学者舒尔兹在对许多国家几十年经济发展的状况进行分析后，提出了人力资本理论，认为人口质量、教育投资对经济发展的价值超过物力投资。

教育先行之所以在"二战"后成为许多国家发展教育的显著特征，是有其特定的社会原因的。首先，是由现代经济对现代科技和教育的依赖决定的。现代经济发展本身是建立在现代科学技术的基础上的，而随着科学技术的发展，脑力劳动在生产中的比重越来越大，劳动生产率的提高，主要是依靠劳动者科学技术水平的提高和生产工具的改进。因而教育对促进生产力发展的作用就越来越大。据统计，在机械化的初级阶段，生产中体力劳动和脑力劳动的比例是9∶1；在中等机械化程度时，生产中体力劳动和脑力劳动的比例是6∶4；在全盘自动化的情况下，生产中体力劳动和脑力劳动的比例是1∶9。可见，经济发展对人的素质要求极高，劳动密集型的经济将逐渐被知识密集型的经济所替代，人力资源成了比物力资源更有决定意义的影响经济和社会发展的因素。正是看到了教育和人力投资的经济价值，许多国家在战后优先进行人力和教育投资。第二，教育先行的战略是由教育的长期性所决定的。所谓"十年树木，百年树人"。教育周期如果从适龄儿童6岁上学算起到22岁大学本科毕业，其间有16年的时间，就算这些毕业生能马上在经济建设中发挥其作用，那也意味着今天要用的人才，16年前就应开始投资培养了。所以从这个意义上看，教育投资必须提前若干年支付。同样，在规划教育时，必须根据经济发展和社会发展的形势，预测出若干年后（长期的人才预测为40年以上，中期的人才预测为20年左右，近期的人才预测为5~6年），国家要培养多少高级建设人才、中级建设人才和具有一定文化心理素质的熟练与半熟练的劳动力。

（二）教育终身化

1965年，联合国教科文组织在巴黎召开国际成人教育促进会会议，时任教科文组织教育局继续教育部长的法国人保尔·朗格朗提出的终身教育思想得到了确认。之后，终身教育思想风靡全球，成为战后一种重要的教育思想。朗格朗认为，数百年来，把人的生活分成两半——前半生用于受教育，后半生用于劳动，这是毫无科学根据的，教育应该是人从出生到死一生继续着的过程。其《终身教育引论》概括了终生教育的两个基本特征：第一，通过一体化的教育组织，提供给人足够的教育机会，使人的一生都能获得良好的教育；第二，人的一生所受的各种教育（包括学校教育、家庭教育、职业教育和训练等）应相互交流和联系。终身教育的提出是现代教育对现代社会挑战的回答，终身教育理论也是教育实践的概括和升华，是针对传统教育体系的缺陷而提出的改革设想。在联合国教科文组织的大力推动下，终身教育思想已被东西方不同社会制度的国家所接受，正在变为范围广阔的教育实践，从而也成为现代教育的一个重要特征。

可以这样理解，终身教育是现代教育在教育时空上的特征表现。从时间上看，人的一生都应该受教育；从空间上看，学校教育、社会教育和家庭教育是一个有机的教育整体系统。从学校教育的角度去理解终身教育，应着重强调两个方面：第一，学校教育不再是孤立的象牙塔，现代社会越来越紧密地把它和家庭、社会联系到一起。在教育实践中，我们经常听到"教师苦口婆心一席话，不如哥们一句话；教师辛辛苦苦讲半天，不如社会一支烟"之类的调侃之语，它从一个侧面反映了传统学校教育的尴尬，提醒我们必须树立大教育的观念，办"立体型"的教育、"全境式"的教育。第二，终身教育实质上就是终身学习。在信息爆炸的现代社会中，学校教育不应是着重于对知识、技能以及能力的掌握、形成的结果的强调，而应是对学生自我教育、学会学习的强调。"未来社会的文盲，将不是不识字的人，而是不会学习的人"。从某种意义上说，培养人终身学习的愿望、自学的能力和方法以及为后续学习做准备的知识、技能和能力，应是现代学校教育的主要目标。

（三）教育国际化

各国社会制度不同，教育制度的性质也不同，即便是制度相同的国家，教育制度的差别也很大。尽管如此，世界各国在发展教育过程中，仍有许多共同的地方。

首先是对教育现代化的理解，各国普遍认为，教育现代化指的是教育适应时代的发展，反映并满足现代生产、现代文化科学发展的需要，达到现代社会发展所要求的先进水平。它既指教育手段和方法的现代化，也包括教育观念的现代化、教育目标的现代化、教育结构的现代化、教育内容的现代化、教育理论和教育研究方法的现代化等。

在培养目标上，各国都把培养目标放在当今世界国际交往发展和提高国际地位的需要上，即要培养跨世纪的跨国人才，这就是当今世界各国竞相提出的培养具有"全球意识""国际视野"的"国际型人才"。为了实现这种"国际型人才"培养目标，在学校教育制度上，就要积极开展国际教育援助；加强互派留学生；加强国际包括教授、专家、学者在内的教育文化科学的交流；积极召开跨国的学术研究和学术会议。在教育内容上，各国都重视外国语、世界历史、地理等课程的教学，努力学习外国一切好的东西，积极吸取最新的科学技术；在教育管理上，各国都时刻注视世界教育的现状和管理趋势，加强比较研究，力图把国外先进的教育管理理论、经验同本国的实际结合起来。总体上看，世界教育在逐渐打破文化传统、社会制度等因素的桎梏而走向融合。

需要注意的是，现代教育的国际化特征并不同于一些人所理解的"西方化"。尽管西方发达国家比较早地介入对现代教育的研讨，在某些方面也确实引领了现代教育发展的潮流。但是西方国家在教育理论和教育实践上存在着许多不足和固有的弊端，何况任何国家都有自己在教育上的优势或特色，比如，中国的基础教育特别是高中教育就是西方国家一直想要学习的，新加坡的传统道德教育也是令人惊讶的教育奇迹。因此，教育国际化的实质是从本国国情出发，互相取长补短，共同走向真正的教育现代化。

（四）教育产业化

教育产业化是一个最具争议性的现代教育特征。"二战"以后，西方国家加强了中等和高等教育、职业教育与市场经济、社会的联系，把教育作为特殊的产业来办，加上这些国家本身的社会制度和教育自由化倾向，教育产业化的特征已较早地凸现出来，学校在面向社会、面向经济、面向市场，并在为外部世界服务中求得自身的发展。而部分发展中国家和社会主义国家在逐步确立市场经济体制的过程中，也开始逐渐意识到，科学技术是生产力，在现代化的生产中，教育也是一个重要的生产力。按照马克思主义关于生产劳动的理论，在现代化生产条件下，劳动协作的发展，使得生产劳动者的概念，不仅包括工农业物质生产部门的劳动者，也不仅仅是科学技术人员，而且包括教育工作人员。教育部门也就成为一个生产部门，而不是传统意义上的纯消费部门。只有把教育作为一种产业，才能促进教育部门讲究成效、成本和质量，使教育工作者享受到生产部门劳动者的福利待遇，从而把教育置于优先发展的地位，增加对教育的投资。

尽管在理论上还存在这样或那样的不同意见，但现代教育的产业化趋势已越来越明显地表现出来。我国的职业技术教育、高等教育也已在逐步地走向市场，学校教育同劳务市场、人才市场发生着越来越密切的联系。但是，需要注意的是，从根本上来看，教育是培养人的活动，它在受制于社会生产力、政治经济制度的同时又有其相对独立性，何况不同类型的教育具有不同的性质，因此在教育产业化的过程中，应慎重地对具体问题进行具体分析，而不能一哄而上，搞一刀切。

（五）教育民主化

民主化是现代社会的重要特征，教育民主化也是现代社会教育政策和教育思想坚持和努力的方向。从教育政策来看，教育的民主化主要是指受教育机会的平等和民主；从教育思想来看，教育民主化主要是指教育内部关系的民主化。

教育机会民主指的是学校教育要向社会全体成员开放，不受社会成分、经济状况、家庭地位等限制。它是社会需要、个人才能和兴趣以及个人努力的特殊结合。要实现教育机会民主化，首先需要国家增加教育投资，扩充教育设施，增加教育机会，提高全民族的科学文化水平。普及教育是实施教育机会均等的重要举措，现在世界各国的普及教育已由普及初等教育向普及中等教育阶段提高，不少国家正向高等教育大众化的方向努力。

教育内部关系的民主化主要体现在教育过程中的师生平等、民主的关系。教师不再是威严的代名词，越来越多的国家强调在教育过程中，教师应注意以平等和民主的态度对待学生，与学生相处；学生也不是完全被控制和操纵的奴隶，在求知的道路上，可以把老师当作朋友坦诚交往；越来越多的国家强调在发挥教师的主导作用的同时，更强调把学生看作是有自主性、能动性和独特性的主体，要求把教学双方的主导作用和主体作用结合起来，并且认为，这种结合不仅适用于教学过程，也同样适用于其他的一切教育过程。

第二节 经济、文化的发展与现代教育

随着教育与社会经济发展的联系日益密切，人们不仅仅看到了教育对社会经济发展的作用，而且也越来越注意到经济建设对教育事业发展的作用和影响。教育和生产力、政治经济制度的关系在理论上已基本确立以后，人们开始务实地探讨教育与社会发展过程中的某些具体现象之间的联系。

一、商品经济、市场经济与现代教育

中共十一届三中全会批判了"两个凡是"（凡是毛主席做出的决策，我们都坚决拥护；凡是毛主席的指示，我们都始终不渝地遵循）的错误方针，把工作重点

转移到了社会主义现代化建设上。其后不久，教育理论界展开对教育本质和属性的大讨论，其结果是从理论上清算了"以阶级斗争为纲"的"左"的思想对教育的影响，对"教育是上层建筑""教育是阶级斗争的工具""教育是单纯的消费"等传统观念提出了挑战，论证了教育的生产性、教育和经济的关系以及教育为经济建设服务的职能等一系列理论问题，这一切为后来讨论商品经济、市场经济与教育的关系做好了学术准备。

（一）商品经济、市场经济对教育的作用与影响

市场经济是一种通过市场来配置资源的经济体制，它的核心是利用供求关系和价值规律，通过自由竞争，优化资源配置，以获得最大的经济效益。作为一种与传统的计划经济迥然不同的体制，市场经济不仅给我国经济发展带来前所未有的契机，对人们长期形成的思想价值观念带来前所未有的冲击，同时也给以育人为根本目的的学校教育带来极大的影响。这种影响表现在积极、消极两个方面。

1. 对教育思想、观念的影响

首先会带来人的教育思想、教育价值观念的转变。与市场经济相对应的教育新观念有：教育—社会一体化观念、教育市场观念、教育产品交换观念、主体观念、竞争观念、效益观念、效率观念、开放观念，等等。这些新观念无疑给我国教育事业的发展带来新鲜的活力。但是，市场经济的价值取向容易导致教育价值取向的偏颇、教育观念的混乱。这主要体现在对教师和学生价值观念的震荡上。如"拜金主义"、急功近利、见利忘义等思想的抬头，职业道德水准的下降，新的"读书无用论"的产生等。

2. 对教育发展的速度与规模的影响

越是商品经济发达、市场经济体制完善的地区，人们对教育重要性的认识水平越高，社会、家庭、个人就越愿意增加在教育上的投资。可以说，市场经济激发了社会和个人对教育的有效需求，进而会促进教育事业发展的速度加快、规模扩大。

3. 对教育运行机制的影响

随着市场经济体制的建立和完善，市场竞争必然表现为科学技术的竞争，而科学技术的竞争就是人才的竞争，人才的竞争归根结底是教育的竞争。引入竞争机制，会给学校带来生机和活力。在社会主义市场经济条件下，教育的运行机制应是：宏观调控、科学管理、鼓励竞争、社会参与。

4. 对教育投资的影响

商品经济、市场经济也必将改变原有的以国家拨款为主的教育投资体制，多渠道筹集教育经费。除现有已采用的财、税、费（学杂费）、产（校产收入）、社

（社会集资）、基（教育基金）等形式外，还可采用借、贷、蓄等形式。教育银行的建立也将会提到议事日程上来。但是，市场经济的效益原则，可能会使人们更加不愿投资于收益周期本来就长的教育事业，这将使教育经费更加短缺，区域差异更加严重。

5. 对教育目标和办学方针的影响

市场经济要求每个企业和个体对自己负责，确立主体意识和主体地位，主动了解市场、寻找市场、开拓市场、组合市场，从而有效地参与竞争。这无疑对个人的文化素养、工作能力、事业心、责任感和个性品质都提出了极高的要求，促使学校教育更新培养目标，重视对学生自主性、能动性、创造性等主体素质特征的培育。各级各类学校也更能实际地根据学校传统、地区特色和发展要求、市场需求等因素明确自己办学目标。但是，市场经济也容易导致学校培养目标的急功近利倾向；促使学校创收等经济行为膨胀，从而动摇了学校以教学为中心的办学方针，导致教育质量下降。

6. 对办学体制的影响

商品经济、市场经济促使社会对各种人才的需求更加迫切，这种需求既表现在人才的数量上，也表现在人才的质量上。现有的政府办学不能满足这种教育需求，以至于出现多元化的办学形式，如民办学校、私立学校，等等。但是，这类社会办学形式往往更多强调了办学的经济行为，淡化了办学的社会奉献行为，商品化倾向严重。一些学校在办学动机、办学目标、教育教学质量上都存在着一定的问题。

7. 对教育结构的影响

商品经济、市场经济的发展导致了现有的劳动力市场出现供求矛盾。例如，我国当前经济建设需要大批的中等职业技术人才和符合当前市场需求的专业人才，这样，就促使与市场经济联系紧密的职业技术教育得以广泛发展，同时也迫使高等学校在扩大招生规模的同时改革院、系、科的专业设置。

8. 对学校教育功能的影响

市场经济发展打破了传统教育的封闭格局，使教育与劳务市场的联结日益密切。市场经济的竞争性、多变性特点对学校教育功能提出新的要求，除培养人外，学校还要承担科学研究、科技发展、发展社区文化和社区服务等任务。但是，市场经济的功利原则容易导致学校育人功能的淡化，教育的经济功能的无限膨胀和其他功能的退化。

9. 对教育管理体制的影响

市场经济体制的发展对教育管理体制提出了新的要求：转变政府及教育行政部门的职能，由统一计划管理转向放权分级管理，促进中央向地方放权，并扩大学校办学自主权。这样，地方和学校可以根据市场需要培养人才，不仅有利于学校产业的发展，还可与市场直接挂钩，参与科技市场的竞争，把学校的科技成果迅速转化为生产力；更有利于学校根据当地条件和学校优势办出自己的特色。但是，要求政府放权可能会弱化政府承担的教育义务和责任，在教育的权责分担上，会出现责任层层下放的政府行为的"推诿论"，另外，市场经济的竞争原则会造成教育资源配置上的不公平倾向。

10.对教育内容与方法的影响

市场经济的发展对人才素质和教育质量提出了新的要求。迫使学校改革专业、课程设置，改革教学内容和方法。

11.对教师、学生和学校德育工作的冲击

市场经济的发展，拉大了收入分配差额，利益原则使部分教师心态失衡，造成教师人才外流。而市场经济的交换机制容易导致教师行为的扭曲，一些报章所披露的教师在校园中兜售商品、在家庭中办辅导班就是例证。这种现象势必会妨碍学校教学科研的正常开展。学生具有了商品意识、功利思想，个人本位思想严重，集体主义精神减弱，助人意识和社会责任感淡薄。从学校德育工作来看，学生所处的道德环境更为复杂，学生的道德素质、理想信念本身也面临危机。这些变化，一方面，导致学校德育工作者的失落感；另一方面，也导致传统学校德育的方法、手段的全面不适应。

（二）教育对商品经济、市场经济的适应

商品经济、市场经济的建立给教育带来深刻的影响，在这种情况下，对教育而言，就必然有一个适应的问题。这种适应，是教育内部和外部的客观要求。从教育内部来看，教育是一个动态的概念，教育只有在它认识到自身存在对社会的意义并不断完善和更新、主动适应时，才能得到发展。教育自身发展的规律在于其对社会发展的适应性。因而建立适应社会主义市场经济发展的教育体制，也是教育自身发展的需要。从教育外部对教育的客观要求来看，社会需要教育，社会的变化，要求教育与之相适应。但是，这种适应是动态的。一方面，市场经济本身处于不断发展和完善的动态过程之中；另一方面，教育改革本身需要探索和试验，不同层次的教育适应商品经济、市场经济的性质、时间和范围不同，因此，教育与社会的同步发展应建立在实事求是的基础上，克服盲目性和急于求成。

从教育适应商品经济、市场经济的方式来看，这种适应应该是一种根据教育自身的特点和规律，主动地、有方向地、有选择地、分层次地适应。所谓主动适应，是指适应市场经济对人才素质的要求，而不是引入市场经济的规律来办教育；所谓有方向地适应，是指在充分考虑教育为市场经济服务的同时，不忘教育要为

整个社会文明与社会进步服务的使命，在适应局部和暂时需要时，注意长远与大局的利益，追求教育的整体价值；所谓有选择地适应，是指既要利用商品经济、市场经济的积极影响来推动教育的改革，又要善于鉴别和利用自身优势，自觉抵制市场经济的负效应；所谓分层次的适应，是指在考虑某些教育的共性以适应市场经济的同时，还应考虑不同性质、不同阶段教育的特殊性。高等教育在适应市场经济的问题上可以更主动一些，步子更大一些，而基础教育，特别是义务教育，作为奠基民族素质的国家教育事业，就不能一概而论地走商品化、市场化的路子。

从教育适应商品经济、市场经济的内容来看，其核心是培养人的劳动能力，提高劳动者的文化素质和劳动熟练程度，从而提高劳动生产率。具体来看，表现为：明确教育的战略方向，革新教育观念、教育思想，作好教育事业的发展规划，有效增加教育投资，改革办学体制和教育管理体制，改革教育结构，调整教育培养目标，改革教育内容和方法，扩大教育的对外交流和合作，加紧教育的法制化建设，等等。

（三）市场经济环境下的教育竞争

学校教育起源于人类两种直接的社会需要：追求功利的需要和追求真善美的需要。随着社会生产力的发展，社会物质引力的增大，人们的功利欲求开始膨胀。当社会发展到可以提供选择机会并且把人的血缘关系排斥在外时，竞争的条件就形成了，学校也应运而生。由于教育与经济有一种天然的联系——劳动力供求，而社会的商品竞争实质也是一种人才竞争，而人才和劳动者的素质又取决于教育，因此，教育竞争就成为一种必然。

长期以来，中国教育缺乏竞争机制，表现在教育管理体制上的高度集中统一，学校缺乏自主权，导致学校关门办学，使教育脱离实际，同级同类学校一刀切，一个模式，没有特色，缺乏活力，同时也限制了社会各方面办学的积极性，并造成教育经费来源的单一化。在这种情况下，激发教育领域的竞争机制，能克服上述消极因素，进而促进教育事业的改革与发展。

从教育竞争的性质来看，它同商品经济的市场竞争存在很大的区别。前者是以促进学校、学生积极努力，健康发展为目的，后者以"优胜劣汰"为原则。若把商品社会的竞争机制照搬入教育领域，就会混淆学校教育工作的性质、任务和特点，使学校工作商品化。因此，教育竞争不是引入竞争机制，而是在遵循教育规律的基础上激发教育固有的竞争特性。要在国家计划的宏观调控和指导下开展教育竞争，要强调竞争道德。

从范围来看，教育竞争是多层次的，包括学校内部的竞争、学校之间的竞争、学校与社会的竞争，从更深远的意义来看，还包括教育领域同社会其他领域之间的竞争，作为一个国家的教育同世界各国的教育之间的竞争。

二、知识经济与现代教育

人类经济在经过工业经济阶段的发展之后，正步入一个崭新的知识经济时代。所谓知识经济（Knowledge Economy），即以知识为基础的经济。或理解为源于知识的经济，具体是指建立在知识的生产、分配和使用（消费）基础上的经济，它表明人类经济发展将比以往任何时候都更加依赖于知识的生产、扩散和应用。广义的知识还包括人类迄今为止所创造的所有知识以及获取新知识、运用新知识的能力。教育既是知识生产、积累、使用的主要手段，也是经济发展转向知识依赖的基本途径，更是知识向经济过程融合的桥梁和纽带。从这个意义上说，知识经济也可以称为"教育经济"，即以教育发展为基础的经济。加快教育发展是我们迎接知识经济挑战的根本对策。

（一）知识经济的总体特征

作为人类经济发展的一种新的类型，知识经济具有自身的种种特征。要想在过渡阶段准确而科学地概括这些特征是十分困难的，但只有尽可能地把握这些新的特征，才能帮助我们确立对策，迎接教育革命的新的挑战。

1."基础"知识化

马克思主义创始人曾根据大工业发展的新特点，对经济发展或财富增长的基础作出过判断——现代大工业以现代科学技术为基础，科学技术是生产力，而教育的程度是决定劳动生产率高低的因素之一。因此，科学、技术、知识、教育四个因素都是财富之母。在知识经济时代，知识和教育从四个因素中突显出来，成为经济发展的最重要的内容和基础。经济发展越来越依赖于知识更新和广泛的应用，知识将渗透于经济运行的各个方面和所有环节，知识将从根本上改变经济运行和生产的方式，也将从根本上提高所有经济发展要素的质量。产品的质量也将从主要依赖于材料的优质、技术的先进到主要依赖于原理的科学、知识的新颖。

2.产业软性化

所谓产业软性化，是指所有产业所包含的知识含量大大增加——传统产业在GNP中的比重急剧下降，传统产业得到根本性改造，第一产业将直接依靠以生物工程为代表的新知识体系的支撑，实现绿色和生态农业的目标；第二产业将依靠技术创新、观念的更新、知识的运用等软化手段而不是依靠资源利用、能源消耗、资本占用、设备更新等硬化手段来实现发展目标；第三产业将从传统的生活服务型趋向知识服务型；知识的生产和使用本身就是一种产业（第四产业），即知识产业。教育产业、信息咨询业、点子公司等知识产业的兴起将是产业软性化的显著特征。

3.经济柔性化

所谓经济的柔性化,是指经济的运行和发展越来越依赖文化力量的支撑,强调文化环境的创设,使经济运行保持良好的秩序,使经济行为具有科学而健康的价值判断标准和可遵循的道德伦理规范,使企业管理真正建立在科学的基础上,并实现向柔性管理的转变——不是依靠技术科学,而是主要依靠行为科学;不是主要依靠制度约束,而是主要依靠人际关系的协调;不是主要依靠奖惩措施,而是主要依靠情感的交流。

4.发展创意化

在知识经济时代,资源的垄断、技术的垄断都将被彻底打破。资源走向共享,技术走向市场,所以,决定经济发展的能力及保持经济竞争优势的最重要因素是一个民族的创新意识和创造能力。所谓资源有限,创意无限;技术诚可贵,创新价更高。只有理论创新、制度创新、技术创新、设计创新、模式创新,才能在创新中求发展,才能真正赋予经济以内在的活力。

5.竞争隐性化

所谓竞争隐性化,是指经济竞争不再主要依靠价格、倾销等市场争夺性的常规手段,而是主要依靠制定有效的竞争战略和策略,依靠竞争者良好的心理素质,依靠企业良好的整体形象等柔性手段取得竞争的胜利。主要表现在:从战术竞争发展为战略竞争;从智商竞争发展为情商竞争;从以物为本的竞争发展到以人为本的竞争;从垄断心理发展到机遇意识;从争夺文化走向和平文化;从重视产品的特色到重视企业的整体形象。

6.就业学历化

在知识经济时代,劳动岗位对知识的要求越来越高。所谓学历化,一是指接受相应的系统知识教育的普遍性、全面性和全员性,二是指接受教育的内容的知识性和系统性。学历的高低将是劳动岗位竞争及广义的就业中的极其重要的因素。从一定意义上说,知识经济是靠熟练工人、脑力劳动为主的劳动者的复杂劳动创造财富的经济,是教育创造财富的经济。

(二) 知识经济对教育的影响

知识经济对教育产生影响,源于知识经济中知识观的变革以及知识经济对人们智力发展水平提出的普遍要求。这两个方面,既决定了知识经济对教育必然会产生影响,也限定了知识经济对教育影响的范围。

1.知识的效用性动摇了教育的基础

传统的知识观认为,知识是人们在社会实践过程中积累起来的经验的系统总结，作为一种推动社会进步的力量，它强调真理性。知识经济中的知识，主要侧重于可操作性的知识及其原理，它是人们为了经济目的而生产出来的，效用性是知识价值的根本标准。知识的作用或价值也正是通过知识的生产、分配和使用来实现的。以"Office 97"光盘为例，其物质成本大约3元人民币，但其价值达8000元人民币，这就是知识价值。教育总是以一定的知识为基础的，知识经济中知识观的这种变革，客观上影响了教育的基础。

2.知识的生产、分配和使用方式影响了教育目的的规定

在知识经济中，知识的生产、分配和使用，都对人们的智力发展提出了新要求。在知识的生产中，要求人们具有创造的能力，特别是敏锐的观察力、较强的分析综合能力和丰富的想象力，要求人们具有批判分析的能力和知识的重构的能力；在知识的分配上，要求人们具有较强的辨识能力，能够在各种知识产品中找出最有效用性和最有经济效益的产品来；在知识的使用上，更需要人们具有各种学习能力，更快更有效地学会、掌握新知识产品，从而更有效地使用新知识产品。知识经济对人们智力发展水平提出这种高要求，客观上影响了教育目的中人的身心素质的规定。

3.知识经济提升了教育的价值，影响了教育的功能倾向

从宏观上来看，一方面，知识经济提升了知识在经济发展中的价值，教育是生产知识、传播知识、满足社会与个体对知识需求的重要途径。因而，教育的价值也就得到提升。另一方面，知识经济提出了普遍提高人们智力发展水平的要求，也就加强了个体主体对自身智力发展的需求。教育也是发展智力、培养能力的重要途径，因而，其价值也同样得到提升。由于在知识的生产、分配和使用中对人们的智力要求是不同的，因而，教育的发展将会出现明显的分化。与知识生产、知识创新相适应，教育将更加专门化，强调英才教育，重视天才的培养。与知识的分配和使用相适应，教育将更加全民化，注重教育的普及。但是，追求经济利益是知识经济的本性，因此它在教育上容易导致的问题一是片面强调教育的经济属性，淡化（忽视）教育的政治、文化等属性，从而有可能使教育在知识经济的旗帜下走上片面性；二是强调个人为了经济目的的创新能力的培养，而忽视作为社会需要的全面发展。

从微观上来看，知识经济将会促进学生主体对新知识的追求和对创新能力培养的需求。教育者要满足学生主体发展的这种需要，就必须更新观念，不断地掌握新知识，发展自己的智力水平，提高自身的修养。反映到教育实践中，未来的教育者将成为一个学者、研究者与教育者三结合的新形象。终身学习、不断创新成为未来教育者的基本信念；不断地学习、研究以实现自我更新，将成为教育者的一项日常活动。

4.知识经济要求不断更新教育内容及其载体和方式

知识经济所强调的知识的生产和使用,带来了两个直接的结果:一方面是知识被源源不断地生产出来,知识量不断增加;另一方面是知识迅速陈旧过时,丧失了其存在的必要性和生命力。这样就将导致对学校教育内容和课程设置的正反两方面的影响:其一,要求不断地更新教育内容和课程设置,更新表现教育内容的载体和方式。教育内容的不断更新,甚至是迅速更新,将会成为教育发展的重要特征。其二,在过量的信息面前,教育内容也可能面临无所适从的困境。教师与学生在各种应接不暇的信息面前疲于奔命,使得教育的方法难以探索,教育的科学性和规律性难以保证。在商品经济、市场经济的大潮中,传统的教育思想、教育体制往往是冒着阵痛积极地或无奈地做出适应。而在工业经济向知识经济转变的过程中,教育却是经济发展的直接支撑点。教育领域只有在教育思想、教育观念、教育理论上作出根本的、深刻的革命之后,才能更好地迎接知识经济的到来。

三、文化发展与现代教育

教育是一种社会现象。从现代社会的宏观背景去探讨现代教育,不仅要注意教育同社会生产力、经济制度、政治制度的关系,同时也要注意其同其他社会现象的关系。教育发展的实际告诉我们,各国在经济上的差距并不等于教育的差距,教育上有差距和教育上有差异也不是一回事。要想真正弄清教育与社会发展的关系,就必须弄清教育与文化的关系。

(一)教育与文化传统

一般来说,在相对稳定的社会中,社会的文化传统与教育大致保持着相互适应和功能耦合的状态。一方面,一定社会特定的文化传统(包括一定社会的政治指导思想、道德观念、价值取向、风俗习惯、思维方式等)渗透于人们生活的各个方面,强烈地制约着人们对子女的养育方式和教育内容;另一方面,这种特定的教育内容和教育方式,又使传统文化在下一代身上得以再生。

民族文化传统对教育的制约主要表现在两个方面:

其一,民族文化传统将大大影响人们对教育内容的选择。这主要是由于民族文化传统的特定内涵,需要通过教育来传递给下一代。例如,各民族都把本民族语言作为教育内容中必不可少的重要方面;各民族特有的礼仪习惯、文学、音乐、美术、舞蹈、书法以及民族工艺技术在教育内容中也占据着相当重要的地位。以中国为例,中国人重视"礼"和"孝"具有很深的历史渊源,这种文化传统对我国教育产生了巨大的影响。我国奴隶社会学校教育的内容可以概括为"礼、乐、射、御、书、数"，即"六艺"，其中礼为六艺之首。这种传统延续至封建社会，"三纲五常"成为在教育内容中占绝对优势的封建伦理道德。这种传统不仅影响学校教育，而且还强烈影响着民俗教育和家庭教育。封建社会的仕宦家族往往用文字写成"家训"，作为家庭内部的教材，著名的有北齐的颜氏家训，宋朝的放翁家训，元朝的郑氏家训，明朝的庞氏家训，清朝的孝友堂教规。等等。其内容多侧重于封建伦理道德和遵守礼法的规范。从这些事实中不难看出，民族文化传统与教育有着不可分割的关系。

其二，民族文化传统的核心——价值观念，作为一种沉淀于人们深层心理结构中衡量事物的基本尺度，将极大地影响人们对教育的目的、地位、作用，内容以及方式方法的看法，从而使教育处处体现一个民族的价值倾向。例如，许多美国学者认为，美国人共同持有的基本价值观念有六种：个人主义、个人自由、平等、竞争、勤奋工作、讲究实际。这些基本的价值观念不仅是美国教育内容的重要组成部分，而且对其教育方式方法的影响也很大。在美国的学校里，学生本身的活动和意愿得到相当程度的尊重，师生关系也比较融洽，课堂气氛一般都比较活跃。在大学中，学生上课时甚至可以随时打断教师的话，提出问题和异议，而教师一般都能耐心地听取学生的见解。而竞争的价值观念使得儿童从小就养成自己顾自己的学习习惯。讲究实际的观念，也使得实用技术课程一直在美国学校中占据重要地位。可见，一个民族教育的各个方面，总是与一个民族文化的主要精神保持着一致。从这个意义上看，一个国家的教育如果完全照搬照抄其他国家的模式和方法，不充分考虑自己民族的文化传统，必然会使民族文化教育的发展遭受损失。

（二）教育在当代文化发展中的作用

当代文化的发展趋势，是在加速相互吸收和借鉴的同时，仍保持着多元化的基本趋势。这种开放性、多元化的发展趋势，必然导致文化发展中的基本矛盾的加剧，从纵向看，表现为传承和变异的矛盾，从横向看，表现为民族化与实际化的矛盾。在这种情况下，教育扮演了越来越重要的角色。具体表现在两个方面。

其一，在继续保持传递和保存文化的功能的同时，加强了一致性和科学性。

文化中积累了人类认识自然和社会、征服自然和控制社会的知识、技能，同时文化中又包含了一定社会历史形成的行为方式、价值观念、信仰体系、风俗等，这一切给后人提供了一种生活的指南，使得后人的生活可在前人的基础上进行，避免盲目探索和走不必要的弯路。人类为了更好、更有效地从事生产和生活，需要在整理和选择的过程中学习文化。教育在传递和保存文化方面的优势是：它经过对人类已有的文化成就进行选择，按文化本身的发展规律和青少年身心易于接受的方式进行整理和编排，并通过有高度文化修养和掌握教育教学技巧的教师加以传授，而让年轻一代有效地接受。

现代教育的一个国际化潮流是各国普遍加强了国家对教育的控制和指导。例如，教育高度自由化的美国近年来也加强了联邦政府对教育的控制权，1993年众议院通过的教育改革法案《2000年的目标——美国教育法》，目的是想通过对各个学科制订明确的目标和可以检验成绩的标准的课程，来提高整个国家的教育质量。因而，在现代教育中，个体教育者的作用有所下降，而社会总体教育者的作用有所提高。这就使得现代教育大大加强了文化传递的一致性。而由于现代教育是适合当今现代社会、现代生产体系、现代经济关系、现代文化体系、现代科学技术和现代生活方式的教育，在整理和选择文化进行传递和保存的过程中，它能在民族和阶级的基础上，以科学为中心取舍文化，并注意调动学生的主体性，积极主动接受文化，所以，在传递和保存文化的内容和方式上都具有鲜明的科学性。

其二，在创造和更新文化方面，扮演生产者和有效指导者的角色。

文化的创造和更新在现代社会有着非常重要的意义。一个国家要想在国际经济竞争和军事竞争中不落伍，一个民族要能自立于世界民族之林，就应该不断进取、不断开拓不断创新。近代史的惨痛教训告诉我们，一个国家、民族，即便有再悠久的历史和传统，如果不能更新和创造文化，就要导致落后、挨打。而更新传统文化、创造现代文明的重任，就落在现代教育者的肩上。

现代教育在更新文化和创造文化方面首先扮演一个生产者的角色。这是因为：①现代教育所强调的素质教育、创新教育、通才教育和个性教育能生产出大量的、具有创新意识和创新能力的高素质人才，正是这些人才奠定了更新传统文化、创造现代文明的基础；②现代教育特别是学校教育除了育人功能外，也有了科学研究和社区服务的功能。在科学、技术、生产一体化的今天，许多知名大学作为国家和地区科学研究的重要基地和中心，所创造发明的科研成果马上转化为技术，投入生产；许多先进的思想从高校诞生，并成为社会的主流观念；甚至连一些中小学也发挥在社区生活中的作用，把进步、文明的价值观念潜移默化地传播至社区之中，更新普通百姓乃至整个社会的文化观念。

第三节 现代教育的人本化发展

教育是培养人的活动，这是教育有别于其他社会现象的根本特征。但是，由于教育与人和社会三者之间存在着极其复杂的多维关系，因此，教育的这一根本特征体现在教育实践活动中时也表现出一定的复杂性。长期以来，我国教育理论界对"教育与人""教育与社会"这两个教育基本关系的研究存在着轻重之别，即轻"教育与人"的研究，重"教育与社会"的研究。20世纪80年代末期，顺应教育改革的世界潮流和我国现代化建设、教育改革的迫切需要，理论界开始重新重视"教育与人"的研究，教育理论和实践也都表现出现代教育的人本化发展趋势。

一、现代教育人本化发展的依据

现代教育的人本化发展不是人为的教育思潮，而是教育内外因素共同作用的结果。它既是教育系统的自我反思后的一种否定之否定，是对教育规律的一种认识结果，也是时代发展和教育内外环境对教育提出的必然要求。

（一）个体的主观能动性是教育主导作用得以实现的内因

在教育对人的身心发展所起的作用上，我们一般都充分肯定教育的主导作用。这是因为教育是一种有目的的培养人的活动，通过更为全面、系统和深刻的影响，规定着人的发展方向。但是，环境和教育的影响只是学生身心发展的外因，根据唯物辩证法的原理，外因是变化的条件，内因是变化的根据，外因通过内因而起作用。环境和教育的影响，只有通过学生身心的活动才起作用。就教育来说，教育是使学生掌握生产斗争经验和社会生活经验的过程，是把人类社会的精神财富转化为自己的财富的过程。这种转化过程不像用镜子来反映事物那样，它要求学生必须有自身的能动性。从直接意义上来说，如果学生没有学习的要求，厌恶学习，懒于思考，心不在焉，缺乏学习的动力，教师所讲的东西是不会变成学生的精神财富的。在同样的环境和教育条件下，每个学生发展的特点和成就，主要取决于他自身的态度，决定于他在学习、劳动和考验活动中所付出的精力。所以，学生个体的主观能动性是其身心发展的动力。

学生的主观能动性是怎样来的呢？客观环境不断地通过任务、问题和困难的方式向人们提出新的要求，当这些客观要求为人所接受，就引起了人们的需求。需求在人的心理活动中，总是代表着新的一面，它与人的心理发展水平构成了人的心理发展的内部动力，这种内部矛盾的运动，就是推动人们心理向前发展的内因或动力。学生心理上的需求总是在一定的心理发展水平上产生的，如果教师所提的要求，与学生已有的知识、经验等心理发展水平没有丝毫关系，远远超过了学生的心理发展水平，或者与学生已有的知识、经验等没有丝毫差别，完全一致，都不能引起学生的需求，构成学生的心理内部矛盾和推动学生的心理发展。譬如，向高中学生讲九九乘法表或向小学生讲微积分，都是不会引起他们的需求的。在教育工作中，只有善于向学生提出要求，引起他们的内心需求，才能有效地促进学生的发展。换句话说，学生的主观能动性，是在教育者的引导下产生的。因此，要使现代教育真正地在人的身心发展中发挥主导作用，教育者首先必须研究学生，研究学生的内在需要和发展水平，研究如何以最有效的方式激发其学习的主动性和积极性。

（二）教育的人的制约性是教育人本化的逻辑起点

所谓教育的人的制约性，是指教育活动的实施要以作为受教育者的人的身心发展变化为前提，教育任务的要求高低，教学内容的多少和深浅，教育方法的选择是否恰当，都要遵循人的身心发展的规律和特点，根据学生的身心发展水平来确定。

1.人的身心发展的顺序性对教育的制约

儿童从出生到成人，其身心发展是一个由低级到高级、从量变到质变的连续不断的发展过程，这一发展的过程是具有一定的顺序性的。如身体的发展大致是按着"从头部向下肢""从中心部位向身体的边缘方向"进行的。儿童的记忆总是从机械记忆发展到意义记忆，思维总是由形象思维发展到抽象思维，他们的道德认知也遵循着前世俗水平到世俗水平再到后世俗水平的发展顺序。教育工作应当适应这种顺序性，必须遵循由具体到抽象，由浅入深，由简至繁，由低级到高级等顺序，逐渐地进行，不能"揠苗助长"，也不能"凌节而施"，否则就无法收到应有的效果，甚至损害学生的身体和心理。

2.人的身心发展的阶段性对教育的制约

在年轻一代身心发展的过程中，不同的年龄阶段表现出一些一般的、典型的、本质的特征。如瑞士心理学家皮亚杰认为，幼儿期的智慧特征是不能摆脱形象的束缚的，思维具有单维性和不可逆性；童年期（六七岁至十一二岁）的学生的思维特点虽然仍具有具体性和形象性，但是已能守恒，实现多维思维和可逆思维；少年期（十二三岁至十五六岁）的学生，抽象的思维已有了很大的发展，但经常需要具体的感性经验作支持，等等。由于学生在不同年龄阶段具有不同的身心发展特点，在教育工作中，就必须针对不同年龄的学生，提出不同的具体任务，采用不同的教育内容和方法。如对童年期的学生，在教学内容上应多讲一些比较具体的知识、浅显的道理，在教学方法手段上应多采用直观教学。如果不顾学生发展的阶段性特征，硬用社会的要求和成年人的心态去强求学生，必定造成不良的教育效果。

3.人的身心发展的不平衡性对教育的制约

人的身心发展的不平衡性是指人的身心发展所具有的在发展速度的快慢和发展时间的早迟上的不均衡的特性。这种不平衡性表现在两个方面：一是身心发展的同一方面在不同年龄阶段的发展速度不平衡，如身高、体重、智力等许多方面都有显著的加速期；二是身心发展的不同方面在发展时间和早迟上的不平衡，如感知能力发展成熟较早,思维能力发展成熟较后,等等。由于人的身心的某一方面技能和能力存在最适宜形成的时期,在教育工作中,应善于捕捉人的发展的关键期并不失时机地实施及时的教育,以期达到事半功倍的教育效果。

4.人的身心发展的个别差异性对教育的制约

由于遗传、环境、教育和其他自身的主观能动性的不同,学生在身心发展上存在着个别差异。这种个别差异性表现在三个方面:第一,不同个体在同一方面发展的速度和水平各不相同;第二,不同方面的发展存在着个别差异,即各有所长;第三,不同个体具有不同的个性心理倾向和特征。教育工作者应该注意到这些个别差异及其具体表现,做到"因材施教""扬长避短",使每个学生都能迅速而切实地得到发展。

5.人的身心发展的整体性对教育的制约

人的身心发展固然具有不平衡性,但从总体上看,身心发展的各个方面具有相互牵连、相互制约和相互促进的特性。人的身心发展的各个方面是一个整体和系统,身体和心理、心理和心理之间都是在相互牵连、制约和促进中共同获得发展的。尽管身心发展具有互补性,尽管我们也可以在教育活动中优先发展或着重发展个体身心的某一方面,但是严格地讲,身心的任何方面都不可能孤立地获得发展,即使有所发展,也没有什么意义和发展的后劲。如果人为地割裂和破坏了各个方面的内在关系,人的发展就会片面、畸形,进而影响整体素质的提高。在教育工作中,必须坚持全面教育、和谐教育,从而促进人的全面发展。

(三)时代发展要求现代教育更加重视人的个性和主体性

在长期的计划经济体制下,人的被动的服从性被普遍肯定,人的主动性、创造性渐渐地萎缩、变形乃至被磨灭。计划经济条件下的教育,从肯定"听话"尺度到高扬"一块砖"精神,造就了一批批规格化的人才。这种教育"产品",如果说当初还能在一定程度上适应计划经济的需要的话,那么随着社会主义市场经济的发展,它就远远不能适应复杂多变的市场调节需要了。市场经济体制与计划经济体制最大的不同点,就在于它强调个人在社会经济发展中的重要作用。这种体制客观上要求人们有强烈的个性意识:自主自立的精神和魄力,坚强的意志和奋斗精神,强烈的事业心、成就欲与自尊心以及随时准备承担风险的胆略。另外,从整个现代社会的发展特征来看,时代在越来越迫切要求个体具有主体意识的同时,还要具有强烈的创新和适应能力、协作精神和民主态度、善于学习和选择的能力。而这些个体品质,正是传统的教育所忽视,也是现代教育所要着重培养的。

(四)教育改革面临的问题迫切要求重建"人"的教育和"人"的

教育学

  近20年的教育改革和发展虽然取得很大的成就，但也存在不少问题。特别是商品经济的巨浪使学校这个以培养人为基础职能的机构受到很大的冲击。各种"创收风""经商热"以及"新的读书无用论"充斥校园。从教育实践的深层来看，实际上都是根源于"见物不见人，重物不重人"。我们只知道教育为经济建设服务，不知道经济建设更要为人服务，为满足人的物质和精神需要服务，而且首先要为培养人服务，要为人本身的发展服务。这也是不重视教育、导致教育经费紧缺的根源。从教育价值取向来看，我国当前教育价值观的一个显著的偏差是在教育决策中过分强调教育的社会工具价值，忽视教育在培养个性、促进人的发展方面的价值。特别是当前要求教育直接为经济建设服务的观点，使人们看不到教育的根本价值。近几十年，我国教育的土壤中再没有培养出像毛泽东、周恩来这样的伟人，没有培养出像鲁迅这样的个性鲜明的斗士，也没有培养出像杨振宁、钱学森这样的睿智者，不能不说同我们教育的急功近利有着直接的关系。

  （五）国外的教育改革思潮提供了教育人本化发展的理论和实践的启示

  从20世纪80年代中期开始，发达国家在反省教育市场化取向的改革的过程中，开始重新认识教育的育人功能。比如，日本在20世纪80年代中期接连发表了几个关于教育改革的咨询报告，明确将"重视个性的原则"作为教育改革最基本的原则。第四次报告指出："这次教育改革最重要的任务，是克服迄今为止我国教育根深蒂固的弊端——划一性、刻板性和封闭性，确立维护个人尊严，尊重个性，强调自由、自律和自我负责的原则，即确立'重视个性的原则'。我们必须按照'重视个性的原则'，对教育的所有方面，包括教育的内容、方法、制度、政策等，都从根本上加以重新认识。"与此同时，苏联的一批教育改革家提出了"合作教育学"的思想，主张"个性的民主化"，通过教育使个人的一切才能和精神力量得到发展和解放，认为教育学应当成为个性发展的教育学，而不仅仅是智力发展的教育学。此外，20世纪五六十年代开始在西方风靡一时的人本主义心理学思想和教育理论在20世纪80年代后得到更为深远的传播，我国教育实践中的"愉快教育""成功教育"等也在一定程度上以此思潮为理论基础，给我国教育实践注入新的活力，促进了教育的人本化趋势。

二、以人为本的教育

  以人为本的教育既是与忽视个人的"社会本位教育"相对而言的，也是与把人仅仅培养成劳动力的"劳动力"教育相对而言的。以人为本的教育包含几个基本的内涵，表现为：人是教育的出发点、教育是人的教育、教育要扩展和提高人的价值。

（一）人的教育的出发点

所谓教育的出发点是指教育最直接、最基本的着眼点，同时也是教育所指向的最高目标。人无疑是教育的出发点。这是由人的价值和地位以及教育自身的特点所决定的。从人与社会的关系来看，人首先是作为社会的产物而存在，人又是推动社会发展的主体力量，社会发展史归根结底是人的发展史。因此，社会是人的社会，历史是人的历史，要推动社会的发展，首先必须着眼于人的发展。人的发展既是社会发展的前提，又是社会发展的目的。从人与教育的关系来看，一方面，人是教育的对象，人的发展规律和人的需要制约着教育；另一方面，促进人的发展，满足社会实践主体的发展需要，是教育的基本属性功能。"教育的根本职能就在于引导人认识外部世界的规律和人自身存在的价值，提高人的素质和人改造社会的自由度和自觉度，促使人的社会化和主体化。"从教育和社会的关系来看，一方面，培养人是教育促进社会发展的主要途径甚至是唯一途径；另一方面，社会对教育的制约最终要落实到培养人方面。比如，社会对人的素质的要求，制约着教育培养目标和教育目的；社会对人才数量的要求，制约着教育的对象、范围和发展规模及速度；社会对人才群体结构的要求，制约着教育的结构和层次，等等。由此可见，人是人、社会、教育三大系统中的基本要素，是人、社会、教育三维关系的核心。

坚持人是教育的出发点，对于我国教育的历史和现状来说，有着重大的理论和实际意义。首先，它有助于维护教育的个性和相对独立性，促使我们避免再出现像过去那样把教育依附于政治、经济的不符合教育规律的行为；其次，有助于培养人的主体性和促使教育者尊重学生的地位、价值和个性；最后，有助于克服狭隘的功利主义价值观，引导人们重视教育的长期效应和未来价值。

坚持人是教育的出发点也是有原则的。作为教育出发点的人并不是抽象的人，而是现实的人，社会的人。坚持人是教育的出发点并不意味着教育必然脱离社会。一个毫无社会生活和社会实践能力的人，是不可能获得生存与发展的。作为社会的人，无论是他的生存和发展的需要，还是他的总体价值，都必须在现实的社会生活中才能够得以实现和确证。因此，以人为出发点的教育，首先，要赋予教育对象以谋生的手段；其次，要最大限度地开发人的内在潜能，使他们能够在社会生活和实践中不断得到完善和发展。如果一种教育培养出来的人不能适应社会、改造社会，不能在其中不断获得自我完善和发展，这就不是一种真实的以人为出发点的教育，而是一种虚假的、抽象的以人为出发点的教育。另外，坚持以人为教育的出发点，也不是片面的、绝对的。当社会发展与人的发展发生冲突时，社会发展往往要以部分牺牲人的发展为代价才能实现。比如，商品经济的发展可能就要以暂时牺牲人的部分道德发展为代价。这是教育不得不承认和接受的事实，如果无视这种事实，教育既不能有效地促进人的发展，也不能有效地促进社会的发展。

（二）教育是人的教育

无论在什么社会中，劳动者都是人的基本属性。人首先是劳动者。因为不劳动，没有社会生产，人本身就无法生存，人类社会就不能延续和发展。然而人为什么要劳动呢？劳动的目的又是什么呢？要回答这一问题，就不能不回到人自身。人正是为了自身的生存和发展而劳动的，因而人的劳动是生存和发展的手段。人的生存和发展是人的劳动实践的最终目的。教育是培养人的活动，也就包括了教育要培养劳动者。但是若把教育的"培养人的活动"等同于"培养劳动者的活动"，那么就变成了手段的教育、工具的教育，而不是目的的教育了。人才是教育的目的。

人是人，人是充满生命力的有机统一体，是"社会关系的总和"，人不是仅属他人摆布的、仅能生产的"机器人"。"劳动力"教育的弊端，就在于将人的整体割裂了，想在不全面提高人的素质情况下，提高劳动者的素质，想在不全面提高人的价值的情况下，去发挥人的劳动能力，想在人缺乏主体意识的情况下去发挥人的创造才能，这是不可能的。生产效益、效率不高，与其说是因劳动者生产知识、生产技术不过关所致，不如说是因劳动者的劳动意识、创新欲望不高所致。不是不能生产，而是不想生产或不想更好地生产；不是干不好，而是不想干好或不想干得更好。"劳动力教育"缩小了教育的内涵，这是教育弊端的起点。狭隘的教育功利观、满足眼前需要的教育有用观，是教育内涵缩小的自然推演和结果。以"生产力"标准直接导致的教育上的"劳动者"标准，进而导致生产上的"有用"标准，并以此来评价教育的功效和质量，是导致教育失误的症结所在。另外，"劳动力教育"还将进一步导致"学历化教育"，使得教育的内涵更为缩小，并最终导致教育的异化和社会文明发展的停滞。因此，要解放生产力，就要全面地解放人；要造就一个好的劳动者，就要全面培养一个人。学校应当特别强调：高尚的思想品德是最高的学位。教师应当特别强调：只有培育学生的品德与修养，保护他们的自尊与自信，激发他们的梦想与激情，才是教育的最好成就。"教育不仅仅是捧上一张张高一级学校的录取通知书，而是捧出一个个有鲜明个性的活生生的人；教育不仅仅是追求百分之多少的升学率，而是追求每个学生的生动、活泼、主动的发展；教育不仅仅是汇报时的总结、评比时的数据，而是教师和学生共度的生命历程、共创的人生体验。"

（三）教育要实现提高和扩展人的价值的目的

人的价值是作为价值客体的人对作为价值主体的人或社会的价值。人的价值可以从人类整体考察，也可以从人类个体考察。人的价值可以分为社会价值和个体价值，人的社会价值即他对社会的价值，这取决于他的行为的客观效果满足社会需要的程度；而人的自我价值则取决于他的行为的客观效果满足自我需要的程度。

人的价值的真正实现，是遵循着从主体价值到社会价值再到主体价值的过程。现代教育可以起到促进人的价值的转化作用，也应该起到促进人的价值的这种转化的作用。从人的主体价值来看，包括三层含义：第一，人是人，人作为一个生命体，它是人类祖先劳动的凝聚物，也是具有无限发展可能性的价值实体。任何对人的生命权、生存权、发展权的蔑视和践踏，都是亵渎人的价值。第二，人有需要，人正是为了满足自身生存、尊严、自由、发展和享受的需要才去实践，排除作为一个现实的人的必要的生存享用和发展的物质和精神条件，就是对人的价值的淡漠。第三，人的主体价值的最高标志就是人的自由而全面的发展。但是，单纯讨论人的主体价值，是脱离人的社会本质谈论人的抽象本性，是不现实的。事实上，人的最高主体价值的实现是建立在人的社会价值实现的基础上，只有实现了人的社会价值，人的最高主体价值的实现才成为可能。而人的社会价值的实质，是主体的人的创造活动，是他的创造活动对社会存在和发展的积极意义，是他的创价活动对他人需要的满足的程度。也就是说，人通过劳动创造了对他人和社会有用的价值物，能够满足他人和社会的需要，社会才认为他是有用的人。我国传统的教育理念往往是把实现人的社会价值作为教育的终极目标，也往往是把在没有任何前提的情况下"外烁"和"规范"人的社会价值作为教育的基本方式。事实上，首先，实现人的社会价值是以实现人的主体价值的第一、第二层含义为前提的，它要求教育活动首先要尊重学生的生命权、生存权、享受权和发展权，重视学生的人格发展和个性自由，并通过传道、授业、解惑，激发学生向上，开阔他们的视野，提高他们对自身价值的认识，使他们主体意识更强，更自信，更充满创造的欲望。否则，只能使他们越来越觉得悲观失望、自卑自弃，从而对人生感到漠然，更无法产生实现人生的社会价值的动力。其次，人的社会价值难以通过"外烁"和"规范"的方式得以实现，"外烁"和"规范"只能使人被动地适应社会，却无法使他在社会活动中积极主动发挥自己的潜能，创造、扬弃、超越现存条件地改造社会，从而真正实现人的社会价值。因此，现代教育更应侧重对学生的"引发"，促其"生长"，更主要地要使学生意识到自身存在的意义和价值，激发他们奋发向上，自觉为社会创造财富的精神。最后，还应认识到，教育不仅应让学生意识自己的人生价值并通过创价活动实现其社会价值，而且还应积极扩展其人之为人的价值，从而实现最高的主体价值。而要做到这一点，就需要通过素质教育，全面地发展和提高学生德、智、体、美诸方面的素质，使他们成为自由发展的人。

三、主体性教育的方向

20世纪80年代以来，"主体""主体性"这些概念在哲学和一系列人文科学中流行起来，同时也为教育理论注入新的思路和活力。主体性理论认为，马克思主义关于人的全面发展的学说，实质就是发展人的主体性，就是要解放人的全人类和每一个个人，就是使人在认识客观的基础上驾驭客观。全面发展的人就是在客体面前拥有主动权和自由的人。现代教育的方向是重视和培养学生的主体性，重视和发挥教育过程的主体性、教育系统的主体性。

（一）现代教育要重视培养学生的主体性

主体性是现代人的基本特征。我们以往的教育所培养的人缺少的是一种内在的精神即创造的精神、自主的精神，也就是人的主体性发展不够。教育改革最深层的问题是改革教育思想，培养人的主体性是解决我国教育问题的基本方向。

人的主体性是人类在长期劳动、认识世界和改造世界及认识自我、改造自我过程中发展起来的最有价值的最能体现人类本质理论的特性。它是"人区别与超越其他动物的标志，也是人类继续向前发展，不断超越自身所获得的社会成就，满怀憧憬奔向未来的条件和力量，是人为万物之灵之所在"。教育所期望培养和弘扬的人的主体性可主要概括为以下特性：

1. 能动性

能动性是指个体的自觉意识，能认识事物和自我，进行评价、选择和做出反应。一方面将个体和人类的经验内化为自身的智慧、品德、美感，另一方面又能使自己的智慧、品德、美感外化、对象化于事物。能动性是主体性最基本的特性。

2. 自主性

自主性是指个体的自主意识、独特个性，能进行一定的自主活动。如果一个人不能自主，奴隶般地受制于人，则只有奴性而无主体性。故只有提高人的自主性，培养他的自尊、自立、自决、自强等个性品质，才能提高人的主体性。在古代社会，个人深受社会阶级、集团的摆布，受封建宗法关系和伦理道德的束缚，一般没有独立性、自主性，古代教育也不提发展人的个性和自主性。我国的教育在很大程度上受这种传统的影响，比较多地强调听话教育。老师要学生听话，家长要孩子听话，上级要下级听话，抹杀了人的独立思考和创造能力。

3.创造性

创造是对原有认识、操作、成果有所改进、革新或有所突破、超越。故创造性是能动性发展的最高表现，也是能动性、自主性等个性力量的合金。无论是科学技术、物质生产要保持加速的发展趋势，还是人类日益增多的社会问题，需要妥善处理，都需要培育人和发扬人的创造性。

培养学生的主体性需要构建明确的指标体系。从中小学生的实际出发，能动性的发展和培养目标可以分解为成就动机、竞争意识、兴趣和求知欲、主动参与、社会适应性等方面；自主性的发展和培养目标可以分解为自尊自信、自我调控、独立判断决断、自觉自理等方面；创造性的发展和培养目标可以分解为创新意识、创造性思维能力、动手实践能力等方面。这些目标可以通过智育、德育、心理教育等各育有所侧重的培养逐步得以实现。

（二）现代教育要重视教育活动过程的主体性

学生的主体性需要通过教育实践来培育、弘扬、规范、定型，从而才能对社会发展产生巨大的能动作用。但是，并非任何一种教育实践都能最佳地培育和弘扬学生的主体性，只有具有主体意识的教育实践才富有这种功能。

教育活动过程是教师引导、帮助、规范下的学生能动地认识世界使自己获得发展的活动。它又由两个相互依存的两个方面的主体（学生主体和教师主体）的对象性活动所构成。学生主体的对象性活动是教育过程中的基础方面的活动，即学生主体的认识发展活动。学生个体通过自己的实践和借助学习获得书本知识的活动来认识世界，同时认识自身，并不断调整自己的认知结构，促进主体自身德、智、体、美的发展，提高自身的主体性。教师主体的对象性活动是为帮助学生学习、认识与发展而开展的活动，是教育过程中的主导方面的活动。教师主体的对象性活动不是简单地以受教育者为对象，而是以学生掌握知识获得经验的整个活动过程为对象。为了开展好这一对象性活动，他不仅要预先掌握学生所学知识、规范，而且还要根据学生认识规律和特点将这一知识、规范加工成适合于学生的认识，并考虑和计划如何引导学生更好地理解和掌握知识、规范。教师向学生传道、授业、解惑的活动过程，应该成为引导学生掌握知识和规范，认识世界和自我，以获得发展的过程。在这个过程中，学生主体也不是简单地以知识或以教师为自己的认识对象，而是以教师主体进行的引导性示范性的操作知识、规范的整个动态过程为认识对象，并以此为参照，自主能动地，直至创造性地进行和完成掌握知识、规范以认识世界和自我，获得发展的活动。这样，教师主体和学生主体的活动便能在共同的目的与内容上，在教师主导和学生主动的合作下，结合成为一个统一的教育活动过程，从而真正发挥教育的育人功能。需要注意的是，要使这种统一教育活动过程的最佳整体效应得以发挥，首先不能以强调某一方面的主体性而压抑、束缚另一方面的自觉能动性。传统教育模式忽视主体性的一个普遍表现就是教师发挥违反学生认识和发展规律的主导性，严重限制学生的主动性，或学生盲目发挥主动性导致冲击和排斥教师的主导作用。其次，教师和学生的对象性教育活动在内容、进度、方法、形式等方面都应在把握认识规律和科学知识的逻辑联系的基础上进行。教育活动若不合规律就会出现不同程度的盲目性，从而伤害主体性。最后，教育活动要始终走在学生的发展前面，使学生主体处于欲罢不能的境地，主动地发挥自己的智能、品德、体力与毅力以求上进。

（三）现代教育要重视教育系统的主体性

强调主体性，不仅表现在培养学生主体性和重视教育活动的主体性，而且还表现在重视教育系统的主体性。教育系统的主体性首先体现在宏观教育管理上，它要求教育管理主体在依据社会需要进行人才群体计划培育与管理上要表现出能动性、方向性、自主性和创造性。它的特点，首先是正确的方向性，这是正确反映社会对人才质量的基本要求而制定的总的方针目的，是办教育、管理教育的根本指导，是制定其他政策、制度、章程的重要依据。有了正确的方针、目的，教育事业的运行就有了正确的方向，就能统一思想认识，在培养人才上发挥出巨大的自觉能动力量。其次是计划性，一方面要通过调查预测弄清社会发展对未来人才发展的需求，另一方面通过人才市场的供求信息的反馈了解当前人才的具体分类需求现状，制定与调整计划，做到计划有弹性、灵活性，同时与个体的选择性相结合。最后是自我完善性，即管理主体在培育人才的活动中，经常深入研究教育事业与经济、社会发展的动态关系，研究社会规律与人的发展规律的内在联系，作出正确的管理抉择，以发挥自身的能动性。教育系统的主体性还表现在教育系统要自觉认识教育的相对独立性。教育对社会的作用具有能动性，它不是消极被动地被社会所改变、规定和制约，不能一时依附于政治，一时依附于经济，忽而政治化，忽而商品化，忽而产业化，而应是遵循教育的规律办教育，并通过对社会批判性、选择性地适应为社会服务，并始终起到改变、教化和引导社会的作用。

第二章 现代教育技术

第一节 现代教育技术概述

现代教育技术作为学科来说是一个新发展起来的学科,从20世纪20年代开始到现在也不过80年的历史。与其他教育类学科相比,它是一个比较年轻的学科。教育技术在发展过程中,概念和内涵几经变化,前后出现7个定义,而且表述也不尽相同。本章从接触教育技术的定义入手,阐述了现代教育技术概念的演变过程、研究内容、本质特征和国内外教育技术的发展过程。通过本章的学习,读者可以初步了解现代教育技术学课程内容的概貌。

一、教育技术

教育技术学是为适应现代教育发展要求而设置的一门新兴学科,是教育科学与声光电技术、多媒体技术及网络技术的有机结合。

(一) 教育技术的基本概念

1.教育技术的定义

(1) 技术

在我们的日常生活中,谈到技术,首先想到的是各种硬件技术,因为它们代表着社会的发展和科技的进步,与我们的生活密切相关。但是技术不仅仅局限于硬件,为了准确理解教育技术的定义,我们必须首先搞清楚技术的真正内涵。

技术的英文technology源于希腊语,词根"techne"在希腊语中代表的是"艺术和手工技巧",因此"technology"即对这些技巧的论述。随着社会的发展,技术所包含的领域越来越广泛,从而导致对技术理解和描述的多样性。在各种定义中，通过比较我们认为对技术比较准确的理解为："技术是为社会生产和人类物质文化生活需要服务的，供人类利用和改造自然的各种手段的总和，包含有形的物化技术和无形的智能技术。"依据技术的定义，我们可以将教育技术理解为："应用于教育领域的各种手段和方法的总和，同样包含有形的物化技术和无形的智能技术。"

物化技术是指人们在生产和生活过程中，为解决问题和完成任务，所使用的各种物质工具和设备，以某种特定的物质外形为基础。例如，应用于不同领域的医疗器械、工业设备、农业器具等。教育领域的物化技术包括"硬件"和"软件"两种类型，传统课堂中的黑板、粉笔、课本，多媒体教室中的计算机、投影仪、视频展示台等都属于物化技术在教育中的应用，它们都是硬件。而"软件"的形式有录音教材、录像教材和多媒体课件等。

智能技术是指人们在生产和生活过程中，为解决问题和完成任务，所采用的策略、方法和技巧。这种无形的智能技术，在人们的社会实践中发挥着重要的作用。实践过程中提炼出的正确经验、科学原理在生活和生产过程中的应用都为社会的进步发挥着物化技术所不可替代的作用。随着社会的发展，智能技术越来越受到人们的重视，在社会的各个领域也发挥着越来越重要的作用。教育中的教学方法、学习策略、教学设计等都是智能技术在教育中的应用。

准确地理解技术的内涵是正确把握与应用技术的前提。技术必须包括有形的物化技术和无形的智能技术，因此教育技术也必须包含这两个领域，它们互相促进、缺一不可。而且，技术在教育领域的应用，不可盲目效仿或只凭经验，必须根据教师与学生的具体特征，通过分析，有目的性、针对性和情景性地进行。

（2）教育技术AECT94定义。

教育技术最早出现于20世纪70年代，是一门新兴的学科。教育技术发展到现在，在不同的阶段曾出现过多个定义，目前仍在不断地完善。定义的变化，恰恰反映教育技术作为一门独立学科的发展与成熟。美国教育传播与技术协会（the Association for Educational Communications and Technology，AECT），在1970将教育技术定义为"教育技术是按照具体的目标，根据对人类学习和传播的研究，以及利用人力和非人力资源的结合，从而促进教学更有效的一种系统的设计、实施、评价学与教的整个过程的方法"。之后，1994年对教育技术作了最新定义：

教育技术是为了促进学习对有关的过程和资源进行设计、开发、运用、管理和评价的理论与实践（Instructional Technology is the theory and practice of design, development, utilization, management, and evaluation of processes and resources for learning.）。该定义是现阶段国内教育技术领域公认的学科性定义。定义明确指出教育技术的目的是促进学习，研究对象是学习过程和学习资源，研究领域是设计、开发、利用、管理与评价。定义中没有直接提及媒体等硬件技术，表明教育技术已经发展到以技术方法和方法论为主体的阶段。定义明确指出，学科的最终目的是促进学习，从而转变以往为教学服务的理念，体现教学观念从以教为中心转向以学为中心，这种转变将有利于教育技术更好地在教育中发挥作用，以及专业人士有针对性地对其进行研究，从而促进学科更快更有效地发展。

2.教育技术概念的演变

在不同的国家，受国情和教育方式等因素的影响，教育技术的名称和定义不尽相同。但教育技术的整个发展过程是同科学、技术及方法论相关联的。因此，不同国家对教育技术学科的圈定和理解虽有差异，但教育技术概念和范畴的演变过程，在发展阶段上却存在共同性。首先，随着电化教育硬件设备的逐步引入，教育技术被认为是一种工具的使用技术。其次，是与这些硬件设备相配套的教学材料的制作、开发和运用，即软件的出现。此时，教育技术的概念和范畴得到了进一步的扩展。教育技术被认作是由硬件和软件组成的。最后，随着硬件和软件在教育中应用的深入，如何更好地发挥它们的作用，如何取得最好的教学效果的问题便凸现出来，因此人们开始考虑方法论在教育中的应用。教育技术被认作是一种集合了硬件、软件和系统方法的综合性学科。教育技术概念的演变主要经过视觉教育、视听教育、视听传播和教育技术等四个阶段。

3.教育技术的本质特征

（1）开发和使用各种学习资源

学习资源就是学习者能够与之发生有意义联系的资料、人和物。我们可以把学习资源分为教学材料、支持系统和学习环境。教学材料是学习者学习过程直接作用的客体，具体指符合一定教学目标和教学要求的经筛选的可用于教学、促进学习的一切信息及其组织。支持系统主要指支持学习者有效学习的内部和外部条件，包括学习能量的支持、设备的支持、信息的支持、人员的支持等。学习环境不仅指教学过程发生的地点，更重要的是指学习者与教学材料、支持系统之间在进行交流的过程中形成的氛围，其最主要的特征在于交互方式以及由此带来的交流效果。我们还可以按目的进行划分，例如：有些资源是专门为学习的目的而设计的，如：教师、教学课件、实验仪器、图书馆；有些资源是为其他目的所设计，而能为学习者所利用的，如画展、名著、影片、博物馆等。

（2）用系统方法设计和组织教学过程

学习资源是否能有效地综合利用，是其能否促进教学的关键。因此教育技术的重心不仅局限于对学习资源的研究，关注教/学系统的各个组成部分的联系及其整体组织是教育技术的另一个重要本质。

系统方法主张把事物、对象看作一个系统进行整体研究，研究它的成分、结构和功能的相互关系，通过信息的传递和反馈来实现系统之间的联系，达到有目的地控制系统的发展，获得最优化的效果的目标。教育技术中的系统方法是一个计划、开发和实施教育的自我纠正的、逻辑的过程。其具体步骤为：阐释和分解既定的教育目标——分析满足目标所需要的教育任务和内容——制定教育策略——安排教育顺序——选择教育媒体——开发和确定必要的学习资源——评价教育策略和学习资源的效果——修改策略和资源直到有效。

系统方法已成为教育技术内涵的核心。在教育技术中，用系统方法设计和组织教育过程与开发使用各种学习资源的目的，都是追求教育活动的最优化。

（3）实现教学效果的优化

教育技术的根本目的是发现并实践能够达到最优化教学效果的具体操作，而教学的效果是在有效控制的作用下取得的，所以要实现教学效果的最优化，就要实现对教学活动的最优控制。达到最优化教育效果的具体操作主要包括以下几个方面。

●选择和排列最优的教学目标。

教学目标应与学生的具体特征相匹配，因此选择合适的教学目标，并进行最优化的排列对取得好的教学效果是十分关键的。研究内容可以包括：教育目标具体的从属目标的系列及其幅度，从属目标的数量和排列方法等。

●选择和使用最优教育效果的测度。

在实施某种教育影响之前，学生处于怎样的变化；在这种教育影响之后，又变成了怎样的状态，都必须予以明确。为此，需要确定衡量教育效果的测度，并用同一尺度，衡量教学活动前后的学习水平。

●选择和采用最优的教学活动。

选择最优的教学活动，将有助于学生顺利地从教学前的水平和能力，提高到实现教育目标时的水平和能力。

●选择最优的环境条件。

环境条件包括与学习资源和学习情景有关的人、集体、自然环境和社区环境等。只有凭借最优的环境条件，才能达到最优的教育效果。

4. 教育技术与电化教育

"电化教育"是20世纪30年代在我国出现的名词。我国的电化教育事业是在国外视听教育的影响下，逐步开展起来的。在电化教育的发展过程中，先后在各种报刊上，出现过不下10种的电化教育定义。如《中国大百科全书》中，将"电化教育"定义为："利用幻灯、投影仪、电影、无线电广播、电视、录音、录像、程序学习机和电子计算机等教学设备及相应的教材进行的教育活动。"而在我国，对电化教育公认的定义是1985年由南国农老师主编的《电化教育学》中定义的：

"运用现代教育媒体并与传统教育媒体恰当结合,传递教育信息,以实现教育最优化就是电化教育。"这个定义在电化教育发展过程中,准确恰当地对电化教育进行了解释。

随着电化教育事业的发展,20世纪80年代,出现了一场关于电化教育是否更名的学习探讨。"教育技术"这一名称也由国外引入我国,并逐步在我国正式使用。"电化教育"的名称在我国仍被广泛认可并使用。从概念的本质上说,"电化教育"和"教育技术"是相同的,都具有应用学科属性,目的都是要取得最好的教学效果,实现教育最优化。但从涵盖面上看,教育技术的范围要比电化教育广泛得多。电化教育涉及的主要是教学媒体,而教育技术包括的是所有的学习资源。在处理方法和实施过程上,两者的涉及面也不相同,电化教育局限于电子设备等教学媒体的小系统,而教育技术则可以涉及教育的不同层次,不同角度的宏观问题。如此看来,电化教育是教育技术发展的一个阶段,不能涵盖教育技术的所有领域。因此,1993年国家教委正式将电化教育专业更名为教育技术专业。

(二) 教育技术的研究内容

依据教育技术AECT94定义,教育技术是为了促进学习,对有关过程和资源进行设计、开发、利用、管理和评价的理论和实践,因此教育技术的研究范畴应包括设计、开发、利用、管理和评价五个领域,其中每个领域都有大量的子范畴。教育技术人员,在实践过程中往往要掌握并跨越多个领域之间的不同范畴。

从我国教育技术研究和应用的实际情况分析,教育技术的研究领域主要包含以下几个方面。

学科基础理论。其中包括教育技术学科性质、任务、概念、研究方法、教育技术与相关学科的关系等。

视听教育的理论与技术。其中包括各种常规视听媒体的教育功能和技术应用,各种常规视听媒体教材的设计、制作、使用和评价,常规视听媒体和教材的组合应用,利用常规媒体优化教学过程、提高教学效果的理论和实践。

计算机辅助教育的理论和技术。其中包括计算机辅助教学、多媒体计算机教学软件的开发和教学系统的设计、计算机辅助测试、计算机管理教学等。

教学设计与教学评价的理论和技术。其中包括学习理论、教学理论、教育传播理论、系统方法论等。

远程教育的理论和技术。其中包括计算机网络建设,网络课程开发、目标、形式、特点、组织管理,远程教育的形式、特点、组织、实施和管理等。

教育技术管理的理论和技术。其中包括硬件设施和软件资源的管理方法、学科的方针政策、专业设置、组织机构等的研究。

现代教育技术与学科整合的理论与技术。其中包括运用教育技术构建新型教育模式、运用教育技术促进学科发展和素质教育实施等。

新技术、新方法和新观念在教育教学中的应用。

二、现代教育技术

"现代教育技术"的概念也是我国的专有名词，它出现于20世纪90年代。现代教育技术概念的出现，是由于AECT94定义引入我国后，它的涵义和描述与我国教育技术的发展与现状有一定的差异。因此，国内的教育技术专业人士提出了"现代教育技术"的概念，以符合我国的实际情况，准确对我国的教育技术进行定义。

（一）现代教育技术的基本概念

现代教育技术与教育技术二者在本质上没有区别，它们的研究目的和研究对象完全相同。现代教育技术这一名称是为了突出教育技术研究与应用中的"现代化"特征，是对当今教育技术研究与实践重心的形象化描述。现代教育技术直接反映了信息技术的发展、教育技术的现代化特征，以及教育信息化的需求。现代教育技术以素质教育、创新教育等教育理念为指导，以多媒体技术、网络技术、虚拟现实技术在教育中的应用为核心。但这并不意味着现代教育技术区别于教育技术，现代教育技术同样包含物化技术和智能技术两个方面，也同样以实现教育最优化为目标。介于现代化教育的特征，如今我们更习惯于用现代教育技术来指代教育技术。

因为现代教育技术与教育技术是并行的两个概念，因此国内没有对现代教育技术进行专门的定义。目前，关于现代教育技术，比较有影响的定义有以下几个。

现代教育技术是把现代教育理论应用于教育/教学实践的手段和方法的体系。包括以下几个方面：①教育/教学中应用的现代化技术手段，即现代教育媒体；②运用现代教育媒体进行教育/教学活动的方法，即传媒教学法；③优化教育/教学过程的系统方法，即教学设计。

现代教育技术是以计算机为核心的信息技术在教育/教学中的运用。

现代教育技术是指运用现代教育理论和现代信息技术，通过对教与学过程和资源的设计、开发、应用、管理和评价，以实现教学优化的理论与实践。

（二）现代教育技术与教育现代化

教育现代化就是教育要符合现代化建设的需要、满足现代教育的基本特性和基本要求。教育现代化是一项系统工程，涉及多个方面，它们相互联系、相互促进，教育现代化是一项系统工程，涉及多个方面，它们相互联系、相互促进，在教育现代化的进程中发挥着不同的作用。教育思想现代化是教育现代化的主导；教育内容现代化是教育现代化的主体；教育手段和教育方法现代化是教育现代化的突破口；教育制度和教育管理现代化是教育现代化的保证。

1.教育现代化的特征

（1）教育的跨时空性和终身性

现代社会的巨大变革，要求人们必须不断学习、终身学习，科学技术的迅猛发展促使终身教育得以实现。终身教育包括终身教育思想的确定和终身教育制度的建立。并且现代化的教育已不局限于学校，现代传播技术的发展，为人们多渠道地获取信息提供了便利。

学校教育、家庭教育和社会教育的有机结合形成了现代化的教育体系。

（2）教育的全民性

全民教育包括教育的普及化和教育的民主化两个方面的含义。义务教育制度的建立与实施是教育全民化的前提与保证。只有义务教育得以普及，才能实现受教育者的广泛性和平等性，从而建立一个广大人民群众需要的教育体系，实现教育现代化。

（3）教育的多样性

教育的多样性表现为教育目标的复杂性和多样化、教育结构的多样化和教育内容和教育方法的多样化等多个方面。

（4）教育的信息化和多元化

现代化教育进程中，计算机技术和通信技术的广泛应用，使教育的信息化程度日益提高。教育信息通过多媒体通道进行传输与交流，教育形式得以多元化发展。不同层次、不同结构的教育形式满足了人们对教育和学习的多种选择的需要。

（5）教育目标的创新性

现代化教育的目的是为社会培养富有创新精神的人才，因此它强调素质教育，注重发挥学生的主动性、发展学生全方面的素质与能力。在新的教育理念的指导下，培养出创造性的人才。

（6）教育的国际性和开放性

国际化社会对教育提出了新的挑战，教育将在目标、内容、方法和手段等方面适应这一要求。教育的国际性和开放性表现在国与国间的人员交流、财力支援、信息交换（包括教育内容和教育观念）和教育机构的国际合作、跨国的教育活动和研究活动等方面。教育国际性的另一个重要内容是培养具有国际视野，关心和了解国际形势及其发展，具有国际交往能力的人才。

三、现代教育技术发展概况

我国的教育技术是在引进国外视听教育的基础上发展起来的，电化教育是教育技术在我国发展的一个重要阶段。不同国家的教育技术发展经历了不同的阶段。教育技术业界人士大多把20世纪20年代美国教育领域兴起的视听教学作为教育技术发展的开始。掌握教育技术的发展史，应从教育技术首先在欧美等发达国家出现开始，了解教育技术的发展阶段。我国教育技术的发展与美国的教育技术密切关联，并且有自己的特殊性。

（一）美国教育技术的产生和发展

美国教育技术的发展经历了视觉教育、视听教育、视听传播和教育技术四个标志性的阶段。在各个阶段的发展过程中，教育技术学科的形成与三种教学方法的发展相关联，即视听教学的发展、个别化教学的发展和系统化教学设计的发展。这三种教学方法产生于教育技术发展的不同阶段，随着教育技术学科的成熟而不断完善，并分别发展成为教育技术独立的研究领域。我们将通过学习三种教学方法的实践过程和整合模式，进而了解教育技术的发展概况，并掌握教育技术的基本学术思想。

1. 视听教学的发展

视听教学方法是依靠视听设备及相应的软件辅助教学的方法。从视觉教育到视听教育，再到后来的视听传播，视听媒体在教育中发挥作用的领域得以逐步扩展。

20世纪初，科学技术的迅速发展要求教育领域提供大批有知识、有技术的劳动者。因此教育质量和效率的改进、教学方法的改革成为教育工作者面临的紧迫问题。在特定的社会状况与社会需求下，大量新的科技成果进入教育领域，如照相技术、幻灯机、无声电影等都被作为新的教学媒体在教育、教学中应用。教育工作者利用这些媒体为学生提供了生动的视觉形象，使教学获得了不同于以往的巨大效果，从而产生了"视觉教育"的教学方法。1913年，发明家托马斯·爱迪生曾预言，10年内电影将代替传统的教科书，成为主要的教学媒体与教学方法。爱迪生的预言虽没有实现，但是他对视觉教育的推崇与认同，促进了视觉教育的快速发展。越来越多的教育工作者投身于新技术在教育中应用中的研究和开发。1923年7月，美国成立了全美教育协会的视觉教学部。

20世纪20年代末，由于有声电影及广播录音技术的发展和在教育中的应用，原有视觉教学概念已不能涵盖已扩展的视听设备的教育实践，视觉教学发展为视听教学。第二次世界大战期间，美国将有声电影等视听技术应用到工业与军事训练中，取得了巨大的投资效益。从而，传统的视听教学理论得到实践的检验，新的理念不断涌现。视听设备在战时人员培训方面取得显著成效，提高了人们在学校教育中使用视听媒体的兴趣和热情。幻灯、投影、电影、无线电广播等得到了进一步的推广应用。视听教学得到迅速发展。1947年，全美教育协会的视觉教学部更名为视听教学部。1946年爱德加·戴尔发表了以著名的"经验之塔"为核心的《教学中的视听方法》。"经验之塔"成为教学媒体应用于教学过程的主要依据和指导思想。

1953年视听领域出现了视听传播的术语。美国视听教学部出版了《视听传播评论》的专业刊物。在此期间，语言实验室、电视、教学机、多媒体组合系统、计算机辅助教学等先后出现并在教学中得到应用。1961年美国视听教学部成立"定义与术语委员会"，正是讨论视听教学中的学习理论和传播理论。这是视听教学阶段的转折点，标志着视听教学向视听传播的发展。

视听教学的发展过程反映了教学应适应社会发展的基本理念。从教育领域的教学传播角度看，媒体已成为教学传播过程的基本要素之一。并进而形成了依靠教学资源促进有效教学的思想，和媒体辅助、传播的教学方式。至今，视听教学仍是学校教育的主要形式。

2.个别化教学的发展

个别化教学是一种适合不同学习者需要和特点的教学。在班级授课制出现之前，个别化教学是基本的教育形式。产业革命出现以后，为了扩大教育规模，个别化教学逐步被班级授课制取代。但是随着时代的发展与教育研究和实践的深入，班级授课制的弊端不断凸现，教育工作者开始研究适合学习者个别需要和特点的教学系统。20世纪初美国开展了早期个别化教学的实验，其教学特点是：教学目的明确；试图使学习适合学生个别差异，打破传统教学固定步调模式，学生能自定学习步调；采用掌握学习法；重视课程内容的选择和组织。

程序教学是个别化教学的一种形式，是让学生在已编制好的、能有效控制学习过程的程序中进行自主学习。它的特点是：小的学习步骤、自定学习进度、积极反应、及时反馈、低错误率等。1954年斯金纳发表了题为《学习的科学和教学的艺术》一文，提出了使用教学机器解决教学问题的观点，强调了"强化"在教学中的重要作用。基于操作条件反射和积极强化的理论，斯金纳设计了程序教学机器和程序教学的程序。20世纪60年代初，程序教学得到迅速发展。大量的、形式各异的程序教学机器被开发出来，并进入教育领域。程序教学在教育的各个领域获得了成功。20世纪60年代末，程序教学开始衰退，原因是多方面的，包括：要真正开发有效的程序教材需要进行系统的设计和实验，这样会花费很大的代价，因而出版商纷纷推出；并非所有的教学内容都能变成程序教材；教学机器的功能限制；教师和教学管理者难以适应程序教材带来的教学改革需求等。总体来说，与程序教学相关的重要概念的应用、开发程序教材的方法等，都对系统化教学设计的发展和个别化教学的研究起到了推动作用。

随着计算机技术的迅速发展，人们发现计算机具有的人机交互、高速运算、灵活控制、动态模拟等特点，十分适合将其应用于个别化教学领域。计算机辅助教学（CAI）始于20世纪50年代末，早期的计算机辅助教学主要遵循程序教学的方法，以行为主义学习理论为基础。20世纪60年代早期的计算机主要用于模仿传统的课堂教学，代替教师的重复性劳动。20世纪60年代末70年代初，随着计算机容量的扩大和软件系统的改进，计算机可以根据学生的学习情况选择合适的教学资源，教学过程中学生变被动学习为积极介入。20世纪70年代末80年代初，计算机辅助教学的理论基础由行为主义学习理论转向认知主义学习理论，人们开始关注学习者的心理变化，开始研究并强调学习者的心理特征和认知规律。20世纪90年代，计算机多媒体技术、网络通信技术、人工智能技术得到进一步发展并交叉整合，建构主义的学习理论和教学理论也逐渐成熟。人们开始构建利用多媒体计算机和基于网络技术的建构主义教学系统。此时的计算机，不再只是辅助教学的工具，它可以作为认知和协作交流工具，承担学生导师和伙伴的角色。

综上所述，以个别化教学系统、程序教学和计算机辅助教学为主要形式的个别化教学方法已成为有别于传统教学的主要教学形式之一，各种研究结果也表明个别化教学方法比传统教学方法更有效。个别化教学的模式、方法和以学习者为中心的指导思想，特别是程序教学和计算机辅助教学的出现使得个别化教学成为教育技术中的一个重要的研究和实践领域。

3. 系统化教学设计的发展

系统化教学设计是一种系统地设计、实施和评价教与学全过程的方法，也称为教学系统方法。通过程序教学运动的实践，人们认识到影响并决定教学效果的变量十分复杂，需要对教学过程作系统分析才能获得有效学习。大量教学实践证明，开展有效的程序教学，需要运用系统设计的方法。第二次世界大战期间，美国从学习过程、学习理论和人类行为理论等方面，研究总结出一系列教学原则。这些教学原则在用于军训研究和教材开发后，不仅提高了军训的效率和效果，也为系统化教学设计教学方法的发展提供了包括任务分析、行为目标、标准参照测试、形成性评价和总结性评价等一系列重要理论基础。20世纪60年代初，加涅等人将系统论思想与任务分析、行为目标和标准参考测试等理论与方法有机结合，提出了早期的"系统化教学"模型。20世纪60年代末至70年代初，教学系统方法在教育技术领域日益受到重视。人们在实践中建立了许多系统设计教学的理论模型，教学系统方法成为教育技术的核心思想和基础理论。

总而言之，教育技术的发展虽然被划分为不同的阶段和研究领域，并且彼此间的起源与发展过程也不相同。但是教育技术的发展不是简单的技术替代，而是各个阶段与领域通过逐步交叉、融合，最终于20世纪70年代形成了独立的整体——教育技术。因此，教育技术是由不同理论和技术、方法（研究领域）整合而成的一种分析、解决教学问题的综合技术。

（二）我国教育技术的产生和发展

欧美等发达国家的教育技术起源于视听教育的发展和运动，我国的教育技术是受欧美视听教育的影响发展起来的，以电化教育的出现为标志。我国教育技术的发展主要分为两个阶段：第一阶段为电化教育的形成与发展阶段；第二阶段为电化教育向教育技术的全面发展阶段。

1.电化教育的形成与发展

20世纪20年代到40年代，幻灯、电影等媒体在教育中的应用，拉开了我国电化教育的序幕。20世纪20年代，在美国视觉教育运用的影响下，伴随着电影、幻灯片等先进媒体的传入，我国一些大城市的教育机构开始利用无声电影、幻灯片等进行教育教学活动。从20世纪30年代开始，电影和广播教学在我国更为广泛地开展起来了。大量的自发活动受到当时政府教育部门和学者们的注意，视听教育从而得到了初步的推广应用，1936年"电化教育"的名称得以确认。一些电化教育的理论文章和专著相继发表，1936年，上海成立了"中国电影教育用品公司"，并出版了我国最早的电教刊物——《电化教育》周刊。1937年，上海商务印书馆出版了我国第一本电教专著，由陈友松先生著述的《有声教育电影》。总的来说，当时的电化教育起步不错，并取得了不少实绩，但由于政治腐败、经济落后、科学技术不发达，电化教育没有得到大面积推广，也未能广泛地开展起来。

新中国成立后，20世纪50年代到60年代中期，我国电化教育步入初步发展期。1949年文化部科学普及局成立了电化教育处，负责领导全国的电化教育工作。随后社会电化教育得到不同层次的发展。部分省市相继创办了广播函授大学和电视大学，利用无线电广播、电视等媒体大力开展社会教育。高等学校中，有的院校开设了电教课程，有的院校成立了专门的电教中心。在普通教育上，北京、上海等城市先后成立了电化教育馆，负责开展基础教育中的电化教育工作。但1966年"文化大革命"的爆发，使整个教育事业受到严重摧残，方兴未艾的电化教育遭到严重破坏，电教机构被撤销，人员被解散，设备、资料被破坏。我国电化教育发展被迫停止下来。

20世纪70年代后期到80年代，我国的电化教育事业得到迅速发展。主要表现在：在全国范围内，恢复并新建了各级电教机构；引进了大批先进的电教设备；

逐步有计划地改善学校的电教设备状况；编制了一批广播电视教育和学校电化教育教材，为各级各类学校开展电化教育创造条件；广播电视教育和卫星电视教育得到迅速发展；重点高等院校开设教育技术专业，形成了包括专科、本科、研究生三个层次的人才培养体系，为国家培养了大批的电化教育人才。这一时期，电化教育的发展规模与速度在我国历史上是前所未有的，并为教育技术事业的发展奠定了坚实的基础。但当时主要偏重硬件建设和媒体技术的研究，软件开发和教学系统设计的研究涉足不够。

2. 电化教育向教育技术的全面发展

电化教育向教育技术的全面发展主要表现在以下几个方面。

（1）教育技术研究重心的变化

随着与国际同领域交流的增加，国外教育技术发展的理论与实践不断被吸收进来，同时，我国教育技术工作者结合我国实际，开始重新审视教育技术的研究领域和发展方向。我国的教育技术领域开始出现一系列的新变化。教育技术的研究重点从电化教育与传统教学、现代媒体与传统教学的优劣比较转向了对多媒体教学、教学设计、教育技术与课程整合等原理的研究与应用。

（2）教育技术软件和硬件建设得到飞速发展

全国广泛开展电化教育系统的工程建设，硬件设备由模拟转向数字。全国各地的教育机构与学校，努力搭建并拥有自己的校园网平台，组建不同层次的多媒体教室，使当代的教育事业在信息化的环境中开展。与之相配套的各种软件资源也越加丰富与完善，各种音频、视频课件，多媒体课件、数字资源库和网络课件等都得到全方位的开发。

（3）远程教育在信息化环境中发展到全新的阶段

随着互联网在中国的普及，人们日益增长的学习和继续教育的需要，在网络中得到一定程度的满足。利用互联网为平台开展的现代远程教育，是远程教育发展的新阶段。

（4）教育技术学科建设得到飞速发展

到2000年底，全国已有百余所高校设立了本、专科教育技术学专业，十余所高校被批准建立了教育技术学硕士点，三所高等师范院校设立了博士点，从而构成了一个包括专科、本科、硕士点、博士点在内的完整的教育技术学学科专业体系，培养了一批教育技术专业队伍。总体来说，电化教育向教育技术发展时期，是教育技术在我国历史上发展最为关键、最为迅速的时期。其间现代通信技术、多媒体技术、网络技术等新技术，和建构主义学习理论、教学系统设计理论等新理论，先后被介绍进入我国教育技术领域，并对教育技术的理论建设和实际应用产生了重大影响，我国的教育技术在此期间迈向了一个新的高度。

四、现代教育技术的发展趋势

随着教育技术理论研究和实践领域的扩展,教育技术的发展与科学技术的发展结合密切。21世纪,电子技术、计算机技术和通信技术进入了飞速发展阶段,这也决定着教育技术已进入信息化发展阶段,正朝着网络化、多媒体化的方向发展。

(一)教育资源的多媒体化、组织结构的非线性化

多媒体技术的应用、多媒体优化组合形成的多媒体系统的应用是教育技术多媒体化发展的两大趋势。多媒体技术能综合处理文本、图像、视频、音频和动画等多种媒体信息,具有感官的多重刺激性和操作的实时交互性等特点,不仅能丰富师生的教学资源,而且能调动学生的参与性和开发学生的探索精神。因此,多媒体技术在教育技术中占有重要位置,也是教育技术发展的主流趋势。同时,传统教育信息的线性组织结构,不符合人类思维、记忆网状结构的特点,因此传统教育在一定程度上限制了学生潜能的开发和自由联想能力、创造能力等的发展,所以现代教育资源的组织结构将向着非线性化的方法发展,以求最大限度地开发人的智慧和能力。

(二)教育平台和教学形式的网络化

卫星电视网络、互联网是教育平台网络化的两个方面。教育平台网络化,使得教育体制和教学模式发生了根本变革。基于网络环境的教育模式不受时间、空间和地域的限制,使教育的多样化、全民化、终身化和国际化成为可能。基于网络教育平台,人人都能得到一流教师的指导,进入世界知名学府学习,还可以在任意时间任意地点通过网络自由学习、工作或娱乐。网络环境下的教学模式,不仅可以是个别化教学、协作型教学,还可以是二者的结合。它为网络教学、远程学习、方针与虚拟实验等新的教育形式奠定了基础。

(三)现代教育技术应用模式多样化

现阶段,教育技术在教育中的应用形式主要有4种:①基于视听媒体和计算机的多媒体教学形式;②基于卫星网络的远程教学形式;③基于互联网的网络教学形式;④基于计算机仿真技术的"虚拟现实"教学形式。前三种技术因为出现较早,应用范围广泛,人们都很熟悉。虚拟现实技术是计算机科技发展的最新领域,具有自主性、实时交互性、多感知性等特征,因此它是教育技术发展的主要趋势之一。

（四）学习资源系列化

教育信息化程度的提高，促使教学设施、教学体系、教学资料等学习资源逐步成套化、系列化。学习者能够在特定的学习条件下，依据具体的学习目标，有效地选用相应的学习资源。学习资源系列化为社会化和终身化的教育提供了环境和保障。现代教育技术进入信息化发展阶段以后，"教育"不再是传统意义上的教育，无论是在观念上、模式上，还是在对象、主体上都已发生了根本的变化，教育的信息化给教育本身带来了全新的概念。

第二节 现代教育技术的理论基础

现代教育技术是一门综合性的学科。它与许多学科的理论相互交叉、相互渗透。因此了解现代教育技术的相关理论，是掌握现代教育技术原理和方法的基础。现代教育技术的理论基础是多方面、多层次的。这些学科相关理论的发展所引发的教育技术学理论基础的每一次变化，都会推动教育技术的演变。这里简单介绍与现代教育技术理论体系的建立和实践关系最直接、最密切的现代教学理论、现代学习理论、教育传播学理论和系统科学理论。

一、现代教学理论

教学，概括地讲，是指在教育目的规范下的，教师的教和学生的学共同组成的一种教育活动。可见，教学是教师和学生以课堂为交往的主渠道，以知识传授为基础的过程。通过教学，学生在教师有计划、有步骤的引导下，主动地掌握系统的科学文化知识和技能，发展智力、发展体力、陶冶品德、美感，形成全面的个性，是教与学的统一活动。

（一）戴尔的视听教学理论

1946年，美国教育技术专家爱德加·戴尔（Edgar Dale）在他编写的《视听教学法》一书中，提出了以"经验之塔"为核心的视听教学理论。他总结了视听教育的经验，研究了录音、广播等视听教学手段怎样在教学中使用，提出了相关的教学理论。戴尔认为，人类学习知识，一是由自己直接经验获得；二是由他人经验间接获得。他把人类学习的经验分为做的经验、观察的经验和抽象的经验三大类，并按抽象程度分为10个层次。

1. "经验之塔"的理论结构

（1）做的经验（Doing）

位于塔的底部，都含有亲自的"活动"，因此获得的是直接做的经验。

●有目的的直接经验（Direct Purposeful Experience）。

指通过直接与客观事物接触所取得的经验，是从生活中总结出来的最丰富、最具体的经验，是教育的基础。戴尔认为获取直接经验的目的是，为了帮助学习者更好地从感性认识上升为理性认识，从而更好地通过科学抽象，形成概念。

●设计的经验（Contrived Experiences）。

指通过设计、制作客观事物的模型、标本等学习材料所获得的经验。尽管人工设计、仿造出来的模型、标本等，与原来事物的大小、结构和复杂程度有一定差别，但形象类似。这种通过模型简化了的经验，使复杂的实际事物更易于理解。

●参与活动的经验（Dramatic Experiences）。

指通过演戏、表演等活动，再现某种真实情景，使人获得接近于直接经验的有关经验。人生有许多事情或知识不能靠直接经验体会到，例如，历史知识、社会观念等，但可以通过参与演戏、表演等活动获得类似的经验。参与演戏或表演的活动者与观看者相比，获得的经验、知识更加深刻，后者只能获得间接经验。

（2）观察的经验（Looking）

位于塔的中部，共包括5层，它们均含有"观察"的成分，故称为"观察的经验"，其排列层次越往上抽象的程度越高。这五个层次都是通过看、听事物的图像和声音取得的，其中学习者虽是旁观者，但它们在"观察"的过程中获得了替代的经验。

●观摩示范（Demonstrations）。

是将重要的事实、观念与过程用形象化动作（示范）呈现出来，学习者通过有目的的观察而获得经验。为了使示范教学取得好的效果，应强调学习者积极参与以便获得更多的直接经验。这种方式在教学上得到广泛应用，如教师先做演示，然后让学生去试做。

●见习旅行（Field Tours）。

为了观察课堂上看不到的事物，学习者通过参观、访问和考察活动，能看到真实事物和情景，从而获得在教室或实验室难得的直接体验。

●参观展览（Exhibits）。

展览陈列的一般有实物、模型、照片等，这些东西都具有一定的典型性，组合在一起以说明某一事件的特定意义。参观展览看到的实物要比真实事物更突出、更集中，便于学生获得观察的经验。

●电影（Movie）、电视（Television）。

电影和电视是用图像和声音相结合的表现方式，形象化地再现现实生活。学习者通过观看它们，可以获得一种间接的、替代的经验。电影、电视不受时空限制，将过去的或遥远的事物呈现在眼前，把原来变化太快或太慢的现象，用适当的速度去呈现，使人看得真切，理解深刻，有身临其境之感，因而能取得较好的学习效果。

●广播（Radio）、录音（Recording）、照片（Picture）、幻灯（Still Pictures）。

它们可分别提供视觉与听觉经验，可以为学习者提供单一的视听刺激。与声画同步的电影、电视提供的经验相比，真实性差一些，抽象程度较高，学习经验的收获也就差一些。

（3）抽象的经验

位于塔的顶部，其抽象层次最高，是抽象化了的东西。这两个层次的经验都是通过看、听或用事物抽象化的符号而取得的，学习者在学习的过程中获取了抽象的经验。

●视觉符号（Visual Symbols）。

指图表、模拟图形等抽象的视觉符号，如地图上表示河流、铁路、城市、沙漠等各事物的视觉符号。在视觉符号里，看不到事物的真实形态，看到的只是一些抽象的代表物。由于视觉符号一般较难理解，因此在教学中使用符号一方面要适合学习者的理解水平，另一方面应培养学习者使用符号的能力，因为抽象的经验更具有普遍意义。

●语言符号（Verbal Symbols）。

语言是交际和思维活动的工具，包括口头语言和书面语言。语言是表示事物最抽象的符号，位于塔的顶端。语言把具体事物抽象成为一种与事物本质完全不相同的代表符号，如口头语言符号的声音，书面语言符号的文字，可代表某种事物、观念、原理、公式等。在教学过程中，语言符号总是与"经验之塔"中其他的材料一起发挥作用，学生在自己的全部学习经验中，都不同程度地进行着抽象思维。

2."经验之塔"的理论要点

最底层的经验最具体，最直接，越往上越抽象。底层的经验易于理解和记忆；顶层的经验易获得概念，便于应用。

教学活动应从具体经验入手，逐步进入抽象经验。人类的学习过程应遵循由直接到间接，由具体到抽象的渐进原则。教学中应充分利用各种学习途径，使学习者的直接经验与间接经验产生有机联系。

教学的最终目的是使学习者获得更多的抽象经验。因为概念是思维推理的工具，它使探究知识的智力过程大大简单化、经济化。因此教学不能仅限于直接经验，必须引导学习者向抽象思维发展。

位于"塔"的中间部位的视听教学媒体，比顶层语言和视觉符号要具体形象。相比底层的直接经验，又能突破时间和空间的限制，且概括化程度高，有利于具体的事物与抽象的概念产生联系，有利于学生的学习经验有具体发展到抽象。

教学活动中综合运用各种媒体，可以使教学活动更具体，也能为抽象概括创造条件。同时应依据具体情况，如学生的经验水平、教学内容、教学时间等，合理有效地进行媒体选择，以达到教学效果的最优化。

以经验之塔为核心的视听教学理论在教育技术的发展过程中发挥了重要作用，即使到了今天，它仍然具有基本的理论作用。视听教学理论是教育技术的一个重要的理论基础。

（二）布鲁纳的认知结构教学理论

19世纪50年代末，美国心理学家布鲁纳（Bruner）提出了认知结构教学理论，并在1960年出版的《教育过程》一书中，对其进行了详细阐述。

布鲁纳强调对学科基本结构的学习。他认为，无论选教什么学科，务必使学生理解学科的基本结构，即概括化的基本原理或思想，也就是要求学生以有意义地联系起来的方式去理解事物的结构。他认为教师不可能给学生讲遍所有的事物，要使教学真正达到教学目的，教师必须使学生能在某种程度上获得一套概括了的基本思想或原理。这些基本思想、原理对学生来说，就构成了一种最佳的知识结构。知识的概括水平越高，知识就越容易被理解和迁移。

布鲁纳在教学方法上提倡发现法。他认为学习不在于被动地形成刺激与反应的联结，而在于通过主动地发现形成认知结构，学习的任何一个步骤都是主动过程，是主动获取知识和不断发展智能的过程。他指出："我们教师的目的在于：我们应当尽可能地使学生牢固地掌握学科内容，我们还应当尽可能地使学生成为自主而自动的思想家；这样的学生当他在正规学校教育结束后，将会独立地向前迈进。"他认为在学习行为中，包含着三个几乎同时发生的过程：即新知识的获得、知识的转换和知识的评价。这三个过程实际上就是学习者主动建构新知识结构的过程。新知识的获得表现为先前知识的重新提炼，或者对先前知识的替代；知识的转换是处理知识，是它适合新任务的过程；知识的评价则是核定处理知识的方法是否适合学习的任务，概括是否适当，运算是否正确等。他认为发现法有四个效果：提高智慧潜力；使外来动机向内在动机转移；学会发现的试探法；有利于保持记忆。

布鲁纳主张，教学应着眼于儿童认知结构扩展以促进认知能力的发展。儿童认知能力的发展应该是教学活动的核心任务，课程的设计，方法的选择均要以此为中心，并为此服务。即学科的知识结构必须与儿童的认知结构特征相适应，教育过程应依儿童各年龄阶段的认知结构的特点进行，使教学过程本身成为促进儿童智力发展的过程。

（三）布鲁姆的掌握教学理论

布鲁姆（B.S.Bloom）是美国当代著名心理学家。他的"掌握学习"理论自1986年介绍进入我国，对我国中小学，特别是初中教学产生了较大的影响。"掌握学习"理论以"人人都能学习"这一观点为基础，着眼于现实，以现有条件来改变现状，即以存在着个别差异的学生组成的班级为前提，以传统的班级教学方式来实施，使所有的儿童都能学会学校应教的东西。它是反映当代著名教育心理学家布鲁姆的基本教育观的重要教学理论。

布鲁姆认为，只要给予足够的学习时间和适当的教学条件，几乎所有的学生对几乎所有的学习内容都可以达到掌握的程度（通常要求达到完成80%~90%的评价项目）。为了能提供适当的学习条件，布鲁姆确定了影响学生学习的三个主要变量，即"三大教学变量"：先决认知行为、先决情感特点和教学质量。布鲁姆指出：一项学习任务所需的必要学习往往代表了一项学习任务所需的一定的知识和技能等内容，如果在这些知识和技能上有欠缺，那么学生在学习下一个学习任务中，就会遇到困难，在以后的连续学习任务中，他就会困难重重。因而，在完成各个学习任务的成绩上的许多差异，都是由于学生在学习新任务开始时就具有的知识、技能和以前成绩上存在的差异造成的。如果学生对学习任务缺乏必要的预先学习，那么从理论上说，他是不可能较好地按照学习要求进行学习的。这种某项学习任务所需的必要学习就是"先决认知行为"，它是学生学习中出现差异的一个主要变量。

"先决情感特点"是指学生受到激励或能够受到激励去参与学习过程的程度，是兴趣、态度和自我观念的一种复杂的情感组合。它是影响学生学习的一个主要变量。学校的"教学质量"是在学校和教师直接控制下发生变化的，它对学生的学习和学习过程有明显的重要影响，因而也是影响学生学习的一个主要变量。

布鲁姆设计了掌握学习的程序。在掌握学习中，教师根据学习任务确定最基本、最关键的教学目标，然后将教程分成一系列小的学习单元。每个学习单元包含一小组课，通常需要1~10小时的学习时间。对于教学目标的表述，布鲁姆认为根据教学目标不同的类别采用清楚的行为界定来描述。布鲁姆将教学目标分为认知、情感和动作技能三类。认知领域的目标又分为知识、领会、应用、分析、综合和评价等类型。教师在展开教学内容之前，要明确告诉学生学什么，怎样学习，达到什么程度等。然后教师编制出一些简单的诊断性测验，这些测验提供了学生对单元中的目标掌握情况的详细信息。授课前，对必要的预备知识给予充分的重视。教学时，仍采用集体授课形式。在讲授完一个单元后，对全班学生进行单元形成性测验。测验后，教师出示标准答案，由学生自己评分。若成绩达到80~85分，就已经掌握目标要求；若没有达到这一成绩，则需要对学习进行矫正，采取多种方法辅导学生重新学习这个单元的部分或全部，然后对未掌握的学生再进行测验，评价掌握的水平。

（四）罗杰斯的人本主义教学理论

罗杰斯（Rogers）是美国著名的人本主义心理学家。罗杰斯强调"以学生为中心"的教育理念。他认为学生是学习活动的主体，他们具有自我实现的潜能，有自我认识、自我指导、自我评价和自我发展的能力。教师的职责是促进学习者的自我实现，为学生创设一个良好的环境，建立和谐、融洽的师生关系，使学生的潜能得以发挥，独立个性得以形成。罗杰斯将心理咨询中的非指导性方法移植到课堂教学中，提出非指导性教学思想。"非指导"的含义是尽可能少地用直接告诉、简单命令、详细指示等形式，更多地运用间接的、不命令的、启发性的形式。他认为教师应把学生的感情和问题所在放到教学过程的中心地位，对自己的发言有所节制。他强调情感、价值、态度等因素在学习中的作用，认为学生在较少威胁的情境下主动自发地学习才会取得良好的学习效果。罗杰斯认为课堂教学中，必须遵循的主要原则如下：

教师与学生共同承担责任，如一起制定课程计划、管理方式等。

教师应鼓励学生将已有的知识与经验带入课堂，愿与学生分享教师自身的学习经验或其他经历，并为学生提供社会实践活动和各种参考资料。

提供能够促进学生学习的良好氛围。

学生自己确定学习目标，并承担责任。

教师让学生单独或与其他学生共同制定他们的学习计划。

学生学习的重点是学习过程的持续性，学习的内容是次要的内容。

学生与教师共同对学生的学习情况进行评价。

促使学习以一种更快的速度更加深刻地进行下去，并能更广泛地深入进学生的生活与行为。

（五）赞柯夫的发展教学理论

赞柯夫是苏联著名教育学家、心理学家。他认为教学改革的方向是促进学生的一般发展。即"是指儿童个性的发展，他的所有方面的发展。一般发展也和全面发展一样，是跟平均的、片面的发展相对立的"。一般发展既不等同于"全面发展"，也不取代"全面发展"。前者指问题的心理方面，后者指社会方面。赞可夫发展教学理论的基本观点是："以最好的教学效果，来促进学生的一般发展"，要把"一般发展作为教学的出发点和归宿"；"只有当教学走在发展前面时，才是好的教学"，要把教学目标确定在学生的"最近发展区"之内。教学要有一定的难度，要让学生"跳起来"才能摘到"桃子"。

赞柯夫通过自己的实验研究，总结出教学实验的原则：以高难度进行教学的原则。旨在引起学生的思考，促进学生特殊的心理活动的进程，难度应限于"最近发展区"，而不是无限度地难；以高速度进行教学的原则；理论知识起主导作用的原则，让学生掌握规律性的知识，以便学生能举一反三；使学生理解学习过程的原则。目的是要学生掌握知识之间的联系；使全班学生包括后进生都得到发展的原则。

二、现代学习理论

学习理论是揭示人类学习的本质和规律，解释和说明学习过程的心理机制，指导人类学习特别是指导学生学习和教师课堂教学的心理学原理或学说。在现代教育技术的理论体系中，学习理论是处于核心地位的。灵活掌握学习理论，对我们全面地认识学习过程的本质和规律，指导学生的学习和教师的教学乃至从事学习理论的深入研究都有十分重要的意义。由于哲学观点、视野和研究方法的不同，当代学习理论存在着不同的派别，其中对教育技术理论和实践影响较大的学习理论有：行为主义学习理论、认知主义学习理论和建构主义学习理论。

（一）行为主义学习理论

行为主义学习理论是20世纪20年代在美国产生的，在20世纪60年代以前一直作为占统治和主导地位的心理学派存在。学习是刺激与反应的联结、学习过程是一种渐进的"尝试与错误修正"、强化是学习成功的关键是行为主义学习理论的基本观点。斯金纳是行为主义学习理论的代表人物之一，他的主要贡献是对程序教学的研究。

斯金纳通过长期的研究，形成了学习和机器相联系的思想，制造了教学机器来实现小步子呈现信息、及时强化的程序教学。程序教学的思想被广泛应用于计算机辅助教学之中，具有一定的教学指导意义。程序教学的基本方法是：向学习者呈示一个小单元的信息作为刺激——学习者通过填空或回答的方式对其做出反应——反馈系统对反应做出评价——如回答错误，反馈错误的原因；如回答正确，则反应得以强化——进入下一单元的学习。刺激——反应——强化过程不断重复，直至学习者完成程序的学习。

程序教学的基本思想是：
将教学内容分解为小步子的逻辑序列。
学生在学习过程中应作出积极反应。
对学生作出的反应给与即时的反馈和强化。
学生在学习中可根据自己的情况，自定步调和学习进度。

学生尽可能地作出正确的反应，使错误率降低到最小限度。

斯金纳的程序教学原理已广泛运用于当今的计算机辅助教学，但行为主义学习理论在研究中未考虑人们的意识问题，只是强调行为，否定人的主观能动作用，将人视为消极被动的机械结构，因此在许多问题上难以自圆其说。从而导致了认知主义学习理论的发展。

（二）认知主义学习理论

认知是指人们获得知识或应用知识的过程，或信息加工的过程。美国心理学家吉尔伯特（G.A.Gilbert）认为："认知是一个人了解客观世界时所经历的几个过程的总称，它包括感知、领悟和推理等几个比较独特的过程。"随着行为主义学习理论在斯金纳时期达到鼎盛之后，认知学习理论逐步取代了行为主义学习理论，并在20世纪60年代在心理学派中逐步取得主导地位。认知主义学习理论源于德国的格式塔心理学，它强调学习并不是盲目的，而是有意识的，通过主体的主观作用实现。它用综合研究的方法，注重整体的特性，认为个人是一个有组织的整体，而不是各部分的简单之和。认知学习理论与行为主义学习理论的最大区别在于，认知理论家们只关心人类的学习。认知学习理论强调学习者内部的心理过程，这与行为主义者只关注外显行为、无视心理过程的观念有明显区别。并且主张学习是顿悟，重视创造性，重视理解。认知主义学习理论主要包括布鲁纳的认知发现学习理论、奥苏贝尔的认知同化理论、加涅的信息加工理论等。

认知主义学习理论认为人的认识不是由外界刺激直接给予的，而是外界刺激和认知主体内部心理过程相互作用的结果。根据这种观点，学习过程被解释为每个学习者根据自己的态度、需要、兴趣、爱好并利用过去的知识与经验对当前学习者的外界刺激（例如教学内容）做出的主动的、有选择的信息加工过程。教师的任务不是简单地向学习者灌输知识，而是首先要设法激发学习者的学习兴趣和学习动机，然后再将当前的教学内容与学习者原有的认知结构（过去的知识和经验）有机地联系起来。学习者不再是外界刺激的被动接收器，而是主动地对外界刺激提供的信息进行选择性加工的主体。下面主要介绍布鲁纳的认知发现学习理论。

布鲁纳（J.S.Bruner）是美国当代著名的心理学家和教育家，他的主要研究领域是儿童认知发展和认知学习，并非常重视对人类课堂情景中的学生学习问题的研究。他根据自己的研究结果提出的认知——发现学习理论，是当代主要流派之一。

布鲁纳认为，知识的学习就是在学生的头脑中形成各学科知识的认知结构，即学习事物间是怎样相互关联的。而掌握一门学科的结构，是以许多其他事物富有意义的，和它联系的方式去理解它。学习或教学所有达到的真正目的是使学生在某种程度上获得一套概括了的基本思想或原理。他强调学习一般原理的重要性，同时他还认为，应该培养学生具有探索新情境，提出假设，推测关系，应用自己的能力解决新问题、发现新事物的态度。由此，他提倡"发现学习"的学习方式。发现学习主要是指学生独立地获得知识的学习方式。他主张教学应创造条件，让学生通过参与探究活动而发现基本原理或规则。布鲁纳提出的发现学习的一般步骤有：第一，提出和明确使学生感兴趣的问题；第二，学生面对新问题、新情景，在思维中产生某种程度的不确定性，并产生探究的动机；第三，围绕问题，向学生提供有助于问题解决的材料或事实；第四，协助学生对有关材料与事实进行分析，让学生通过积极思维，提出各种解决问题的可能途径和假设；第五，协助和引导学生审查假设，得出应有的结论；第六，引导学生用分析思维去证实结论；第七，使问题得以解决。

对现代教育技术而言，认知主义的学习理论告诉我们不能仅仅停留在对学习内容和所提供的材料的研究上，还必须研究在应用现代教育技术过程中，学生的学习心理发生了哪些变化。要针对学生的心理，通过运用多种教学媒体来充分调动学生这个学习主体的积极性，使他们能积极、主动地进行思维活动。

（三）建构主义学习理论

建构主义学习理论是当今指导教育、教学改革的主要理论基础之一，是学习理论由行为主义发展到认知主义以后的进一步发展。行为主义注重外部刺激的设计，认知主义强调知识结构的建立，而建构主义则关注学习环境的设计。建构主义者主张，世界是客观存在的，但是对于世界的理解和赋予意义却是由每个人自己决定的。我们是以自己的经验为基础来建构现实。由于个体的经验以及对经验的信念不同，于是对外部世界的理解也各异，所以建构主义者更关注如何以原有的经验、心理结构和信念为主来建构知识，强调学习的主动性、社会性和情境性。瑞士著名的儿童心理学家和发生认识论专家皮亚杰（J.P.Piaget）是建构主义学习理论的主要代表人物之一，他提出的建构主义学习理论源于他对儿童的认识（认知、智力、思维等）的发展和结构的研究。

建构主义学习理论认为学习是学习者在与环境交互作用的过程中主动地建构内部心理结构的过程。知识不是通过教师讲授得到的，而是学习者在一定的情境即社会文化背景下，借助其他辅助手段，利用必要的学习材料和学习资源，通过意义建构的方式而获得的。所谓建构是指事物的性质、规律以及事物之间的内在联系。在学习过程中帮助学习者进行知识意义的建构就是要帮助学习者对当前学习内容所反映的事物的性质、规律以及该事物与其他事物之间的内在联系达到较深刻的理解。这种理解在大脑中的长期存在形式就是关于当前所学内容的认知结构。由于学习是学习者在一定的情境即社会文化背景之下,借助其他人(包括教师、同学、同伴等)的帮助,即通过人与人之间的协作活动而实现的主动建构知识意义的过程。因此建构主义学习理论强调以学习者为中心,认为"情境""协作""交流"和"意义建构"是建构主义学习环境中的基本要素或基本属性。

建构主义学习理论的基本学习观点是:①以学习者为中心;②学习是学习者主动建构内部心理特征的过程,强调学习过程中要充分发挥学习者的主动性;③学习过程同时包括两方面的建构,既包括对旧知识的改组和重构,也包括对新信息的意义建构;④学习既是个别化行为,又是社会性行为,学习需要交流与合作;⑤强调学习的情境性,重视教学过程对情境的创设;⑥强调资源对意义建构的重要性。

基于以上的观点,建构主义学习者提倡的恰当的学习应是教师指导下的,以学生为中心的学习。学生是知识意义上的主动建构者;教师是教学过程的组织者、协调者和促进者;教材所提供的知识不再是教师讲授的内容,而是学生主动建构意义的对象;媒体也不再是帮助教师传授知识的手段、方法,而是用来创设情境、进行协作式学习和会话交流,即作为学生主动学习、协作式探索的认知工具。

建构主义以其对学习的理解为基础,就教学内容的选取与组织和教学过程的设计提出了一系列的教学策略,如支架式教学、抛锚式教学等策略。支架式教学就是教师为学习者营造一个解决问题的概念框架,通过适当的启发引导,帮助学生沿框架逐步攀登,并逐渐放手让学生自己继续向更高水平攀升。抛锚式教学是以真实事例或问题为基础,让学生到现实世界的真实环境中去感受,去体验,通过获取直接经验来学习。

行为主义学习理论和认知主义学习理论虽在一定程度上相对立,但它们都认为世界是现实的、外在于学习者的,属于客观主义认识范畴。客观主义认为,世界是真实的,具有结构性的,因此存在着有关世界的可靠知识。学习者在学习中就是要获取这些知识。教师的教学就是传授这些知识。学习者可以在学习中获得与教师同样的理解。建构主义对于知识的认识是与客观主义相对立的。建构主义认为,学习者的知识应该是他们在与环境的交互作用中自行建构的,而不是灌输的。知识的学习没有统一的水平,应以个人经验为依据,不存在唯一的和客观的真实,是知者构造了实在或至少是按他自己的经验解释了实在。可见,客观主义偏重于教的方面,而建构主义则特别侧重于学的方面。

三、传播理论概述

传播,是指传播者运用符号——词语、体语、数字、图片、图表等,传递思想、感情、知识、技能等信息内容，以影响受传者的行为，或达到信息交流和信息共享的行为或过程。传播是一种社会行为，它具有传播信息、协调行为、教育、娱乐等功能。而传播学是一门研究人类传播行为的科学。是随着广播、电视、报刊等传播媒体的发展，逐步从社会学、心理学、政治学等学科分离出来的一门学科。包括信息、符号、传播媒体、传播过程、传播效果等理论内容。在传播学中，按社会传播的类型，传播通常包括人际传播、组织传播、大众传播和教育传播。传播的基本特征是：传播是传播者和受传者传递、接收与反馈信息的完整过程；传播是信息交流、信息共享和不断扩展公式的互动过程；传播是建立和改变人们的认知结构，影响与调节各自行为的过程。

教育传播是由教育者按照一定的要求，选定合适的信息内容，通过有效的媒体通道，把知识、技能、思想、观点等传递给特定的教育对象的一种活动，是教育者和受教育者之间的信息交流活动。它的目的是促进学习者的全面发展，培养社会所需要的各种人才。教育传播具有一般传播的共性，但也有它的特殊性：教育传播是知识技能、思想意识等教育信息的传播；教育传播是有目的、有计划、有组织的信息传播；教育传播是运用各种教育媒体，以求得最优化效果的信息传播。教育传播学是运用传播学理论来研究教育媒体与教育教学过程，并探索媒体在教学过程中的作用机理的学问，因此它是现代教育技术的理论基础之一。下面简单介绍教育传播的主要模式、系统组成和教育传播在教学中的应用。

（一）教育传播模式

传播是一个动态的过程，深入研究传播的有效方法之一，就是通过科学的抽象，将传播的全过程分解为若干个组成要素，并用一些图形、符号把这些要素在传播中的作用、地位和相互关系简要地描述出来，呈现出一种理想化了的"模型"，这就是传播学研究最有特点的模式化方法。学者们应用模式方法分析传播过程，产生了许多传播模式，它们集中反映了传播学理论研究的成果，是传播理论的核心部分。下面介绍几种在教育传播研究中具有重要意义的传播模式。

1.拉斯韦尔传播模式

美国政治学家拉斯韦尔（H.D.Lasswell），在1948的《传播在社会中的结构与功能》一文中提出了传播过程的"5W"模式。他认为"描述传播行为的一个方便的方法，是回答下列五个问题：Who?（谁?）Say what?（说了什么?）In which channel?（从什么途径?）To whom?（对谁?）With what effect?（取得什么效果?）"。拉斯韦尔是用文字描述这一传播模式的，后来的研究者将其用图解的模式进行更直观的表述。

拉斯韦尔传播模型揭示了以传播理论为基础的现代教育技术研究和应用分析

的五个领域：控制分析，即对传播者的研究，分析传播者（包括个人和社会组织）对传播过程的控制作用；内容分析，即对信息内容的研究，研究传播过程中说什么和怎么说的问题；媒体分析，即对通道的研究，研究各种媒介的性能、特点、选择、传送方式等问题；受众分析，即对传播对象的研究，研究传播对象的兴趣、需要、接收行为及影响的因素；效果分析，即对受传者在接收信息后所产生的意见、态度、思想与行为的变化的研究。拉斯韦尔传播模型在现代教育技术的研究和应用分析中得到广泛应用，但这个模型过于简单，而且忽略了两个重要因素，即忽略了传播的动机和信息的反馈因素。但这一模式对传播研究起过重要的指导作用，对于我们宏观地把握教育传播过程，进行教育传播过程分析具有重要的价值。

2. 香农—韦弗传播模式

香农和韦弗（Shannon—Weaver）在《通信的数学理论》中提出了一个传播的模式，用来解释一般的人类传播过程。香农韦弗模式将传播过程分为七个组成要素，并带有双向的反馈系统。这一模式揭示了教育传播的内部过程，即教育信息经过信源（教育者）编码，以一定形式的信号（声音、图像等）传递给信宿（学习者），学习者经过对信号的译码（理解），将信息存储在自己的认知结构过程中，为自己所利用。学习者在获得信息后，在生理、心理上产生的变化，通过各种渠道反馈给教育者。并且，在教育信息的传播过程中，存在着各种干扰信息，这些干扰信息可以对传播过程的各个要素产生影响，在模式中简要地将其表示为对信道的干扰。

香农—韦弗传播模式有以下的特点：信息传播要经过编码和译码过程，即传者将信息转换为适宜传输的信号，受者则把信号还原为信息；传者和受者要有共同的"经验"部分，才能正确理解所传信息，保证信息的有效传播；在信息传播过程中，存在各种干扰（如其他信号、噪声等），应尽量避免和加以限制；信源和信宿之间的反馈通道，使信源能够及时了解信息传到信宿后的反应，从而可以检查信息传播的效果。

3. 贝罗传播模型

贝罗（D.k.Berlo）传播模式综合了哲学、心理学、语言学、人类学、大众传播学、行为科学等新理论，去解释传播过程中的各个要素。这一模式把传播过程分解为四个基本要素：信源、信息、通道和受传者。贝罗模式也叫SMCR模式，S代表信息源Source，M代表信息Message，C代表通道Channel，R代表接受者Receiver。贝罗模式明确而形象地说明了影响信息源、接受者和信息实现其传播功能的条件，说明信息传播可以通过不同的方式和渠道，而最终效果不是由传播过程中的某一部分决定的，而是由组成传播过程的信息源、信息、通道和接受者四部分以及他们之间的关系共同决定的，传播过程中每一组成部分又受其自身因素的制约。

（1）信源和受传者

信源包括以下内容。

传播技术：传播技术包括语言（如语言的清晰和说话的技巧）、文字（如文字写作的技巧）、思想（如思维周密）、手势及表情等。传者的表达、写作技能，受者的听、读技能均会影响传播效果。

态度：包括传者和受者对自我的态度，对所传信息内容的态度，彼此间的态度等。

知识水平：传者对所传递内容是否完全掌握，对传播的方法是否熟知。受者原有知识水平是否能接受所传递的知识等都将影响最终的效果。

社会及文化背景：不同的社会阶层及文化背景也影响传播方法的选择和对传播内容的认知和理解。

（2）信息

信息包括以下内容。

符号：包括语言、文字、图像与音乐等。

内容：为达到其传播目的而选取的材料，包括信息的成分与结构。

处理："传播者"对选择及安排符号和内容所做的种种决定。

（3）通道

通道是传播信息的各种工具，如感觉器官、报纸、播音、电影、电视、图表、图画、动画等。传播过程中，信息的内容、符号及处理方式，均会影响通道的选择。不同传播媒体的选择以及它们与传递信息的匹配，会引起对人们感官的不用刺激，从而影响传播效果。例如：什么样的信息适合用体态表达？什么样的信息适合用语言传播？什么样的信息适合用触觉、嗅觉、味觉等方式传输？

贝罗传播模式比较适合于研究和揭示教学传播系统的要素和结构，如 SMCR 相当于教师——课业——手段——学生。教育者应将教学传播过程作为一个整体来研究，注意每一组成部分（信源——教师、信息——教学内容、通道——媒体、接受者——学生）及其复杂的制约因素。运用贝罗模式，联系实际传播条件及要素的具体情况，预测教育传播的效果，发现可能存在的问题。

（二）教育传播系统的组成

传统教学理论将教育者、学习者、学习材料三者作为教学系统的构成要素，我们称为教学系统的三元模型。从现代教育传播活动的实践来看，媒体发挥着重要的作用。把学习材料看作媒体化的教学信息，学习材料这一要素即可分为"教学信息"和"教学媒体"两部分。因此,教学媒体是现代教学传播系统的要素之一,从而产生了教学传播系统四元模型。

1. 教育者

教育者是教育传播系统中具备教育教学活动能力的要素,是系统中教育信息的组织者、传播者和控制者,如学校中的教师、社团中的指导者、学生家长等。教育者在教学传播系统中起主导作用,因而必须深刻地了解学生要素、内容要素、方法要素和媒体要素及其相互作用关系。充分发挥其主导作用的条件主要有三个方面:一是在所传授的学科领域,教育者与学习者要有一定的知识水平的差距,因此要求教育者不断学习和提高,掌握科学领域的前沿知识;二是要有一定的传授知识的手段和能力,如具有较好的语言表达能力和教学方法,能运用各种教学媒体和教学设施;三是要有一定的调节和控制教学活动的能力,包括对自身、对学生和师生关系的调节和控制。总之,在教学传播系统中的教育者应该精通专业、熟悉教材、了解学生、具有端正的教学态度和良好的传播技能。

2. 学习者

学习者是施教的对象,一般是接受教育信息的学生。在教育传播过程中,学习者的任务是完成教育传播系统所规定的学习任务,得到自身能力的提高与发展。学习者实现其学习目标的条件主要也有三个方面:一是学习者要有明确的学习目的,能形成积极的学习态度和学习行动,使个人的学习需要与社会的需求相统一;二是学习者要有一定的学习能力,掌握一定的学习方法。作为学习的主体,他们的各种接收信息的通道必须畅通无阻,并有良好的心理准备状态;三是学习者要有自控能力,能够调节自己的学习目的和学习行动,并与教师密切配合,充分利用来自各方面的反馈信息,修正学习措施,完成学习任务。

3. 教学信息

教学即教学内容,是经过科学验证,正确的东西,并随着社会的发展和时代的要求,不断加以更新。在教育传播过程中,主要的信息是教学目标信息、预测学生信息、教师传送信息、实践教学信息、家庭教育信息、学生接受信息和学生反馈信息等。信息是用符号进行表征的,一般分为语言符号和非语言符号两大类。语言符号具有抽象性、有限性等特征,擅长描述事实与知识,一般包括自然语言(如口头语言、书面语言等)和人工语言(如专业符号、计算机程序设计语言等)。非语言符号具有形象性、多维性、整体性等特征,擅长表达态度和感情,一般包括动作性符号、图像符号、目视符号、音响符号等。在教学传播过程中,应合理运用各类传播符号,以提高教育传播效率。同时教学信息的组织编排,不仅应符合学科本身的逻辑与知识结构,而且要符合学习者的认知特点。注意信息结构的序列化、教材内容的纵横联系和学习者的知识层次及心理成熟水平。既能使学习者容易接受，又能引导他们去进一步探索。

4.媒体

教学媒体是承载教育、教学信息的物体，是连接教育者和学习者的中介物，是传递和获取教育、教学信息的工具。如教科书、标本、直观教具、教学幻灯片、电影片、教学光盘、多媒体教学课件等，都属于教育传播媒体。教育媒体的选用要考虑到学习任务、学习者特点、教学管理和经济成本等因素。不同的教学媒体都有各自的优缺点，在教育传播系统中，必须根据实际情况合理选择和综合使用教学媒体。并且，教学媒体作用的发挥，还受多方面实践性因素的制约，如媒体资源的硬件、软件的现有贮备或添置的可能性；媒体操作的复杂程序和学会操作的培训时间；媒体使用时功能的稳定性；多种媒体配合使用时的灵活性和增效性；媒体使用时对时间、空间等环境条件的特殊要求等。

（三）教育传播理论在教学中的应用

许多研究者利用传播理论的概念及有关模型中的要素来解释教学过程，并提出了许多关于教学传播过程的理论模式，为教育传播学奠定了理论基础。这主要表现在以下几个方面。

1.说明了教学过程的基本要素

美国政治学家拉斯韦尔（H.Lasswell）提出了表述一般传播过程中的五个基本元素"5W"的直线性的传播模式。布雷多克（Bradlock）1958年在此基础上发展成"7W"模式。其中每个"W"都代表教学过程中的一个相应要素，这些要素成为研究教学过程、解决教学问题的教学设计所关心和分析、考虑的重要因素。

2.指出教学过程是双向的互动过程

现代传播模式重视受传者的主动性和自主性，强调传播者和受传者都是积极的传播主体。受传者不仅接受信息、解释信息，还对信息做出反应，说明传播是一种双向的互动过程，借着反馈机制使传播过程能够不断循环进行。教学信息的传播同样是通过师生双方的传播行为来实现的，所以教学过程的设计必须重视教与学两方面的分析和安排，并充分利用反馈信息，随时进行调整和控制，以达到预期的教学目标。

3.确定教育传播的基本阶段

教育传播过程是一个连续动态的过程。但为了研究的方便，我国教育技术专家南国农、李运林等将教育传播过程分为六个阶段。

（1）确定教学信息阶段

教学传播过程的第一步是确定所要传递的教学信息。传递什么信息，要依据教学目的和课程的培养目标。一般说来，课程的文字教材是按照教学大纲由专家精心编写的，通常都体现了要传递的教学信息。因此，在这一阶段，教师要认真钻研文字教材，对每单元的教学内容作仔细分析，将内容分解成若干个知识点，并确定每个知识点要求达到的学习水平。

（2）选择传播媒体阶段

选择与制作传递信息的媒体，实际上就是信息编码的活动。某种信息该用哪类符号或信号的媒体去呈现和传递，需要我们认真研究。如选择媒体要能准确地呈现信息内容；要符合学生的经验和知识水平，并容易被学生接受和理解；同时，要符合人力物力投入尽可能少，而传播效果尽可能好的原则。

（3）通道传送信息阶段

首先要考虑两个问题：一是信号要传送的范围与质量。要根据信号的传递要求，应用好媒体，保证信号的传送质量。二是信息内容的传送顺序问题。在应用媒体之前，必须做好信息传送的结构设计，在媒体运作时，有步骤地按照设计方案传送信息。传送信号时应尽量减少各种干扰，确保传递质量。

（4）接收和解释信息阶段

在这一阶段，学生接收信号并将它解释为信息意义，实际上就是信息译码的活动。学生首先通过各种感官接收经由各种媒体传来的信号，然后学生依据自身的经验和知识，将符号解释为信息意义，并随之储存在大脑中。

（5）评价和反馈阶段

学生接收信号解释信息之后，增加了知识，发展了智力，但是否达到预定的教学目的，需要进行评价。评价的方式和方法很多，可以通过观察学生的行为变化，也可以通过课堂提问、课后书面作业，以及阶段性的反馈信息来进行。

（6）调整和再传递阶段

教师通过获得的反馈信息与预定的教学目的进行比较，可以发现教学传播过程中的不足之处，并及时调整教学信息、教学媒体和教学顺序，进行再次传递。如在课堂提问时发现问题，可即时进行调整；在课后作业中发现问题，可进行集体补习和个别辅导；在远距离教学中发现问题，可以增发辅导资料，或在一定范围内组织面授辅导。

4.揭示了教学传播过程的若干规律

教育传播的最终目的，是要取得良好的教育传播效果。教育传播效果是指在一定的教育传播过程完成之后，受教育者在知识、能力和行为等方面所发生的变化，以及与此相关的教学效率、教育规模等。研究发现，教育传播要取得好的效果，须遵循以下几个规律。

（1）共同经验律

教育传播是一种信息传递与交换的活动，教师与学生的沟通必须建立在双方共同经验范围内。一方面,对学生缺乏直接经验的事物,要利用直观的教育媒体帮助学生获得间接的经验;另一方面,教育媒体的选择与设计必须充分考虑学生的经验。

(2) 抽象层次律

抽象层次高的符号,能简明地表达更多的具体意义。但抽象层次越高,理解便越难,引起误会的机会也越大。所以,在教育传播中,各种信息符号的抽象程度必须掌握在学生能明白的范围内,并且要在这范围内的各抽象层次上下移动。

(3) 重复作用律

重复作用是将一个概念在不同的场合或用不同的方式去重复呈现。它有两层含义:一是将一个概念在不同的场合重复呈现。如在几个不同的场合下接触某个外语生词,以达到长时记忆。二是将一个概念用不同的方式去重复呈现。如同时或先后用文字、声音、图像去呈现某一概念,以加深理解。

(4) 信息来源律

有权威、有信誉的人说的话,容易为对方所接受。资料来源直接影响传播的效果。因此,在教育传播中,作为教育信息主要来源之一的教师,应树立为学生认可的形象与权威。所用的教材与教学软件,其内容来源应该正确、真实、可靠。

四、系统科学理论

系统科学理论是研究一切系统的模式、原理和规律的科学,是"老三论"(系统论、信息论和控制论)和"新三论"(耗散结构论、协同论和突变论)的总称。

(一) 系统科学的基本理论

系统科学主张把事物、对象看作一个系统进行整体的研究,研究它的要素、结构和功能的相互联系,通过信息的传递和反馈来实现系统之间的联系,达到有目的地控制系统的发展,获得最优化的效果。教育领域中运用系统科学理论的思想、观点和方法,对教育系统的构成要素、组织结构、信息交换和反馈控制等进行分析、设计、运行和评价等研究,可以促进教育系统的最优化。教育技术以技术在教育领域的合理运用为出发点和归宿,把系统科学的思想渗透到教育技术的各个领域,从而促进了教育技术中各个分支的融合,催生了现代教育技术学。系统科学的思想、观点和方法对教育技术学学科的形成和发展有着广泛而深远的影响,是教育技术学最重要的理论基础之一。

1.控制论

控制论的主要创始人是美国数学家维纳(N.Wiener),控制论是关于各种系统中的控制和调节的一般规律的科学。控制论在教育领域中应用所形成的理论称为教育控制论。教育控制论是以提高教学效率和教学质量为控制目标，以信息流为主要传输形式的系统。它是研究教育系统中运用信息反馈来控制和调节系统的行为，从而达到既定教学目标的理论。传递教学信息的出发点和归宿在于教学效果的最优化，而"信息反馈"是实现教学效果最优化的关键。通过反馈，可对系统进行有效的调节，以使教学设计能有的放矢，不断完善，更加适合学生的实际情况。

2. 信息论

信息论的主要创始人是美国数学家、工程师香农（C.E.Shannon）。信息论就是研究系统中信息的计量、传递、变换、储存和使用规律的科学。信息论应用于教育领域而形成的理论，称为教育信息论。教育信息论是研究教学过程中教学信息如何传递、变换和反馈的理论，它与教育控制论、教育系统论关系十分密切。现代教育技术采用信息论的基本观点和方法，结合各种工具对教学信息进行分析与处理，对教学系统中信息传播的特点与规律进行分析。可以说，信息论为解决这些问题提供了很好的思路与方法。

3. 系统论

系统论主要创始人是美籍奥地利生物学家贝塔郎菲（L.V.Bertalanffy）。系统论是从系统的角度去研究事物的发展、运动规律的一门科学。系统论促使我们以整体的观点、综合的观点来考察教育教学过程与现象，运用系统的方法来解决教育教学问题。教育系统论是现代教育技术的基础，教育系统论把教育视为一个系统，组成这个系统的要素包括教师、学生、媒体等。教育要优化，不仅要从教师或学生一方来考虑，而且要从整个系统来考虑，协调好各教学要素之间的关系，使它们相互支持，相互理解，相互协调。

（二）系统科学的基本原理

系统科学主要包括整体原理、反馈原理、有序原理等三个主要原理，其他次要原理此处不再介绍。

1. 整体原理

任何系统只有通过相互联系形成整体结构才能发挥整体功能，系统中各要素是相互作用和相互依存的，没有整体联系，没有整体结构，要使系统发挥整体功能是不可能的。在设计教学系统的时候，应重视从教学整体进行系统分析，综合考虑课堂教学过程中的各个要素，如教师、学习者、教学内容及教学媒体等要素，并注意各要素间的配合、协调，发挥系统的整体功能，使教学系统成功运行。

2. 反馈原理

任何系统只有通过反馈信息才能实现有效的控制。如果反馈信息能够加强控制信息的作用，称为正反馈；如果反馈信息的作用与控制信息的作用相反，称为负反馈。正反馈可以使教学系统越来越偏离原来的目标，使系统发展变化，而负反馈则使教学系统保持稳定的因素，使其表现出合乎教学目际的行为。在教学中要随时根据正负反馈信息来了解教学情况，对系统进行协调控制，以实现教学系统的功能。

3.有序原理

任何一个系统中的要素及子系统必须按照一定的顺序和层次进行排列。有序意味着系统组织程度的提高。在教育中，有序原理强调处理好教学系统内部的要素之间，以及与外部环境之间的关系，使它们之间的信息交换处于有序的状态。教学系统应该是一个开放的系统，要能从教学系统以外的其他社会系统（如经济的、文化的、家庭的）获取有益的信息进行调整、优化甚至变革，从无序走向有序，以满足社会发展对教育提出的要求。

（三）系统方法

系统方法是在运用系统科学的观点与方法研究和处理各种复杂的系统问题时产生的。系统方法是按照事物本身的系统性把对象放在系统的形式中加以考察的方法，它侧重于系统的整体性分析，从组成系统的各要素之间的关系和相互作用中去发现系统的规律性，从而指明解决复杂系统问题的一般步骤、程序和方法。

系统方法采用的基本步骤是：

第一，从需求分析中确定问题。

第二，确定解决问题的方案。

第三，选择问题解决的策略。

第四，实施问题求解的策略。

第五，确定实施的有效性。

教育技术将系统方法应用于教学实际的研究，逐渐形成一种可操作的教学系统方法，并进一步发展成为理论与教学实践相结合的连接科学，建立了一套设计教学活动的理论知识体系——教学设计理论。系统方法已经成为教育技术的核心方法，教育技术是以系统方法为指导展开全部教育实践的。

第三节 现代教育技术与新课程改革

科学技术的飞速发展和教育发展的紧迫需要，使现代教育技术的产生和发展具有客观必然性；而现代教育技术所具有的特殊教育功能特点，又极大地促进了教育的变革与发展。目前，我国的新一轮基础教育课程改革正以令人瞩目的迅猛之势在全国顺利推进。现代教育技术在这次新课程改革中发挥着不可替代的作用。

一、新课程改革的目标和理念

为了适应时代发展的要求，教育部颁布《基础教育课程改革纲要（试行）》，计划用五年的时间对我国基础教育的课程体系、结构、内容等方面进行调整与改革，以构建适应时代发展要求和符合素质教育要求的新的基础教育课程体系。新课程改革是一项长期、复杂的系统工程，这需要课程专家、行政管理者、广大中小学校长、教师的共同努力。

（一）新课程改革的目标

时代的变化和社会的发展，我国成功加入WTO，世界各国竞相加快基础教育改革以及我国现行基础教育课程存在的诸多问题共同构成了我国基础教育课程改革的大背景。目前这场改革正如火如荼地进行，改革的效果如何尚需实践的检验，但就这次改革的目标来看，主要有以下两个方面。

1.新课程改革的总体目标

新课程的培养目标应体现时代要求。要使学生具有爱国主义、集体主义精神，热爱社会主义，继承和发扬中华民族的优秀传统和革命传统；具有社会主义民主法制意识，遵守国家法律和社会公德；逐步形成正确的世界观、人生观、价值观；具有社会责任感，努力为人民服务；具有初步的创新精神、实践能力、科学和人文素养以及环境意识；具有适应终身学习的基础知识、基本技能和方法；具有健壮的体魄和良好的心理素质，养成健康的审美情趣和生活方式，成为有理想、有道德、有文化、有纪律的一代新人。

概括起来，新课程改革的总体目标是以邓小平的"教育三个面向"和江泽民"三个代表"的重要思想为指导，全面贯彻国家教育方针，以提高国民素质为宗旨，以培养创新精神和实践能力为重点，强调课程要促进每个学生身心健康发展，培养良好品德，强调基础教育要满足每个学生终身发展的需要，培养学生终身学习的愿望和能力。

2.新课程改革的具体目标

改变课程过于注重知识传授的倾向，强调形成积极主动的学习态度，使获得基础知识与基本技能的过程同时成为学会学习和形成正确价值观的过程。

现行课程的弊端是：以知识为本，过分注重知识的系统传授，忽视对学生态度、情感和价值观的培养。新课程倡导全人教育。对不同阶段的学生在知识与技能、过程与方法、情感态度与价值观等方面都提出了基本的要求，强调课程要促进每个学生身心健康发展,培养良好的品行和终身学习的愿望与能力,正确处理知识、能力、情感、态度、价值观之间的关系,改变过分注重知识传授和技能训练的倾向。

改变课程结构过于强调学科本位(强调学科的独立性和重要性)、科目过多和缺乏整合的现状,整体设置九年一贯的课程门类和课时比例,并设置综合课程,以适应不同地区和学生发展的需求,体现课程结构的均衡性、综合性和选择性。

现行的课程结构是固守"课程即学科"的观念,沿用理性主义的课程结构,导致学生缺乏综合分析和解决问题的能力;强调学科严密的系统性,忽视学科之间的整合性、关联性;课程结构单一,基本以学科为中心,实践性、选择性课程薄弱;不同学科间存在内容重叠、交叉、耗时多的现象,导致学生负担过重。新课程要重建新的课程结构。一要强调综合性,在一定范围内设置综合课程。小学以综合课程为主。初中阶段设置分科和综合相结合的课程,鼓励选择综合课程。高中以分科为主,探索学分制管理。从小学至高中设置综合实践活动课程并作为必修课。二是加强选择性,以适应地方、学校、学生发展的多样化需求。课程根据不同地区经济、文化发展的多样化需求,具有较大的个性和选择性。在执行国家课程的同时,设置和开发地方课程与校本课程。并和国家课程融为一体,实现课程的多样化。三是加强课程结构的均衡性。我们要培养的是德、智、体、美全面、和谐、均衡发展的人,因此要注意课程结构的均衡性。

改变课程内容"难、繁、偏、旧"和过于注重书本知识的现状,加强课程内容与学生生活以及现代社会和科技发展的联系,关注学生的学习兴趣和经验,精选终身学习必备的基础知识和技能。

现行的课程门类过偏,有的教材内容陈旧、有的偏深、偏多,重视学科经典内容的选择,这些内容与学生现实生活中需要的知识、技能和能够反映现代社会、经济、科学等领域问题的内容缺乏联系,课程内容繁、难、偏、旧现象严重。新课程改革的目标是,一方面要选择适合现代社会发展需要的内容,另一方面要紧密联系学生的学习兴趣和生活经验,精选学生终身学习与发展必备的基础知识和技能,正确处理现代社会需求、学科发展需求与学生发展需求在课程内容的选择与组织中的关系,体现课程内容的现代化。

改变课程实施过于强调接受学习、死记硬背、机械训练的现状,倡导学生主动参与、乐于探究、勤于动手,培养学生收集和处理信息的能力、获取新知识的能力、分析和解决问题的能力以及交流与合作的能力。

现行课程实施的弊端是:以教师、课堂、书本为中心,重视向学生"灌输"书本知识,忽视学生的交流、合作、主动参与、实践和探索,重视教学过程的严格统一,忽视学生的个性差异;重视复习巩固,忽视学生的实践和经验,忽视创新精神和实践能力的培养；重视认知目标，忽视情感目标等。新课程倡导建构性学习。学习是一个主动的过程和个性化的过程，学习的途径是多方面的，包括在生活中、实践中学习。教师在教学过程中应与学生积极互动，共同发展，注重培养学生的独立性和自主性，注重学生的经验与兴趣，培养学生运用主动参与、探究发现、交流合作的学习方法，引导学生探究，促进学生主动地、富有个性地学习，使每个学生的能力都得到发展。

改变课程评价过分强调甄别与选拔的功能，发挥评价促进学生发展、教师提高和改进教学实践的功能。

现行的课程评价以"分数""升学率"为标准，分数成了学生好坏的评价标准，而"升学率"成了评价教师、学校的硬指标，过分地强调评价的甄别和选拔功能，把教育的目的和功能单一化了，使基础教育成了"升学教育"。这种评价方法也使课程产生了相当的局限性，课程设置与教学内容基本上是为升学服务的，忽视了对学生个性的发展施以影响，不利于既有科学文化基础又有实践技能的各种创造性人才的培养。新课程改革建立发展性评价体系。首先，建立促进学生全面发展的科学评价体系。提出评价不仅要关注学生的学业成绩，而且要发现和发展学生多方面的潜能，帮助学生认识自我，促进学生在原有水平上的发展，发挥评价的教育功能。二要建立促进教师不断提高的评价体系。强调教师对自己的教学行为的分析与反思，建立以教师自评为主，校长、教师、学生、家长共同参与的评价制度，使教师从多渠道获取信息，不断提高教学质量。三要建立促进课程不断发展的评价体系，周期性地对学校课程执行的情况、课程实施中的问题进行分析评估，调整课程内容、改进教学管理，形成课程不断革新的机制。

改变课程管理过于集中的状况，实行国家、地方、学校三级课程管理，增强课程对地方、学校及学生的适应性。

中小学课程与地区的差异有着直接的关系。教育要适应并推动当地经济和社会的发展，就必须培养出适合当地实际需要的人才。如果课程脱离当地实际，就会影响教育和经济的发展。因此，新课程改革提出实行国家、地方、学校三级课程管理体制，把中央集权与地方分权、社会需要和学生发展、国家统一的教育目的和学校教育的办学特色辩证地结合起来，是对课程管理理论和实践的一大发展。

（二）新课程改革的基本理念

随着知识经济的到来和科学技术的迅猛发展，世界教育的基本理念正在发生深刻的变化。随着对教育民主化、回归生活教育、教育的可持续发展、个性化教育、创新教育等的强调，现代课程发展的基本理念也呈现出许多新的特点和趋势。

理念就是一个人具有的并且付诸行动的信念，它既是一种观念，也是一种行动。新课程的核心理念是以人为本，做到两个全面，即教育要面向全体学生，教育要为学生的全面发展服务。基础教育课程理念也有了很大的转变与提升，主要表现在以下几个方面。

1. 从整齐划一到注重学生个性发展与创新

以学生发展为本，注重学生个性的养成、潜能的开发、能力的培养和智力的发展。课程目标从单纯为升入高一级学校做准备向促进学生学会做人、学会生活、学会学习、学会劳动的方向转变。重视基础知识的学习，并以发展学生的个性为中心来设置课程，着眼于未来，面向21世纪的需要，着重培养一个人继续学习、终身学习的能力，最大限度地培养学生的能力，开发其潜能。

2. 书本位的灌输到学生自主学习、全面发展

课程内容的转变从强调学科基础知识和基本技能的"双基"教学，向多学科的基本事实、基本原理、基本方法、基本应用和基本能力的"五基"转变。注重密切联系学生的生活和经验以及社会、科技发展的现实，强调学生经验、学科知识和社会发展三方面内容的整合。形成了三维目标，即知识与技能、过程与方法、情感态度与价值观，突出了以学生发展为本的思想，更有利于学生的全面发展。

3. 从单一机械的课堂到学生回归自然、社会实际

现代课程强调回归生活，因为只有"当学习发生在有意义的背景中时，才是有效的"。促进有意义的学习，塑造健全人格、培养创新精神和实践能力的改革目标的重新定位，必然要求现代学校课程建设回归儿童的生活世界，课程设计向真实生活情境转化，更多地利用儿童所面临的生活环境来设计教学。总之，这样学校课程将突破学科疆域的束缚，向自然回归，向社会回归，意味理性与人性的完美结合，意味着科学、道德和艺术现实的、具体的统一。

4. 从强调独立分科到重视全面综合

课程体系的转变从强调独立分科到重视全面综合，主要分"分科课程""综合课程""综合实践活动课程"三类课程。课程综合化表现在：学科教学走向综合化，设置综合课程和综合实践活动课程。注重学生经验，加强学科渗透。各门课程都应重视学科知识、社会生活和学生经验的整合，改革课程过于强调学科本位的现象。

5. 从评价重选拔到评价促进师生发展

课程评价的转变从以考试分数为唯一标准的事实评估向以学生全面发展为标准的绩效评估转变。首先是评价主体的多元化，评价者既可以是教师，也可以是家长或者学生自己，既要进行自我评价，又要进行他人评价，做到评价主体互动化。其次是评价方式的多样化，既要进行总结性评价也要进行形成性评价，既要做定性评价也要做定量评价，评价方法有测验法、观察法、档案袋法等。整个评

价过程是动态的、发展的，以师生发展为最终目的。

6.从封闭保守的教学到开放交往的教学

基础教育课程改革纲要（试行）指出，要"改变课程实施过于强调接受学习、死记硬背、机械训练的现状"，提倡自主、探索与合作的学习方式，使学生在教师指导下主动地、富有个性地和创造性地学习，真正实现学生学习方式的根本性转变。注重探究性与开放性的教学，让学生自己去探索去历练，为学生提供一个真正自由广阔的学习环境。提倡交流与合作学习，关注体验性教学。在真实的社会生活中，学生必须学会与各种人一起工作，交流与合作有利于学习者建立新的学习共同体，满足学生归属感和影响力的需要，感到学习是有意义的，才会更愿意学习。同时，学生通过体验真实的社会生活，综合运用多种知识去解决问题，提高学生参与社会的实践能力。

7.课程与现代信息技术结合，赋予课程以新的内涵与时代特征

课程实施的转变以创新精神和实践能力的培养为重点，建立新的教学方式，促进学习方式的变革。随着信息社会的迅速发展及其在教育领域的广泛应用，必然带来教育目的、内容、形式、方法、组织等方面的变革。新课程与现代信息技术相结合，势必给课程改革注入新的活力，与将来的数字化学习时代接轨。

（二）现代教育技术对教育的影响

随着现代信息科学技术的飞速发展，以及现代传播媒体的产生和传播手段的更新，教育形式必然产生变革，这种变革将影响着整个教育思想和教学模式的更新与发展。现代教育技术作为现代化教学的要素之一，在教育现代化的进程中必将体现出重要的作用。网校、网络学院是传统教育的扩展，虚拟学社、网络学习论坛是传统教育的补充，基于网络的合作性学习是传统教育的革新，总之，现代教育技术实现了现实教育与虚拟教育的融合，是通向未来教育的桥梁。陈至立曾说过"现代教育技术是教育改革与发展的制高点"，可见，现代教育技术在教育发展过程中的重要性。

1.现代教育技术的教学功能

随着现代科学技术的发展，特别是多媒体技术、网络通信技术等在教育中的应用，教育技术显示了前所未有的巨大威力，教育将出现全新的面貌。可以说，教育技术正逐步进入信息技术发展新阶段，它的教学功能将越来越发挥重大作用。

现代教育技术具有教学信息组织的非线性化、信号处理的数字化、信息储存光盘化、信息传输网络化、教学过程智能化、学习资源系列化等优点和特点，促使人们对学习资源、学习过程、教学内容、教育方式和教学组织形式等问题重新思考，以适应教育现代化的要求。现代教育技术的不断发展在客观上促进了学生

主体观、教师主导观、学习效率观、教学媒体观、终生学习观和终生教育观等现代教育观念的形成和更新。

现代教育技术在教学中既充当拟人的角色，又充当拟物的角色。教育技术在教学过程中既可以扮演导师引导学生学习，又可以扮演学员，让学生充当老师来教计算机做事。现在已经出现了虚拟学伴系统，可以与学习者互帮互学，也可以充当助手，帮助老师和学生进行资料整理等工作。随着以学生为主体的教育思想日益深入人心，现代教育技术的拟物作用日益受到重视。我们可以利用多媒体和网络构造便于学生进行探索性学习的情境，利用网络丰富的信息资源发展学生基于资源的学习，更方便的是教师和学生使用现代教育技术手段，支持他们的教与学的活动。总之，在教学中，现代教育技术发挥了不可替代的作用。

2.现代教育技术在新课程改革中的作用

当前，基础教育课程改革方兴未艾。这一新课程体系所具有的创新性与实践性，为多年来的教育改革注入了新的活力，也为现代教育技术的推广运用带来了前所未有的发展机遇，面对这一新的形势，如何认识现代教育技术在这次深刻的教育改革中的使命与作用，关系到其运用策略和效率的发挥。现代教育技术正成为课程改革中一个必要的因素，并不只是"辅助"，更不是可有可无的，新的教育纲要要求、新的教学活动需要教育技术，其重要意义还在于以此来促进教学方式和学习方式的根本性变革，让教育与时代同步。

（1）利用教育技术提供自主学习的资源

基础教育课程改革中注重培养学生学习的独立性和自主性，教育技术提供了丰富的学习资源和学习环境。学生利用计算机在网络环境下的学习和活动，不同于传统的被动的学，教师教什么学生学什么。网络环境中有丰富的学习资源，有趣而优质的信息内容不仅使学生的学变得更为生动、更为有效，而且，还有利于开发和提升学生的潜能，有助于进一步达到以学生发展为本的教育目的，并为他们进入数字化学习、养成终身学习习惯打下良好的技能基础。

（2）利用教育技术提供直观形象的学习经验

基础教育课程改革纲要中提出"逐步实现教学内容的呈现方式、学生的学习方式、教师的教学方式和师生互动方式的变革"，利用多媒体教学，可以为学生提供直观形象的学习经验，改变教学内容的呈现方式。由于多媒体手段的使用为学生创造了立体多维的信息呈现形式，充分调动了学生各类神经和感官的积极参与，吸引了学生的注意力，激发了学习热情，使其产生了浓厚的学习兴趣。引导他们对所学知识进行观察、思考、分析、理解、记忆和掌握，创设主动探究而又和谐、民主的课堂氛围，形成了良好的心态和学习情绪，提高了综合素质，促进学生全面发展。

（3）利用教育技术提供学习的工具和途径

在新课改中明确提出"充分发挥信息技术的优势，为学生的学习和发展提供丰富多彩的教育环境和有力的学习工具"。教育技术为学习者提供了学习的工具和途径，学习者可以利用网络自主地学习，进行探究学习和合作学习。数字音像技术、视频会议技术、多媒体计算机和人工智能技术、交互网络通信技术、虚拟现实技术在教育教学中的广泛应用，使学生可以通过各种渠道获得所需知识。开放式教育普遍实施，学生学习的自主性、主动性、独立性和创造性得到了发挥，适应了现代信息社会的发展。

（4）利用教育技术改变教师教和学生学的方式

在新课程改革中，教师的地位与作用被赋予新的含义，教师的角色也随之发生了极大的变化，体现于教学中，从"讲"到"导"的教学行为转变十分重要。因此，教学活动中的教育媒体及信息技术，不再是仅仅为"讲"服务，更要着力于"导"的需求与运用，在恰当地发挥其提供情景、激发兴趣、诱发行为等优势的同时，还要看到信息技术所具有的超文本结构、适时性、交互性等特点及功能，使这一教学手段对教师的教更具拓展性、生成性，以体现出"不是教教材，而是用教材"的新理念。因此，采用教育技术不仅要改变"教科书搬家"的做法，还要不囿于对电教媒体"生动直观"的认识与利用，更应当走出多年来在讲授教学中仅将其看作"教辅工具"的利用层次，认识到在日益多元化的教学活动中信息技术就是一种必要的方法，越来越多的指导性教学活动中它就是教学的手段及形式。这是现代科学技术在教育教学中的必然应用，是当今教学实践活动的新要素。

总之，现代教育技术改变着千百年来以教师讲授、课堂灌输为基础，劳动强度大、效率低的传统教育教学模式，并使学校教育同家庭教育、社会教育融为一体，实现教育中人力、物力资源的多层次开发与合理配置。这场教育的大变革不仅仅是教育形式和学习方式的重大变化，更重要的是将对教育的思想、观念、模式、内容和方法产生深刻影响。面对急剧变化的世界信息技术教育发展环境，为了争取在新世纪日趋激烈的国际竞争中占据主动地位，必须加快在学校普及信息技术教育的步伐，努力实现教育信息化。

三、信息技术与新课程的整合

现代教育技术的技术基础是信息技术。以多媒体和网络技术为核心的信息技术已经成为拓展人类能力的创造性工具。随着信息技术的飞速发展及其在教育领域的广泛应用，必然带来教育目的、内容、形式、方法和组织的全面变革。现代教育技术应用的核心是信息技术与课程整合。《基础教育课程改革纲要》中提到"在课程的实施过程中，加强信息技术教育，培养学生利用信息技术的意识和能力。""大力推进信息技术在教学过程中的普遍应用，促进信息技术与学科课程的整合，逐步实现教学内容的呈现方式、学生的学习方式、教师的教学方式和师生互动方式的变革，充分发挥信息技术的优势，为学生的学习和发展提供丰富多彩的教育环境和有力的学习工具。"因此，信息技术与课程整合是一个随着教育技术进步和教学实践发展不断提出新目标，不断向前发展的工程。

（一）信息技术与课程整合的概述

信息技术与课程整合是指在教与学过程中，充分而恰当地应用信息技术，使信息技术成为课程的有机组成部分，以便提高学生的信息技术能力和教与学的效率与质量。信息技术与课程整合在教育教学中有重大的意义，主要表现在以下几个方面。

1.有利于实现教育教学的根本目的

信息技术与课程整合追求的目的应该是教育教学方面的目的，信息技术应该在促进教师教学、学生学习和学生全面发展等方面起到积极作用。信息技术与学科课程整合确实有利于实现教育教学的根本目的。信息技术和课程整合，为课程设计提供了丰富的手段，拓宽了课程设计的范围。信息技术强大的功能，使得教学形式呈现出多样化的特征。

2.可以帮助教师教学

信息技术和课程整合，可以充分利用各种资源，发挥设备的最大潜力，实施高质量和高效率的教学。关于作为教学工具的作用，一般的观点是学科教师可以借助信息技术备课，可提高备课质量和节约备课时间。其次学科教师利用信息技术授课，延长了师生交流的时间，也更有利于学生与教师的深层次的交流与沟通。而且，通过计算机联网，可以大大减少教师的重复劳动。

3.有利于提高学生的信息素养

信息技术与学科课程整合是培养学生形成信息素养的有效途径。所谓信息素养是指能够清楚地意识到何时需要信息，并能确定、评价、有效利用信息以及利用各种形式交流信息的能力。信息素养主要包含3个方面的内容：信息能力、信息意识和信息态度。

4.可以帮助学生学习

由于信息技术与学科课程的整合，使得传统的认知工具得到了充实，学生可以利用信息技术作为认知工具进行更有效的学习。认知工具可以包括以下几个方面：第一，作为课程学习内容和学习资源的获取工具；第二，作为情境探究和发现学习的工具；第三，作为协作学习和交流的通信工具；第四，作为自我评测和信息反馈的工具。

5.有利于培养学生的创新性

学生创新能力的培养需要理想的教学和学习环境的支持，信息技术整合于教学过程之中可以为培养创新能力营造理想的环境。信息技术可以作为学生的创造工具：第一，现代教育技术的最新理论基础有力支持着创造性能力的培养；第二，基于计算机的课件开发平台有利于培养学生的直觉思维；第三，优秀的多媒体课件可以对学生形象思维的培养提供有力支持；第四，基于计算机网络的"协作式学习"和"发现式学习"可以对学生辨证思维和发散思维的培养提供有力的支持。

6.作为整合多学科的工具

信息技术与课程整合可以促进多学科的相互渗透，可以作为整合多学科的工具。学生在制作关于地理内容的多媒体作品时，需要同时使用计算机、地理、美术、音乐等多学科的知识，需要综合运用多学科的知识来分析、规划、制定有关内容。

目前，信息技术教育在学校教育中已经占有十分重要的地位，信息技术与课程整合也是信息技术教育的重要组成部分，是对信息技术课程内容的一个补充。信息技术课程所涉及的内容只是该课程的基础，许多内容在课程教学中不可能涉及。而信息技术与课程整合则可以通过信息技术在相关学科的应用，在较大程度上充实和完善学校的信息技术教育。

（二）信息技术与课程整合的目标与策略

信息技术与课程整合是信息时代教与学的新方式，为推进教育信息化进程，培养学生良好的信息素养提供了便利。在教学过程中应用不同的策略，恰当实现信息技术与课程的整合，是今后的工作重点之一。

1.信息技术与课程整合的目标

信息技术与课程整合的宏观目标可以定义为"建设数字化教育环境，推进教育的信息化进程，促进学校教学方式的根本性变革，培养学生的创新精神和实践能力，实现信息技术环境下的素质教育与创新教育"。具体表现在以下几个方面。

（1）培养学生具有终身学习的态度和能力

学习资源的全球共享，虚拟课堂、虚拟学校的出现，现代远程教育的兴起，使人们可以随时随地通过互联网进行学习，使学习空间突破了围墙界限。教育信息化还为人们从接受一次性教育向终身学习转变提供了机遇和条件。终身学习就是要求学习者能根据社会和工作的需求，确定继续学习的目标，并有意识地自我计划、自我管理、自主努力，通过多种途径实现学习目标的过程。

要实现终身教育和终身学习，教育必须进行深刻的变革：使教学个性化、学习自主化、作业协同化，把培养学生学会学习、培养学生具有终身学习的态度和能力作为培养目标。

（2）培养学生具有良好的信息素养

教育信息化为终身学习带来了机遇，学生只有具备良好的信息素养，才能把终身学习看成自己的责任，才能够理解信息所带来的知识并形成自己的知识结构。信息技术与课程整合正是培养学生形成这些必备技能和素养的有效途径。

有学者认为信息素养是指"能清楚地意识到何时需要信息，并能确定、评价、有效利用信息以及利用各种形式交流信息的能力"。

信息素养应包含着三个基本点：

● 信息技术的应用技能。

指利用信息技术进行信息获取、加工处理、呈现交流的技能。这需要通过对学习者进行信息技术操作技能与应用实践训练来培养。

● 对信息内容的批判与理解能力。

在信息收集、处理和利用的所有阶段，批判性地处理信息是信息素养的重要特征，对信息的检索策略，对所要利用的信息源，对所获得的信息内容都能逐一地进行评估。在接受信息之前，会认真思考信息的有效性、信息陈述的准确性，识别信息推理中的逻辑矛盾或谬误，识别信息中有根据或无根据的论断，确定论点的充分性。这些素养不仅要通过计算机技术技能训练来形成，而且还要通过加强科学分析、思维能力的训练来培养。

● 善于运用信息，具有融入信息社会的能力。

指信息使用者具有强烈的社会责任心、具有与他人良好合作共事精神，使信息技术的应用能推动社会进步，并为社会做出贡献。这些素养的形成也不是通过计算机技术技能训练就能形成的，而是要通过加强思想、情操的教育训练来培养。

（3）培养学生掌握信息时代的学习方式

在信息化学习环境中，人们的学习方式会发生重要的变化。学习者知识的获得不是依赖于教师的讲授与对课本的学习，而是主要利用信息化平台和数字化资源。教师、学生之间开展协商讨论、合作学习，并通过对资源的收集利用、探究知识、发现知识、创造知识、展示知识的方式进行学习。因此，通过信息技术与课程的整合，要使学生掌握信息时代的学习方式：

学会利用资源进行学习。

学会在数字化情境中进行自主发现的学习。

学会利用网络通信工具进行协商交流、合作讨论式的学习。

学会利用信息加工工具和创作平台进行实践、创造地学习。

2.信息技术与课程整合的基本策略

（1）学习方式要以主题为中心，以任务来驱动应把课程内容联系生活和社会，综合其他学科知识，提出各种问题并形成主题任务，进行任务驱动式教学。同时要把学生置于发现问题、提出问题、思考问题、探究问题和解决问题的动态过程中学习。

（2）把信息技术作为学生学习的认知工具

利用信息技术作为学生学习的认知工具，并对这种工具的使用像书本、铅笔一样顺手、自然。利用信息技术作为学生学习的认知工具；利用多媒体与网络的情境创设功能作为情境探究和发现学习工具；利用网络的通信功能作为协商学习和讨论学习的工具；利用网络的信息平台作为知识建构和创作实践工具；利用基于网络的测评系统作为自我评测和学习反馈工具。

（3）教学结构要体现教师为主导，学生为主体的理念

在课程整合的教学模式中，强调学生的主体性，要充分发挥学生在学习过程中的主动性、积极性和创造性。学生被看作知识建构过程的积极参与者，学习的许多目标和任务都要学生主动、有目的地获取材料来实现。同时在课程整合中，教师是教学过程的组织者、指导者、促进者和咨询者，教师的主导作用可以使教学过程更加优化，是教学活动中重要的一环。

（4）培养学生的学习习惯、科学方法和合作创新能力

课程整合要求，学生学习的重心不仅放在学会知识上，而是转到学会学习、掌握方法和培养能力上，包括培养学生的"信息素养"。学生利用信息技术解决问题的过程，是一个充满想象不断创新的过程，同时又是一个科学严谨、有计划的动手实践过程，它有助于培养学生的创新精神和实践能力，并且通过这种"任务驱动式"的不断训练，学生可以把这种解决问题的技能逐渐迁移到其他领域。同时，信息技术提供了一个开放性的实践平台，利用它实现相同的目标，可以采用多种不同的方法。教学目标确定后，每一位学生可以采用不同的方法、工具来完成同一个任务，这为学生的合作学习提供了机会。

（三）信息技术与课程整合的基本模式

在信息技术课程整合中，信息技术作为认知工具，教学的总体能力目标是一致的，即培养学生的"信息素养"和实践能力。但对于不同学科定位，信息技术的作用是不一样的，为此可以将信息技术课程整合分为三种基本课程模式。

1. 信息技术课程，信息技术作为学习的对象（Learn about IT）

信息技术课程作为一门专门的学科开设，主要学习信息技术的基本技能和基本工具的使用。然而，信息技术课程并不仅是简单地为了学习信息技术本身，还要培养学生利用信息技术解决问题的习惯和能力。因此，同样要按照课程整合的理念，把信息技术作为一种工具，整合到实际任务中进行学习。这些任务可以是

其他学科的知识，也可以是社会性的问题。教师在任务设计时要灵活创新，对于相同的知识点，在完成所要求的学科目标的前提下，要根据不同的学校环境、教师特长和社会背景等，创设不同的情景任务进行教学，不能拘泥于教材或参考书所提供的材料。比如，在"信息技术"课程中，结合信息检索课程内容，把检索语文、数学资料作为学生的练习。

2.与其他学科的整合，信息技术作为教学工具（Learn from IT）

学生在教师的组织下利用信息技术进行学习，信息技术完全为其他学科的教学服务。在这种整合模式下，教师和学生在信息技术的帮助下，分别进行教学和学习。首先，教师根据教学目标对教材进行分析和处理，决定用什么形式来呈现什么教学内容，并以课件或网页的形式呈现给学生。学生接受了学习任务以后，在教师的指导下，利用教师提供的资料（或自己查找信息）进行个别化和协作式相结合的自主学习，并利用信息技术完成任务。最后，师生一起进行学习评价、反馈。

在整个教学过程中，学生的个体性和个别化得到较大的体现，这样的教学氛围十分有利于学生的创新精神和问题解决能力的培养。同样，教师通过整合的任务，发挥了自己的主导作用，以各种形式、多种手段帮助学生学习，进一步调动学生的学习积极性。

在课堂讲授性教学中，利用信息技术，创设各种学习情境，指导学生对情境进行观察、思考、操作和意义建构，来完成教学目标。

3.研究型课程，信息技术作为学习工具（Learn with IT）

学生作为积极主动的学习者，以类似科学研究的方式，在信息技术的帮助下，获取信息、交流信息，并最终以电脑作品的形式完成研究任务。

研究型课程中的整合任务，一般不是教材中的内容，而是课后延伸，甚至是社会现实性课题，如环境保护、旅游类问题等。课题的设置要考虑学生的认知能力和年龄特点，采用循序渐进的原则。一般小学低年级以生活实践性的活动为主，小学高年级以社会综合课题学习为主，初中以学科性综合实践活动为主，高中以综合性学科的学习为主。

研究型课程超越了传统的单一学科学习的框架，它按照学生认知水平的不同，将社会生活中学生感兴趣的问题，以主题活动的形式来完成课程目标。学生通过主体性、探索性、创造性的问题解决过程，将多个学科的知识、学问性知识和体验性知识、课内与课外、学校与社会有机地结合在一起，最大限度地促进学生身心和谐统一地发展。

从研究型课程的特点看，更加突出了学生的主体性和参与的过程性。在整个研究过程中，从研究方案的形成、方案的实施，到最后任务的完成都由学生自主完成，而教师仅对学生选题、收集和分析资料的方法等进行一般性指导。

在互联网环境下，不同地区的多所学校、各自组成合作学习小组，围绕同一主题，收集资料，建立小组网页，互相观看，交流意见，进行评比，总结体会。

在互联网环境下，对某一专题进行比较广泛、深入的研究学习，并要求学生构建"专题学习网站"，进行研究型学习。

信息技术作为认知工具的课程整合无疑将是信息时代中占主导地位的课程学习方式，必将成为21世纪学校教育教学的主要方法。因此，在当前我国积极推进教育现代化、信息化的大背景下，倡导和探索信息技术与课程整合的教学，对于发展学生的"信息素养"，培养学生的创新精神和实践能力，有着十分重要的现实意义。

第四节 学校现代教育技术环境

现代教育技术环境是指在教与学的实践活动中，所涉及的系统化的信息技术设施与条件，即实现教学信息与教学资源共享、有利于学生主动参与和协作讨论、有利于信息反馈和教师调控的现代化教学环境。它是学校现代化的重要标志，也是学校教学环境建设的重要组成部分。

一、校园网

校园网（Campus Network）系统是指利用计算机网络设备、通信介质和相应的协议（例如TCP/IP协议等）以及各类系统管理软件，将校园内计算机和各种终端设备有机地集成在一起，同时又与外部的计算机网络（如CERNET或Internet）连接，以用于教学、科研、学校管理、信息资源共享和远程教育等方面工作的局域网。可见，校园网是互联网技术在学校中的一个典型应用，换言之，校园网就是一个特殊的互联网。

校园网是学校信息化教学环境的基础设施，是教师和学生运用现代信息技术进行教学活动的基本条件，是学校实现现代化教学管理的物质基础，也是建立远程教育体系的基本前提。

校园网由于校园面积较大，往往要建立多个局域网，同时考虑到网络扩展性，一般采用"主干加分支"的结构。在这种方式中，利用高速网络技术构建整个校园主干网，主干网中包含一个或多个的出口连接到外部网络，学校各部门的局域网或计算机终端则作为校园网的分支通过交换设备或集中设备连接到学校网主干部分，进而形成一个统一的校园网。目前，构筑主干网主要有3种高速网络技术：快速以太网技术、ATM（Asynchronous Transfer Mode）技术和FDDI（Fiber Distributed Data Interface）技术。

快速以太网技术（Fast Ethernet）：又称千兆位以太网技术（Gigabit Ethernet），它是在交换机技术和传统局域网技术的基础上发展起来的一种高速网络技术，其传输速度可达 1000 Mb/s，由于千兆位以太网和过去大量使用的以太网与快速以太网完全兼容，并以易掌握和管理、升级费用低等优势发展成为主流网络技术。

ATM（异步传输方式）技术：ATM 技术是在电路交换技术和报文交换技术相结合基础上的信元交换技术，它能提供较大的网络带宽，支持多媒体信息的传输。ATM 技术目前还不很成熟，而且价格昂贵、技术复杂，但由于其在多媒体信息传输方面的优势，正日益受到人们的关注和重视，有不少高校的校园网采用 ATM 网络作为主干网。

FDDI（光纤分布式数据接口）技术：FDDI 使用令牌环结构，以 100 Mb/s 以上的速率传输的光缆，提供了双环结构和链路恢复等故障容错性能。FDDI 技术是目前局域网主干技术中传输速率较高的组网技术。虽然 FDDI 技术具有许多优点，技术也比较成熟，但其网络协议比较复杂，安装和管理相对困难，而且价格比较昂贵。

（一）校园网的组成

校园网的建设主要包括两大部分：硬件系统和软件系统。

1.校园网的硬件组成

校园网的硬件通常由服务器、网络互联设备、传输媒质、工作站（终端设备）等部分组成。

（1）服务器

服务器（Server）是网络上一种为客户端计算机提供各种服务的高性能的计算机，它的高性能主要体现在高速度的运算能力、长时间的可靠运行、强大的外部数据吞吐能力等方面。从提供网络功能的角度，可以将服务器划分为文件服务器和专门应用服务器两大类。

文件服务器控制访问存储在一个或多个存储设备上的文件或数据，所有的网络交互活动都要通过文件服务器；专门应用服务器在网络中可以提供某种特殊应用服务，常见的专门应用服务器有：数据库服务器、Web 服务器、视频服务器、FTP 服务器、网关服务器、域名服务器等。对于小型的校园网络，往往把 Web 服务、FTP 服务、数据库服务等集成于一台服务器上。

（2）网络互联设备

网络互联设备主要用于连接多个相对独立的网络，以实现网络之间的资源共享。网络互联设备主要有以下几种。

集线器（HUB）：集线器是计算机网络中连接多个计算机或其他设备的连接设备。HUB主要提供信号放大和中转的功能，把一个端口接收的信号向所有端口分发出去，有些集线器还可以通过软件对端口进行配置和管理。

交换机（Switch）：交换机的外形与集线器很接近，也是一个多端口的连接设备，主要区别在于交换机的数据传送速率通常要比集线器快很多，学校网络中心的核心交换机往往还具有路由功能。

路由器（Router）：路由器是连接多个网络或网段的网络设备。通常路由器有两大典型功能，即数据通道功能和控制功能，数据通道功能一般由硬件来完成，控制功能一般用软件来实现。

网关（Gateway）：网关是网络连接设备的重要组成部分，它不仅具有路由的功能，而且能对两个网络段中使用不同传输协议的数据进行互相的翻译转换，从而使不同的网络之间能进行互联。网关一般是一台专用的计算机，该机器上配置有实现网关功能的软件，这些软件具有网络协议转换、数据格式转换等功能。

防火墙（Firewall）：是指一种将内部网和公众访问网（如互联网）分开的硬件或软件技术。

（3）网络传输媒质

双绞线（Twisted Pair）：由两根具有绝缘保护层的铜导线组成，两根绝缘的铜导线按一定密度互相绞在一起，可以降低信号干扰的程度，每一根导线在传输中辐射的电波会被另一根线上发出的电波抵消。"双绞线"的名字也是由此而来的。双绞线可分为无屏蔽双绞线（Unshilded Twisted Pair）和屏蔽双绞线（Shielded Twisted Pair）。常用的无屏蔽层双绞线由4对双绞线和一个塑料护套构成。在当前的技术下，传输数据的距离一般限定在100 m范围内，双绞线是目前局域网中使用最多的传输媒质。

光纤（Fiber）：光纤是以光脉的形式来传输信号，材质以玻璃或有机玻璃为主的网络传输介质。它由纤维芯、包层和保护套组成。光纤按其传输方式可分为单模光纤（直线传播）和多模光纤（折射传播）。光纤具有极高的传输带宽，目前技术可以以1000 Mb/s以上的速率进行传输。光纤的衰减极低，抗电磁干扰能力很强，传输距离可达20 km以上。但价格高，安装复杂和精细，需要使用专门的光纤连接器和转换器。

（4）工作站（终端设备）

在校园网中，工作站是一台客户机，即网络服务的一个用户。但有时也将工作站当作一台特殊应用的服务器使用，如打印机或备份磁带机的专用工作站。作为客户机的工作站一般通过网卡实现网络连接，并需安装相关的程序与协议才可以访问网络资源。

2.校园网软件系统

校园网硬件系统提供了校园网的物质基础,但仅有硬件是不够的,还必须有使其运转起来的软件系统。在校园网上运行的软件主要分为两类:网络操作系统软件和网络应用系统软件。

(1)网络操作系统软件

操作系统是网络的底层基础设施和系统运作的核心。网络操作系统是一种运行在网络硬件基础之上的,为网络用户提供共享资源管理服务、基本通信服务、网络系统安全服务及其他网络服务的软件系统,是校园网软件环境的核心部分,其他应用系统软件需要网络操作系统的支撑才能运行。

网络操作系统是计算机网络系统与网络用户之间的接口。网络操作系统是使网络上各个计算机终端能够方便且有效地共享网络资源,为网络用户提供所需的各种服务软件和有关规程的集合。

目前常用的网络操作系统主要有 Windows NT、UNIX、Linux 和 Netware。

(2)网络应用系统软件

网络应用系统软件是校园网的重要组成部分。校园网的成功与否,主要取决于应用系统软件的建设。

常用的应用系统软件如:WWW 服务器软件、数据库软件、电子邮件服务器软件、客户端网络浏览器软件等。

(二)校园网的基本功能

校园网应为学校的教学、管理、办公、信息交流和通信等各方面提供全面、切实的服务。校园网的基本功能包括以下几方面。

1.教学功能

校园网首先要能为教学提供先进的信息化教学环境。

能及时、准确、可靠地收集、处理、存储、传输多媒体及教育信息资源。

能实现教育资源包括图片资源、视频资源、音频资源、图书文献等资源的管理和共享。

能为教学提供演示服务,如多媒体演示、视频点播、视频广播等服务。

能为教师提供基于网络的备课系统,系统包括图片采集、音频视频采集、课件制作等模块。

能为学生提供自主学习、协作学习、交互学习提供良好的环境。

能提供的考试与评价服务,如题库的管理与维护、网上考试、测试评价等。

2.管理功能

校园网络能为管理者提供信息化、自动化的办公环境。应具有行政、教务、后勤管理、信息查询与交换等功能。

行政管理：包括教职工档案管理、文书档案管理、党务信息管理等。

教务管理：包括学籍管理、课程管理、课表生成、成绩管理等。

后勤管理：包括财务预算、伙食管理、校产管理、工资管理等。

信息查询与交换：具备行数据浏览、查询、统计、打印及交换等功能。

3.信息通信功能

（1）能实现与互联网的连接，实现基于互联网的通信与资源共享，加快对外宣传和交流的电子化进程。

（2）利用电子邮箱、电子公告牌、电子白板等网络信息服务支持师生间的联系，不受时空限制。

（3）提供与教育部门、学校、家庭之间进行连接的通信接口，实现相互沟通。

4.扩展图书馆功能

图书馆的采购、分类编目、流通、查询、期刊等环节全面实行计算机自动化管理，可以在校园网提供网上在线书目检索服务，读者可以在网上实现检索图书、浏览全文、查阅借阅情况、办理预约及续借手续等。还可为管理人员提供业务数据，及时分析研究，加强宏观管理，进而实现图书管理的"电脑化"和资料查询的"网络化"。

二、网络机房

网络机房又称网络多媒体教室，是目前国内各类学校广泛应用的一种网络教学系统。它利用网络技术和多媒体技术将若干台多媒体计算机及相关的网络设备连成一个小型局域网。教师运用多媒体教学软件进行教与学，教师可以控制整个教与学过程，师生之间、生生之间、人机之间可进行交互式的小组学习或讨论。学生也可进入脱机状态，实现个别化学习。

（一）网络机房的组成与原理

网络机房的硬件组成主要有：服务器、多媒体学生机、多媒体教师机、交换机、集线器、多媒体控制机和大屏幕投影系统及音响系统，形成了一套功能齐全的网络教学系统，它还可以连入校园网或互联网。网络机房中学生机及教师机等网络设备的布局，通常有普通教室型、U字型、小组协作型、综合型等。具体实施时可依据教室空间结构、学生群体的特征，以及教学活动的内容和模式等因素设计摆放格局，以满足实际教学需求。

1.普通教室

普通型多媒体教室是在机房中安装一台数据/视频大屏幕投影机加上一台多媒

体计算机。可以支持以教师为中心的课堂讲授和演示，或用于创设支持学生主题活动的情景。这类设备简单、操作方便、投资较少。如果多媒体计算机能够联网，则更利于现代教学设计的实现。

2.U字型教室

U字型教室是根据教室的空间结构，将学生机器布局为：两边机器靠墙，中间机器背靠背。这样在教室里留出宽敞的过道，便于教师开展教学辅导活动。

3.小组协作型

小组协作型教室是依据机房的面积，将几台机器围成一个环，便于开展小组协作学习。通过小组协作探究，培养学生问题解决的能力，自主学习能力和协作学习能力，同时提高信息素养。

4.综合型

综合型教室结合了普通型教室和小组协作型教室二者的优势。既可以支持以教师为中心的课堂讲授和演示，又便于开展小组协作学习。

（二）网络机房主要功能

就目前的市场而言，网络机房既有纯软件式的，也有完全基于硬件的，还有软件和硬件结合方式的，但是从用户的角度来看，它们的功能主要有以下几个方面。

1.多媒体广播教学

教师能够把自己的屏幕内容及语音同步播送给全体学生、某个群组或某个学生。屏幕广播和语音广播可分别独立执行。

2.分组讨论

教师动态分派学生到不同分组中，允许不同组中的学生独立讨论，讨论内容互不干扰。教师可随时加入到其中一组交谈。

3.信息发送

教师可以将文字信息随时发送给教学网上的全体同学、群组学生或者指定的学生。学生之间也可以发送信息。

4.在线交谈

教师和学生、学生和学生之间可以白板、文字、语音实时动态地交流信息。

5.学习观察

利用学习观察功能，教师可以在自己的屏幕上观察和检查全体学生、某一群组学生或某一特定学生的屏幕信息。必要时可以锁定学生的键盘和鼠标。

6.遥控辅导

教师在监看任意指定的学生机上的屏幕画面的同时，可随时控制该学生机，用教师的鼠标和键盘来进行"手把手"的交互辅导教学。

7.电子举手

学生可通过学生机上的热键随时呼叫教师,教师控制台上对应的学生机指示灯闪亮并伴有呼叫声。随后教师可与单个学生进行双向对讲,其他学生听不到对话声,不受干扰。

8.文件收发

教师可任意选择文件、文件夹传输指定多个学生,或从学生机收取文件和作业。

9.远程控制

远程锁定、解锁、复位、重启、关闭学生机。

10.资源共享

可提供文件服务器、打印等多种设备和各类信息资源的共享。

三、多媒体教室

多媒体教室也称多媒体演示室,是根据现代教育教学的需要,将多媒体计算机、投影、录音、录像等多种现代教学媒体集成在一个教室内,以利于教师与学生运用现代教学媒体开展教与学活动的场所。

(一)多媒体教室的类型

多媒体教室依据配备的设备和教学功能的不同,可分为以下几种类型。

1.简易型

简易型多媒体教室主要有多媒体计算机、视频展示台、录像机、影碟机、液晶投影机和银幕等设备构成。

透过液晶投影机,将来自多媒体计算机的数字信息或来自视频展示台(实物、图片)、录像机、影碟机等的电视信号投影到大银幕上。

该系统使用了液晶投影机,具有很好的清晰度。同时使用了视频展示台,可将文稿、图片、投影片以及实物直接转换为视频信号进行处理,增加了整个系统的教学功能。但是,该系统中,组成多媒体教室的各种设备都是相对独立的。因此,在使用时操作比较麻烦。稍有不慎,可能影响教学的顺利进行。

2.标准型

标准型比简易型增加或改用了一批较高档次的设备与技术,其主要设备通过多媒体集成控制系统连成一体,多媒体计算机、录像机、影碟机、视频展示台等音频视频信号可直接输入、输出,由控制面板统一操控,克服了简易型多媒体教室的缺陷。

多媒体集中控制系统：整个多媒体教室中的全部媒体设备都由多媒体集中控制系统集中管理控制。该系统采用单片机多机通信技术和系统集成技术，将被控设备的各种操作功能按照用户实际操作要求进行组合处理，然后将其具体对每一媒体或设备的操作过程集成一体。

常用的集成控制系统有以下几种控制方式。

（1）按键开关式：它用线路连接各种设备的控制信号，用手动按键开关操作。特点是简单、可靠，价格低等。

（2）电脑软件控制方式：通过运行在多媒体电脑上的软件进行控制，软件界面也非常直观，使用方便。

（3）电脑触摸屏式：它是通过电脑触摸屏去控制电脑主控机的输出，从而实现对各种设备与设施的操作和控制。这种方式技术先进，使用方便，但价格较高。

3.多功能型

多功能型多媒体教室是在标准型的基础上增加了摄录像系统和学习信息反应分析系统。

（1）摄录像系统

在教室装配有 2~3 台带云台的摄像机，用于摄录师生的教学活动过程。摄像信号传送到中心控制室供记录储存，或同时传至其他教学场所供观摩或扩大教学规模使用。

（2）学习信息反应分析系统

利用该系统，全班同学就能在座位旁的按键上对老师提出的问题作选择性的回答。它通过计算机收集与分析学生的学习信息，使教师能及时全面了解学生的情况，更有针对性地进行教学活动。

4.学科专业型

该类型是在简易或标准型配置的基础上，增加一些某门学科教学特殊需要的设备，如生物课教学需用的彩色显微摄影装置，音乐教学需要的MIDI等，以构成某一学科专用的多媒体教室。

5.网络型

网络型多媒体教室是在多功能多媒体教室的基础上增加了互联网终端等设备。

网络型多媒体教室可以通过校园网与互联网连接，实现共享校园网内的教育信息资源、浏览远程教学资料、调用远程终端的教育资源，也可以通过摄像头、电子白板等设备及相应软件将课堂内容发送到远程终端，甚至可以进行远程交互式教学活动。

另外，网络型多媒体教室中的多媒体计算机和网络中央控制器均具备联网功能，可以独立设置或结合设置，并配置管理软件，构成多媒体教室的集成控制系统，可通过网络对多媒体教室的设备、设施进行远程控制和管理。

（二）多媒体教室的教学功能

播放多种教育媒体教材，充分发挥各种媒体的优势，克服其局限性，优化教学过程。包括以下几方面。

电视教材：利用录像机、影碟机播放相应介质的电视教材。与校园闭路电视网连接，还可以接收闭路电视节目进行电视教学。

展示实物投影：利用视频展示台可投影实物、照片、图片等。

广播与录音教材：教师可用无线或有线话筒进行讲课，声音信号经功率放大器，最后由音箱播出。录音卡座和CD机可播放录音教材。

多媒体软件与网上资源：教师运用多媒体课件进行交互式的教学，不仅便于教师讲解、演示，而且还有利于学生的认知。同时，通过与校园网的连接，可以很容易地实现网上教育资源的共享。

开展新型教学模式的教育试验与研究，深化教育改革。利用多种媒体组合与网上资源共享，优化教学过程，提高教学质量和效率。

便于观摩示范教学，扩大教学规模。利用多媒体教室做示范教学，做学术报告，便于观摩教学和扩大教学规模。

四、语言实验室

语言实验室（Language Laboratory）这一名称最早出现于20世纪20年代，为美国夏威夷州立大学沃尔兹（Ralph H.Waltz）首先提出。语言实验室又称语言学习系统，主要用于语言教学、训练和研究等。最早是由录音机、耳机等听觉设备与教师工作台组合而成的。随着电子技术、计算机技术、多媒体技术的发展，以及人们教育观念改变，语言实验室已由最初的听音型语言实验室向视听型、网络型发展。

（一）语言实验室的类型

语言实验室设备的组成形式多种多样，按其教学功能来分有听音型（AP型）、听说型（AA型）、听说对比型（AAC型）、视听比较型（AVC型）、多媒体学习型（ML型）等。

1.听音型

听音型语言实验室（Audio-Passive Laboratory，简称AP型）是一种最简单的仅能提供听觉训练的语言实验室。它的主要设备有教师控制台上的录音机、电唱机、耳机和话筒，以及学生座上的耳机。学生利用听音型实验室时只能听教师控制台输出的节目，不能通过媒体听到自己的发音，也无法与教师对话，是一种被动性的学习工具，仅适用于听力和听写训练，学生不能发现与纠正自己发声中的错误。

听音型语言实验室根据节目的传送和接收方式，又有有线和无线之分：

（1）有线听音室，学生座位的耳机与主控台用导线连接，主控台播出的教学信息通过导线传递到学生座位的耳机。

（2）无线听音室，采用开路广播式播放教学节目。主控台用广播发射机将教学节目向空中发射，学生用带微型接收机的耳机在信号所能辐射的区域自由收听，因此更适合自学。

听音型语言实验室虽然教学功能少，但有利于学生自学和复习，进行听力训练及语言练习。因其设备简单、操作方便、造价低廉，在教学中应用较为广泛。

2.听说型

听说型语言实验室（Audio-Active Language Laboratory，简称AA型）兼具放音和师生对话的功能。AA型语言实验室是在AP型基础上发展起来的，在教师控制台上增加了耳机，学生座位上增加了话筒，并配有隔音玻璃板。学生可以听老师讲解或听播放的录音教材，并能回答问题或进行跟读练习。同时还增加了监听和呼叫功能。这样教师便可随时监听学生的学习情况和及时进行个别或集体辅导，学生也可以通过呼叫键请求教师解答问题。

这种语言实验室可以用作听力、听写、语音、语调、语言句型、会话和口头翻译等多种训练。AA型与AP型相比较，"双向交流"是一个显著优点，更适合教学活动，但它仍属简易型，其缺点是学生不能自录（座位上无录音机），无法完成听说对比练习。

3.听说对比型

听说对比型语言实验室（Audio-Active Comparative Language Laboratory，简称AAC型）是一种具有放音、师生对话和学生自录等多种功能的语言实验室。目前，在我国使用得最多的就是这种类型的语言实验室。

AAC型语言实验室与AA型相比，有了较大的发展。教师控制台上增加了双人练习、小组练习等组合练习的功能，在学生隔音座位上加装了双声道双轨或双声道四轨录音机。学生可以录下自己跟读或对话的内容，并可重复播放进行对比，提高了学生的学习积极性与主动性，有利于培养学生独立进行语言学习的能力。教师可以根据教学要求，有目的地组织学生进行分组练习，不但可进一步检查和了解了学生的学习情况，而且增加了个别辅导面。

学生座位的录音机一般由学生自己进行操作，但有的实验室也有教师遥控学生录音机的功能设置，教师可以控制学生的活动，并有目的地记录学生的作业，使教学有节奏地进行。AAC型语言实验室较AP型和AA型语言实验室效果好，但投资较多。

4.视听型

视听型语言实验室（Audio-Visual Language Laboratory，简称 AV 型）是在 AAC 型语言实验室的基础上，增加了视频系统或图像投影系统。因此，它是兼有放音、录音、对讲、视觉图像播放等功能的视听语言室，教学过程中，在播放语言教材的同时，还可提供视觉形象，从而取得较为理想的教学效果。

近年来，人们不断改造 AV 型语言实验室的设施，增加了视频展示台、多媒体计算机、多媒体投影机、VCD 放像机等设备，教学功能更加完善，使之成为多功能语言实验室，教师可以根据教学需要放映幻灯片、投影片、文字、图形、图像等各种教学节目。

AV 型语言实验室既能听又能看，学生视听并用，大大提高了学生的学习积极性，使教学效果更好。它不仅用于外语教学，而且还用于音乐、戏曲、体育、教育等其他科目的教学。

5.多媒体学习型

多媒体学习型语言实验室（Multimedia Learning Language Laboratory，简称 ML 型）是在 AV 型语言实验室的基础上发展起来的更为完善的语言教学系统。在学生座位上配有跟读机、显示器和学习反应装置。学生可以自主学习，教师在这个系统上建立各种教学和测试评估软件，可作测验考试、课堂信息分析等处理。

多媒体语言实验室系统由教师主控制台和学生用多媒体计算机一套组成，构成一个多媒体计算机网络教学系统。主控制台包括教师用多媒体计算机一套、视频展示台、录像机。多媒体语言实验室除了具有 AV 型语言实验室的全部教学功能外，还具有电子黑板、教材编辑、摄像等功能，并且能够完成视听学习、视听考试、标准化考试等工作。

多媒体语言实验室由于采用多种的媒体和利用计算机技术进行管理，可将学生数、提问次数、问题回答的正确率、错误率，等等有关的教学管理的数据信息显示或打印出来供教师随时掌握教学现状，随时修正自己的教学方案，这就将课堂教学置于动态的交互的快速反应状态下，也利于教学管理人员课后根据实际的反应结果做出统计和检查。

（二）语言实验室的教学功能

语言实验室是用现代教学媒体装备的现代化实验室，它具有与多媒体教室不同的特点和教学功能，其主要功能如下。

1.创造良好的语言学习环境，提高学习兴趣和效率

语言实验室中的现代教学媒体可以创造形、声、色、动相结合的语言情境，

为贯彻语言教学中的情境教学原则提供了有利条件。学生在这样的环境中可以了解所学语言国家的历史、文化背景和传统习俗习惯，同时也可以消除语言学习的枯燥感，提高语言学习的兴趣。

2.提高教学效率

在语言实验室中，学生可以根据自身的情况，基于不同的水平，各自集中精力进行听、说、读、写的训练和学习。而不必像在普通教室里，学习进程需"步调一致"，以致总有部分学生"吃不饱"，部分学生"吃不了"；或一位学生回答问题，其他学生无奈等待。

3.有利于个别化教学，实现因材施教

在语言实验室中，每位学生都可获得教师的个别指导与帮助；教师根据不同水平的学生，可以提出不同的学习要求，让每位学生都有适合自己的学习目标，从而达到因材施教的目的。

4.有利于学生克服心理负担，轻松地学习

在语言实验室中，学生可以向教师个别请教，获得帮助；教师也可对学生个别提问，而不必担心别的学生听见，因此可以从容地与教师进行交流。学生除接受教师的直接指导，还可进行自我比较的学习。学生可以反复听，反复训练，消除了心理负担，学习积极性、主动性得到充分发挥。

5.反馈及时

利用反应分析系统，能够对学生的测试结果当堂统计、分析，了解学生学习成绩的分布状态，答题的平均反应时间，掌握某一知识或概念的学生人数等，以便根据分析的结果，科学地调控教学过程，实现教学最优化。

（三）语言实验室的教学应用

语言实验室中的各种媒体设备为克服传统课堂教学的某些弊端，提高语言教学质量，提供了许多有利条件。

1.语音语调训练

语音语调训练是学习语言的重要环节。训练中包括发音、辨音、正音、语音技巧、语调朗读等多种练习。模仿是掌握语音语调的最佳方法。它可根据提供的标准语音语调进行反复模仿。学生根据教学的要求，先将教师播放的模仿材料听一遍，并可录制下来，然后教师讲解发音要领，再分句播放第二次，学生边听边模仿。教师可通过监听和对讲键对学生进行纠音指导，学生通过不断对比、正音，掌握正确的语音和语调。

2.听力训练

听力训练的目的就是提高学生听懂某种语言的能力，可采用分句、分段或整篇播出的方式给学生听。通过提问和让学生复述来检查学生听懂的程度。放音的方式可以由教师统一播放，或由学生录下来后反复自放自听。教师通过口头或书面的形式检查学生练习的情况，并有针对性地给予个别指导。

3.会话训练

会话训练主要用于提高学生的口语能力。口语能力提高的关键在于实践。会话训练时可利用有情景的视觉教材或会话材料，结合学生的看、听、模仿与记忆，让学生进入角色中进行多种形式的会话练习。

4.句型训练

句型训练是让学生通过大量的实践，训练遣词造句，提高自由表达思想的能力。其练习形式有重复练习、替换练习、转换练习、连环转换练习、固定增添练习和问题练习。训练中要根据不同训练形式采取不同方法，分步骤进行。一般的练习形式是：按照所要求练习的句型举出几个例子，然后留出一定的空隙让学生练习。练习后最好能为学生提供标准答案，以便让学生进行比较模仿。

5.跟读复述训练

跟读复述训练主要是培养学生正确的连续讲读习惯，对培养学生思维和记忆非常有帮助。这种训练方法要求能提供重复教学的语言材料，并要求提供的语言材料有一定的连贯性，最好有故事情节。在复述时，教师要指导学生尽可能地按原文的意思复述，或尽可能地用自己的话复述原文，并引导学生从单句复述逐步过渡到段落或全文复述。

6.口译训练

口译训练是培养与提高学生语言交际能力与技巧的一种有效方法。训练前，教师可根据翻译练习的要求先编制好录音带，再对训练的难易程度及速度做出规定。在训练中，学生可以一边听一边作口译训练，也可以采用同声翻译法，先给学生播放幻灯、影视资料，再让学生进行练习。

如果进行视听译训练，可先让学生边看边听原文或边看边听译文，然后再播放画面让学生边看边口译；或将画面与原文一同播放，让学生进行视听译。训练过程中，教师也可播放标准译文让学生进行比较。这种训练可全面锻炼学生的反应、记忆、理解，以及语言的运用和表达能力。

五、微型教学系统

微型教学（Microteaching）通常又被称为"微格教学"，它是由美国斯坦福大学艾伦（D.Allen）教授等人创立的一种利用现代视听设备（摄像机、录像机等），专门训练学生掌握某种技能、技巧的小规模教学活动。微格教室是在装有电视摄像、录像系统的特殊教室内，借助摄像机、录像机等媒体，进行技能训练和教学研究的教学环境。

（一）微型教学系统的组成

微格教学一般用于师范院校的学生和在职教师教学技能训练的模拟教学，它可以描述为一个缩减的教学实践，在班级大小、课程长短和教学复杂程度上都被缩减了。

1. 微型教学的方法及模式

微型教学法是在装备有电视摄、录像设备系统的微型教室内，以很少的（不超过10个）模拟学生为教学对象，用很短的（不超过10分钟）时间，每次只训练一种技能（如导入、提问、启发、结课等）的讲练结合的教学方法。训练时，实习教师与模拟学生的活动行为被录像机记录下来，指导教师与实习教师、模拟学生一起观看重放的录像，共同分析、评价其教学技能的优缺点，然后再做训练直到掌握正确的教学技能为止。由于这一教学训练活动是对很少的学生、用很短的时间，而且只训练掌握一种技能，所以称为微型教学（Microteaching）。

第1步，在微型教学开始前，指导教师一定要向学生讲清楚本次技能训练的目标、要求以及要领等内容，使学生有明确的心理定向；第2步，由学生扮演角色，进行实际训练，同时进行录像（如果是语言课的训练，只录音即可）；第3步，重放录像，由训练者本人、同学、指导教师一起观看；第4步，根据录像，对照训练目标，由训练者本人、同组学生及指导教师共同进行分析，给予评价。然后针对不足之处重新训练。以上步骤反复进行，直至达到训练目标要求为止。

2. 微型教学系统的组成

微型教学系统可由一间或多间微型教室、控制室、观摩室、示范室等组成。因设计思想与理念的不同，有的微格教室将示范室和观摩室合二为一，统称为示范观摩室或称为示范室，有的则干脆不用，或用学校的多媒体电教室或演播厅代替。

以上各组成部分介绍如下。

微型教室：装有话筒和摄像机，用来拾取实习教师的声音和教学活动图像。如有条件，应另设一台摄像机用来拾取模拟学生的学习反映情况。室内还设置一台电视机，用来显示重放的教学过程录像，供同步分析评价。

控制室：装有电视特技台（视频切换器）、调音台（混音器）、录放像机、监视器等设备。从微型教室送来的实习教师、模拟学生教学活动的视、音频信号经电视特技台、调音台处理后，送到录像机进行录像。同时把教学实况信号直接送到观摩室总控制台，供指导教师监控和指导。

观摩室：观摩室是装有电视机的普通教室。控制室中经视频切换器选择后的视频信号被送到观摩室的电视机上,实时播放教学实习的实况,供指导教师现场评述,使较多的学生观摩分析。

示范室:示范室与控制室以及各间微型教室一起组成一个双向闭路电视传输系统。在示范室里可以选择收看任意一间微型教室的教学训练活动的实况,也可以将示范教室的教学活动情况同步传输到各间微型教室。示范教室还可以作为学校闭路电视台的演播室,摄制新闻、艺术、采访、知识竞赛等节目。

最新一代的微型教学系统已全部采用计算机进行信息处理,使得微型教学过程更加方便和有效。

(二) 微型教学系统的功能

微型教学系统为师范学生的教育提供了一个相当完美的训练场地,其主要功能有以下几点。

1. 分组训练

指导教师布置好课程后,可将学生分组,到各自的微型教室扮演各自的角色,如实习教师或模拟学生。每个实习教师按照指导教师规定的内容进行训练,一般为几分钟。通过微型教室中的摄录像设备做实时记录,记录后的录像带可马上重放或课后播放。对各小组的模拟师生的训练过程,指导教师在总控制台实施全面监控,包括图像、声音的双向传送及混合对讲;通过记录设备记录各间微型教室的训练情况,并作为后期反馈和评价的素材。

2. 交互学习

通过控制室的有关设备,可进行小组与小组之间的实况联播。指导教师可以通过总控制台,将任意一间微型教室的训练活动切换到另一间或多间微型教室的电视机上,并可向模拟师生作同步的评析,让各间微型教室的模拟教师相互学习、讨论。

3. 示范教学

在开展微型教学前,指导教师在示范室播放、分析优秀教师的课堂教学录像,为受训学生提供典型示范。在教学技能训练中,指导教师随时可利用电视教材展示标准的示范,给受训学生对照仿效。

4. 讲评教学

教学训练操作完成后,指导教师与受训学生(模拟教师)一起观看教学训练录像,并对受训学生的教学技能进行分析、评价。指导教师除了同时对各间微型教室的训练活动作单独实时录像外,还可以在总控制台上按需要编录各室训练活动的片段。在播放教学训练录像的同时,指导教师除自己做评析外,还要指导受训学生(分组或全班)进行评议;也可将有代表性的教学训练录像(完整的或片段的）在全班或小组重放，以供大家学习。

　　校园网络一般采用"主干加分支"的结构，利用高速网络技术并通过防火墙连接互联网，学校各部门的计算机经交换机等连接到学校的主干网上，通过校园网实现信息发布与交流、行政管理、多媒体教学、数字化图书馆等功能。网络机房由计算机网络系统、网络教学系统两部分构成，并按人机工程原理建构其协作化学习环境，以实现多媒体网络教学。多媒体教室的构成以多媒体计算机系统为核心，由投影仪、视频展示台、投影幕、影碟机（VCD或DVD）、录像机、音响设备等多种教学设备组成，使教师可以在教学过程运用声音、图形、图像、视频、动画等媒体，以提高教学效果和效率。语言实验室又称语言学习系统，主要用于语言教学、训练和研究等。微格教学主要应用于师范院校的学生的教学实习和试讲，它将完整的教学过程分解成许多容易掌握的单项教学技能，采用微型课堂的形式，利用现代化的教学设备进行模拟教学训练，以提高试讲人的教学技能。

第三章　现代高中教育的理论研究

第一节　我国高中教育改革的基本取向

一、普通高中教育发展的新要求

我国高中教育起步于1922年，经过90多年的发展变迁，到现在已经呈现出大众普及、特色发展的格局，高中教育已不是稀缺资源，而是人人可以享受到的一般教育。近年来，随着义务教育普及和高校招生规模扩大，处于教育链条中间环节的高中阶段教育在规模数量、办学条件改革创新等方面都取得了长足进步。2003年，《普通高中课程方案（实验）》将普通高中教育定义为：在九年义务教育的基础上进一步提高国民素质、面向大众的基础教育。

随着教育普及程度加深，教育发展的重心从充实数量转向提高质量，从扩大规模转向提升内涵，由满足社会需求转向关注人的发展。大力推行素质教育、实施新课程改革、颁布《国家中长期教育改革和发展规划纲要（2010—2020年）》等一系列重大举措都在不同层面规范和指导整个教育要以"服务于人的发展"为核心，强调育人为本，培养学生德智体美全面发展。《教育规划纲要》也突出强调了高中教育的特殊地位并作出相应的战略部署——2020年高中毛入学率将达到90%，普及高中教育，满足初中毕业生接受高中阶段教育的需求，实现普通高中教育多样化发展，打破单一人才培养模式，更好地对学生进行个性化培养。

当今时代，知识更新加快、社会转型加剧，对人的素质提出了新要求，人的学习活动也呈现出时间的延续性和层次类别的丰富性。一个人一生都处在不间断的发展过程之中。这种终身教育的理念，也对学校教育产生了深远影响，各类学校不能只看眼下，而要关注长远，即使是阶段教育也要为受教育者整个人生的发展谋划。

高中生正值自主发展、创新思维萌发的成长阶段，教育时机极为关键；高中教育具有承启分流、基础与选择并举的独特培养作用；进入大众普及阶段的高中教育受众广泛、利益关切度高，凸显教育普惠价值。凡此种种，"为学生终身发展服务"已是当下普通高中教育义不容辞的责任。应努力帮助学生形成创新思维，培养自主学习的能力，激发积极的学习情感，并保持终身学习的欲望，为学生整个人生发展铺路。

二、普通高中独立教育价值的探寻

政治因素、社会因素对教育有着切实的诉求并制约和影响着教育发展的方向，但教育有着自身的发展规律和内在的价值取向。如果认识不到普通高中教育的独立价值，只是将其依附于上下教育阶段，平行并列于同级别中等教育，把为高等院校提供合格生源作为衡量其价值的唯一标准，那么，在这种具有高利害关系的附加价值的压迫下，普通高中教育培养特定教育对象并使其获得相应素质提升这一主体价值将会迷失。

为高校输送生源和为社会输送合格公民是高中分流的体现。尽管国家鼓励普通高中教育融入职业教育内容，但实际上，在当前泾渭分明、缺乏普职沟通的体制影响下，一般普通高中学校在职业教育方面难以作出应有贡献。另外，人们以升学率来看高中是否完成了向高校输送合格人才的任务。但高校的招生计划是固定的，考得好与不好，都会有一定比例的学生升入大学，合不合格从何谈起！尤其是高考分数往往是靠单纯应试、满堂灌输、题海战术、忽略其他方面的素质养成为代价而取得的。这种苦教苦学、偏执一隅的做法，到头来，大学又是否满意呢？有研究者指出："分数没那么高的学生做事情非常有激情，对学科也有持续的兴趣，很谦虚，而且容易出成果。"可见高中也并不完全是按大学的希望与要求培养人才的。

普通高中隶属于基础教育，决定了普通高中教育应面向全体学生，立足于提高整个民族的素质，是高层次的基础教育。必须重视全体学生一般素质的提升，打造共同基础。同时，每个人都有自己独特的成长环境和背景，学校需要考虑每个学生的潜质爱好、个性特长，重视学生个性的发展。应该进一步对学生的兴趣、能力、智能构成等方面作出评估，使后天素质养成和先天潜力相匹配，搭建个性化素质提升的平台，把爱好、特长发展成专业技能，甚至是其一生的职业或是个人能取得卓越成就的发展领域。

总结起来，普通高中学校的一切办学行为，其宗旨就是面向全体学生，服务于人的发展需求。在切合学生的身心发展实际的基础上，立足于学生素质提高，采用丰富多样的教育教学手段,为学生长远发展打好基础。

通过3年的教育,要让学生掌握基本知识和技能,具备自主发展与创新能力,初步形成正确的世界观、人生观、价值观;了解自己、了解社会、了解文化;学会学习、学会做事、学会共同生活、学会生存。让学生伴着自己的人生阅历逐步成长和成熟,具备终身学习的愿望和能力,使他们走出校园多年以后回忆起来都能感怀高中教育打下的坚实基础,体现教育深层次、持续性的影响。这是高中教育最大的成功。

三、内外联动推进普通高中教育改革发展

以人为本、培养素质、办出特色、多样化发展,已经成为当前普通高中改革和发展的主题,但真正落实到学校建设上并非易事。这需要学校主体励精图治、因时而变、改革创新,也离不开学校外部大环境的改善和推进,内外联动才能产生最大的推进作用。

(一) 外围制度需整体设计

相比义务教育、职业教育和高等教育,对普通高中教育的关注和研究尚显不足。我国普通高中教育普遍存在着执行教育方针不力、执行课程方案不力、执行基础教育学制不力、高考统领一切的现象。因而急需为高中立法,规范普通高中办学行为,明确高中的教育定位和功能。应从全局的视角出发,建立普通高中学校在教育系统中的横向联系、纵向衔接。通过整合资源,调动共性力量,突破"深水区"改革的困境。

应建立起一套与普通高中建设相适应的督导评价体系,促使学校积极主动地根据自身实际确定发展目标和发展规划,使评价转化为内驱力。扩大学校办学的自主权,鼓励教育家办学,发挥校长个性。

当前,高考制度仍是严重制约普通高中特色办学活力的主要因素。重视高考本无可厚非,但单纯应试导致高中学校价值迷失、办学偏离主旨,应当引起足够的警觉。过早划分文科理科、非高考科目靠边站、对权威和标准化答案的无限信奉继而失去质疑、探究等宝贵个性素养,导致学生创新精神和实践能力缺失,成为素质教育推行困难的重要原因。教育主管部门应该在可能的范围内尽量减弱这种一元招生制度,建立综合素质评价、高校自主招生、推荐制度等在内的更为科学多元、体现公平而又具有较高信度的招生制度体系。

(二) 走内涵发展之路

——建立以学生发展为核心的办学理念与制度。

学校富有内涵的发展意为学校在长期的办学实践积淀下,提炼生成办学理念,

引领学校办出特色，继而通过严格而规范的制度建设保障办学理念转化为办学行为。

当前，一些学校搞特色高中建设，并不是基于学校内在发展的需要，也不是建立在办学传统和资源优势上的战略规划部署，而是生搬硬套、牵强附会地对外宣称自己是特色学校，看似热闹，实际缺乏实践价值。

相反，如果学校的办学理念、制度和行为是真正站在培养人才使其更好成长的立场上，则学校各方面工作会更求真务实、脚踏实地、一心一意。不求轰轰烈烈，但求润物无声，才能真正办出特色。

——构建凸显基础、多样、选择的课程体系。

办学机制千篇一律、培养模式单一、课程封闭雷同，是普通高中长期以来存在的问题。而学生对课程的需求，如同不同口味的人坐在饭桌前——饭菜既要有营养，又要品类丰富以适合不同人的脾胃和偏好。体现在课程上就是基础性、多样性，让学生根据自身需求而有选择的余地。基础必修课程要满足学生的一般发展需求，面向全体学生开设，培养学生的基本素质；选修类课程则针对不同类别学生的个体差别、个性发展而设立。学科课程以外还要进行研究性学习和社会实践、社区服务等活动类课程，并安排好必修和选修课程、学科课程和活动课程的比例。

在当前课程改革缺少资源支撑，课程间缺少关联的现状下，应逐步加强课程间的横向联系与层级递进，建立起高覆盖、相关联、立体式的课程体系，以最大限度地发挥课程功能。

——开展启发讨论、开放民主的教学实践。

每个学生既是教育对象，也是教育资源。学生不应当被动地接受现成知识，要学会探究和讨论，主动获取知识，对知识有自己的理解和构建过程。要充分利用身边丰富的学习资源，打破教师教材是唯一知识权威和来源的格局。除了听讲，更要有阅读自学、探索实践、小组互助、合作交流等多种学习方式。教师的作用在于激发学生的学习兴趣、学习主动性，引导学生进行知识的再创造。

开展教学创新，应当在做好调研的基础上，科研引领，制订方案，行动跟进，管理监控，再进行总结提高。

——做好发展性管理与评价。

课程体系和教学样式的丰富必然带来评价的多层次、多类别、多形式、多用途。通过考试来检测水平的同时，要注重发挥好激励引导的作用。应从过分关注结果的终结性评价转向关注过程的发展性跟踪评价，从而弱化横向对比，凸显个体纵向发展。将知识、能力、情感多维度内容纳入评价视野，形成多元综合的评价体系，避免单一纸笔测验、简单利用分数名次将学生划分等级。

评价的价值不仅在设计层面的理论完善，更在于实施操作的过程并能取得可信的成效。在实施中，多元评价不等于事无巨细，将各种评价方式不分主次地纳入其中，而要选取反映被评价者关键素质的指标来进行评价。在结果上，评价要讲信度，公平公正、公开透明，一旦弄虚造假，则会带来严重负面结果。

——采用多种教育手段形成人才培养合力。

学生真实的生活具有复杂性和情境性，学校教育不能远离社会、生活。要采取多种教育影响手段，利用多种方式和途径培养人才，如建立兴趣爱好小组、社团协会，组织艺术表演，开展各种活动实践等，既能缓解学生学习的压力，又能培养学生自主、自治能力，丰富校园文化生活，让学生得到多方面的锻炼。

高中生正值人生发展的美好时段，成长与选择是其鲜明特点。他们会面临很多发展困惑，迫切需要倾诉和寻求帮助。沟通谈心、咨询指导、解惑答疑尤显重要，包括学业选修、职业生涯、成长烦恼等，都可以由校方组织教师或专业人员给出合理、积极的建议、指导与规划。

普通高中教育还应该自觉承担起传承文明、发展优秀文化的重要使命，应将人文关怀、科学精神和艺术陶冶融入高中教育的全过程。要以深厚的文化底蕴给学生潜移默化的熏陶，让学校成为学生成长的精神家园。

第二节　我国高中教育的基本模式

传统的应试教育的观念已无法满足目前社会的发展。且随着素质教育改革的不断深入，以应试为导向的普通高中教育观念也将发生转变。因此，为提高普通高中教育的教学效率，为社会输送更多优秀人才，普通高中教育的模式应向着多样化的方向发展。

一、普通高中教育中存在的不足

（一）教育观念的局限

很多普通高中教育对就业教育都过于轻视，只关注升学教育。高中生在毕业后有一部分升学接受高等教育，还有一部分学生则选择就业。很多高中生做着就业和升学的双重准备。且随着社会的不断进步，学生选择发展的方式与途径也呈现多样化趋势。因此，应当改变以往只重视升学教育的观念。教育观念的局限性会弱化学生在各方面的发展。且就业教育的欠缺不利于学生尽早认识到自身发展与就业之间的关系。

(二) 教学模式的单一

我国很多高中的教学模式主要以教师进行讲授为主，忽视了高中学生的自主学习。且教师讲授以及学生学习的内容都过于集中于考试要求的内容，促进学生全面发展的知识结构体系不够完善。且学校过于注重升学率的提高，给学生布置沉重的课业。且学生学习的媒介主要是书本，忽视了学生在学习中的实践探索方面。限制了学生各方面的发展，且单一的教育模式限制了学生的学习能力，禁锢了学生思维的拓展，导致学生的可持续发展能力不足。传统的教育模式无法适应社会变革的发展，且这种教育模式会让学生的创新能力受到限制，实践能力也无法得到有效的培养，进入社会时缺乏适应社会的能力，在社会就业中的竞争力不足。

(三) 课程体系的不健全

传统的课程体系过于注重书本的知识以及对于考试要求学科知识的传授。对于课程的改革，高中主要以必修的课程为主，同时需要开设各种各样的选修课程，将综合实践活动如研究性学习、劳动与技术教育等方面的课程设置成必修课程。但在实际的教学中，这些改革很难得到落实，各地高中仍将需要考试的课程进行重点学习，对于不在考试范围内的课程仍旧采取忽略的方式，对于和高考无关的课程，很多学校选择少开或不开。很多学校对美术、音乐、研究性学习等不在高考要求范围内的课程选择忽视，将三年的课程时间进行压缩，缩短原本的完成时间，留下大量时间进行考试训练。

二、普通高中教育改革模式的转变措施

(一) 树立多样化教育观念

随着社会经济的发展，我国的普通高中教育也应朝着多样化的方向进行，让具有不同潜质的学生能够得到充分的发展，改变以升学教育为单一目的的教育观念。高中是学生才能及个性发展的重要阶段，学校应全面落实素质教育，充分挖掘学生的才能，并加以引导，促进学生的特色发展，让拥有不同才能的学生能够开辟出适合自己的发展道路。普通高中应重视学生的就业教育，改变传统应试教育对学生发展的局限，让学生能够得到全面和长远的发展。学校应协调好升学教育与就业教育的内容，让学生能够得到良好的知识的储备及能力的培养，并做好升学与就业的双重准备。培养学生的就业意识和关于就业所需的素养。培养学生的社会责任感，推进学校的特色办学。并让学生具备相应的实践能力，培养出综合素质高的创新型人才。

（二）丰富普通高中教育模式

对于教育模式的改革，应从以往只由教师讲授的形式转变成教师与学生互动式的教育模式，教师对学生进行启发引导，让学生学会自主学习。学生成为教学中的主体，能够参与到教学中去。让学生在学习的过程中进行自主思考，并敢于质疑。将学生培养成具有创新能力的人才。学校可以根据学生的自身特点和优势设计教学方案，让学生能够进行自主的选择，发扬自己的长处。高中生已经具备一定的自我发展与学习的能力，学校应建立相关的课程指导制度，来给学生制定合理的学习计划。同时，教师的教育水平也应得到相应的提高，从而提高普通高中教育水平。教师应丰富在学生发展指导、心理健康等方面的知识，并适应教育模式的改革，对原有的教育技能进行相应的培训和改进。且教师应拓展原有的教研内容，培养学生的实践能力和创新能力，提升学生的综合素质。

（三）加强课程改革

课程改革是实施素质教育的关键，学校应当加强课程和教材的建设，精选课程的内容，并优化课程结构，根据自身的实际情况和学生的具体需求来进行课程体系的构建。并对课程进行开发和更新。学校应落实课程的实施，让学生能够掌握基本的知识和技能，并养成探究的习惯，对问题能够及时发现并加以解决，形成有个人特色的解决问题的思维及方法。在进行课程的实施中，教师应当关注学生的差异性，让学生有足够的发展创设空间。对于不同潜质的学生应当进行因材施教，分层教学，教学的内容应与社会及科技发展有一定的联系，书本不与现实脱节才能引起学生的兴趣，并能够陶冶学生的情操，引起学生对社会的关注，改变两耳不闻天下事的状况，健全学生的人格。让学生在教学中起到主体的作用，引导学生主动学习并学会合作探究。且应重视学生在研究性学习、社区实践与社区服务等课程中的锻炼，培养学生的创新及实践的能力。因此学校应当开设一些必修及选修的课程，建立起内容丰富、课类齐全的学习和课程资源，并加强学科课程和信息技术的整合。课程的实施环境应以创新型环境为主，改进课程内容，加强学生的实践认知，提高学生的学习能力，提升学生的综合素质。积极打造能够发掘学生潜质提高学生学习效果的教学平台，引进先进的教学模式，对教师进行各方面的专业培训，推进学校的特色发展。

总之，普通高中教育改革的重点主要是课程与教学的改革模式的转变。因此对于普通高中教育发展的转变，应深入课程及教学的改革，合理增加课程的多样性，促进学生的特征化发展，且应关注对于学生创新和实践能力的培养，并促进特色学校的发展。

第三节　高中教育指导思想

高中教育历来受到人们的广泛关注，它关系到孩子的前途和未来。随着素质教育的推广，人本主义的思想在高中教育教学管理中的作用越来越被人们重视。

一、人本思想的基本特点

（一）人本性

现代管理的一个重要思想就是"人本"思想。这一思想的基本精神是："人是管理活动的主体，是管理的核心和动力，必须发挥组织成员的积极性与参与精神，建立良好的人际关系。"在这种管理理论的指导下，学校管理必须突破传统的"保姆式""警察式""裁判式"的管理方式。实行人本管理，把人作为学校管理活动的主体，有利于教师、学生自主、自律及民主参与意识的增强。

（二）情感性

美国罗杰斯的"人际关系"理论，苏联的"合作教育"，现代的"和谐教育"等都论述了良好的管理关系在教育教学中的作用。良好的管理关系必须依靠浓厚的情感来维系。重视"感情投资"，以情感人，使被管理者因感到温暖而把学校当作自己的"家"，从而形成一个人人"爱家"、人人"报家"的"家庭式"的组织。

（三）创造性

人本思想的管理要因人因地因时而异，忌千篇一律、程序化和公式化。对变化着的学校软环境，管理措施、管理手段也应作出相应的调整。整个管理活动既要考虑被管理者的思想、心理动态，又要考虑不同教育对象的性格特点、文化素质、道德水准的差异。因此，"以人为本"的学校管理追求以新奇制胜，以巧妙攻心，关注教育对象的日常生活、工作学习等细枝末节，实行创造性的管理。

二、实现高效课堂，以学生为本

教师在课堂教学中要以学生为本，尊重学生的主体地位，运用多种教学方式来引导学生积极参与到课堂中，促进学生进行自主独立学习。我们要尊重学生的个体差异，根据每个人的具体情况如知识结构、学习能力、认知需求和兴趣特长等来分层制定相应的教学目标和内容，运用不同的方式方法进行分层教学。那么有哪些行之有效的办法来提高课堂质量，让学生更喜欢课堂，成为课堂的主人呢？

（一）建立良好的师生关系

形成良好的师生关系是营造课堂氛围的基础和保障，是提高教学质量的有效措施。教师要注重建立与学生之间相互信任、平等、尊重又互相帮助支持的关系，为学生充分实现在课堂上的主体地位搭建坚实的基础和平台，从而使学生更好地享受学习，达到事半功倍的学习效果。在具体的应用中教师要做到：第一，在学生面前要诚实地表达自己，把自己真实的想法和情感传递给学生但并不要求学生的服从与接受，而是与学生平等地交流，坦诚相待。第二，接受学生的观念和想法。师生关系是相互的双向的，教师一方面要把自己的情感和想法传达给学生，另一方面也要接受学生传递过来的各种思想和观念，真正与学生互动交流。

（二）尊重学生的个性发展

每个学生在思考问题的方式、知识体系的构造等方面都不一样，最佳的学习方式、擅长的学科也因人而异，教师在教学过程中要充分尊重学生的个性，在此基础上发展学生的共性。对于学习成绩不良的学生，教师要理解和尊重其学习上的困难，对其提出适当的目标要求，促进其纵向发展。不仅是在教学课堂中，在习题的选取上教师也要注意选择不同的难度满足不同层次、不同阶段学生的成长需求，避免出现把过难的题目布置给学生而造成学习积极性和自信心降低的后果。

三、提高教学质量，以教师的终身发展为本

高中教育教学管理中教学质量的提高是非常重要的一项工作。教学质量的提高要依靠教师队伍素质的提高来实现。学校要加强对教师队伍的培训和投入，努力打造一支结构合理、长期发展的教师团队。

（一）认真落实各年级各学科小组的集体备课活动

每周固定时间段来进行集体备课，重点要对下周教学中的重难点进行研究和讨论，活动结束之前把相应的对策进行整理，上传到各年级学科小组群中，供每个教师后期查看以及校领导抽查。

（二）积极推动教育专题讲座活动

学校可以安排本校教育教学经验丰富、教育理论观念新颖或者班主任工作出色的教师开设相关专题，开展面对全校教师的讲座，充分发挥集体中先进个人的带头作用。每个季度学校至少要请校外知名专家学者或优秀个人来学校为本校教师开展教育专题讲座，使得本校的教学理念和教学模式及时更新，将更多的教学资源进行融会贯通为本校所用。

（三）加强对教师的人文关怀

教师的职业特性决定他们精神层面的需求较高，特别是高三的教师精神压力比较大，他们更希望得到领导的认可、同行的尊重、自我的实现等。所以学校在管理过程中要注意对教师施以人文关怀，加强教师的情绪管理，通过工作及生活中对教师的关心鼓励和帮助，提高教师工作的积极性，充分发挥教师工作的主观能动性，提高各项教学工作的效率，从而达到更好的教学效果。

四、建立健全人本管理制度

（一）强化人本管理意识

过去的管理模式把人当作工具或手段，忽视了人的作用。人本管理突出人在管理中的地位，以人为中心进行管理。高中教育教学管理中要更新观念，把教师和学生真正当作有思想有行动力的人，尊重教师和学生，依靠共同的努力取得教学进展，并以教师和学生的全面、终身发展为管理的最终目标。

（二）合理进行教育评价

教育评价是教学过程中必不可少的一个环节，它能使学生和教师对学习和教育的效果形成认知，促进其找出自身不足并进行改善。除了通过每个学期的期中、期末考试等对学生掌握知识水平进行评价之外，各学校各班级都要有适合自己的评价制度，正确反映学生的实际情况。比如，班主任可以对学生交流合作的能力进行评价等。评价的过程要公开公正，评价的内容要包括学生德智体美劳等多个方面，评价的功能要注重形成性作用，评价的手段要从实现定性与定量相结合。适当的教育评价结合一些鼓励措施可以促进学生对自我的认知，促进学生个人的全面和谐发展。

综上所述，人本思想在高中教育教学管理中产生了积极的作用和影响。它适应社会发展和时代进步的新要求，对学生的发展起到积极的促进作用，对教学质量的提高提供重要的保障。我们要在实践中不断落实和完善人本主义的思想，让它更好地为教育教学服务。

第四节 高中课程体系建构

随着社会变革和课程改革的日益深入，实践领域不断对创新课程进行实践探索。"创新"是指主体为了一定的目的，遵循一定规律，开发出新的事物或者对已有的事物进行革新。高中的创新课程应体现推陈出新，应以培养新颖的思维、方法与人格为目的，然而，现实中的创新课程并非如此，批判性的新颖思维与方法被忽略，反而打着"创新"的旗帜以竞赛为目的，设立实验班进行题海战术和技巧培训以应对高考。这种脱离理论之外的实践，势必使创新课程在实践中模糊、偏离和匮乏，给高中创新课程带来困惑和误解。

一、何为创新课程

（一）课程的含义及特征

"课程"的含义是什么？不同学者众说纷纭，派纳提醒大家注重考察"课程"（curriculum）的拉丁语词根"currere"的含义——"流动、延伸"。事实上，"currere"包含个体在公共活动中对内在经验的探索，这是一个人对意义和价值主动探索的历程。这一含义的阐释超越了格拉索恩和杰拉尔所认为的"课程不仅涉及内容和组织，还主要指向学生和老师的观点"。通过对"currere"的阐释，大家更为关注课程中个体与世界之间错综复杂、不断衍变的关系，强调对课程进行创新性思考。在这样的解释框架下，课程具有三个方面的特征：一是课程是动态生成的，而非静止预设的；二是课程是复杂多层次的存在，而非仅指教科书、教案等；三是课程是一个动词，一种行动、一种社会实践，其目的是创新与改变，而不仅仅是一个事物、一个过程。对于学校教育而言，课程是学校教育改革的题中应有之义，是教育观念与价值的转变，涉及课程的理念、目标、结构、管理、方法与评价等方面。因此，无论是哪个层面的课程，都是一个动态的、多层次的经验发展过程，都是一个相互关联与整合的创新过程。

（二）创新课程理论体系

当前，我国基础教育改革的目标之一是改变课程过于集中的状况，实行国家、地方、学校三级课程，增强地方、学校及学生对课程的适应性。国家课程的改革理念和理想体现了课程决策者和部分课程专家的改革愿景，这些理念不一定适合学校特色和现场课程的具体情况。通过改革探究新的课程教学模式，必须根据教育改革的基本原理，从实践出发，在实践中推陈出新，并接受实践检验。普通高中应依据国家课程改革的基本精神，对学生的需求进行了解和研究，在对各个复杂教育要素之间均衡的基础上，构建出创新课程，并在实践中实施探索。

如何才能开发体现学校特色的创新课程体系呢？普通高中应在实施国家课程的过程中，结合学校自身的历史传统和特色，自然而然地、内在地形成具有学校特色，具有实践性、反思性的、能够促进培养创新人才的课程改革理想与理念。虽然这种理想与理念与国家课程总的方向上保持一致，但是在具体方案、内容与实施策略上应有所不同，更侧重于培养学生的创新精神和创新能力。与"输入"的国家课程理念与理想相比，普通高中所构建的创新课程更应体现学校培养创新人才的特色，更具有自身课程实践的内生动力。高中创新课程应开发以下四种类型：

一是基础课程。这类课程旨在满足全体学生的需求，着重培养学生的基本素质和基础实力，以国家课程进行特色校本化实施为主，注重学生双基能力的落实，基础课程是创新的必要准备。

二是拓展课程。依据哈佛大学霍华德·加德纳（Howard Gardner）的"多元智能"理论，不同人会有不同的智能组合。毋庸置疑，一切教育活动应该为每个人提供适合其发展的机会。因此，开设拓展课程的目的是针对每个学生的需要，发展其特殊才能，使学生的天赋和创新素质得到充分发挥，这与基础课程共性需求完全不同。

三是研究课程。随着科学的迅猛发展，涌现出了大量新兴学科，自然学科和社会学科日益呈现综合化趋势，普通高中应开设研究课程积极应对时代潮流。研究课程是将各学科的研究成果以一种综合的方式呈现给学生，鼓励学生对这些问题进行探索，以提高学生的研究意识、批判性思维、反思探究能力、合作能力及问题解决能力等。

四是实践课程。马克思曾经说过，凡是将理论引向神秘的地方，就应该诉诸实践。实践课程更富有情境性、解决实践问题、丰富学生心灵。实践课程不仅仅立足于校内资源，更应该整合校外资源。

综上所述，笔者认为，以上这四类课程资源相互依存、密不可分。基础课程是其他课程的根基，其他课程是基础课程的延伸，这些课程应以"创新"为主线，不仅能够让学生分享优质的教育资源、富有挑战性的内容，而且能够让学生深入实践中进行反思和探究。普通高中在教学实践中，应对这四类课程进行科学统筹和合理安排，形成创新课程体系。

二、反思现实中的创新课程

（一）反思基础课程与拓展课程

基础课程，大多数是由国家根据教育阶段性质与目标的不同，基于公民接受教育之后所要达到的共同素质而开发的，拓展课程是基础课程的延伸与综合。笔者认为对这两类课程应进行校本化实施，学校结合自身情况，对基础课程与拓展课程中不适合本校的理论、方法和教学手段进行突破和超越，体现出创新的思路、方法及方式，构建具有创新生命力的基础课程与拓展课程。现实中普通高中是如何实施基础课程和拓展课程的呢？带着这一问题，笔者对学校A进行了实地调研。

学校A是天津市的重点高中，学校资源丰富，一直致力于以创新教育为特色的课程建设，确定"以生为本、创新发展"的课程理念，课程定位为多元化发展，如设立法语班和特长级部等，对基础课程和拓展课程进行创新探索。学校A每个年级大概有12个班级，班级序号为1和2的班级专门成立特长级部，不同于其他班级的级部管理，此级别采取封闭式管理，课程设置上基本上与其他3个重点班和6个非重点班有很大不同，课程的评价方式也不同于其他班级。打开学校网页，特长级部舞台剧汇报、参观表演及高考成绩是学校的亮点和特色，其他班级的课程、活动及高考成绩网上并未提及。那么，特长级部的设置是服务、是高考，还是进行基础课程与拓展课程的探索呢？与重点班级与普通班级在教育目的及教育过程方面有哪些不同？

调查中发现：学校A所设置的特长级部的教师精选自年级当中业务顶尖和年富力强的教师，学生是从本校初中部挑选的成绩最为优异的学生。虽然其对外宣称是以"培养学生的特长及创新素养"为目的，对特长班进行调查，发现其课程比较深，偶然也会体现一些创新的思路，但更多的是渗透竞赛的内容，以教师自编的学案（课后习题集）为主要练习内容，补课时间较多，从高一开始，周六便开始加课，其实质上是通过精英化的师生团队反复操练以保北大、清华的数量及高考高分数段人数。特长级部每个年级两个班级，实施小班化教学，每个年级有学生70人左右，高考平均分为640分，学科竞赛和保送率达到了学生整体人数的80%。主管教学的副校长直言不讳地告诉研究人员，"即使普通班的学生考第一也不如特长班的学生"，这句话也在贴了标签的普通班的学生那里得到了印证。在访谈中一位普通班的学生告诉研究人员，有一次在课堂上，当学生兴趣盎然，准备探索更深层次知识时，老师说他们是普通班的学生，只要能够应付会考和高考就可以了，不用掌握那么深的知识。也许那位老师出言无意，然而无疑深深地伤害了学生们的自尊，窒息了他们的创新思维。那位学生困惑地问研究人员，他们考进这所重点校，同学之间分数几乎相近，为什么还要分个三六九等，面对这种情况，笔者不知道如何回答。

通过上述调查，我们不禁要问：学校是否明里课程创新改革，暗里进行应试？教学过程是什么情况呢？带着这些问题，笔者深入课堂进行观察。

在学校A，笔者集中观察了高一年级的特长班、重点班及普通班的课程及教学情况。特长班的教师除了完成《全日制普通高级中学教学大纲》中所规定的教学要求和内容外，更侧重于高校自主招生和竞赛，教学过程中注重培养学生的解题方法和技能。对于理科特长班的教师，学校给研究人员介绍时，称他们为教练，他们确实是应试教育体制下出色的教练，能较为准确地把握自主招生、竞赛、高考的重难点，教师不仅在讲课中举一反三地透彻讲解这些知识点，而且还会体现在导学案、周练、竞赛教程及选修课教程中。不管是特长班学生还是教师，他们对于标签于他们身上的"特长"带着一种满足和优越,"特长"也凝聚着学校、教师及家长更高的期望,不可否认,在听课中,他们表现优秀,更为刻苦和认真。笔者相信,学校把一部分成绩优异的学生组成特长级部也是无奈地应对高考,但是,这种身份的标签将会伴随学生整个高中阶段。他们在入学时就已经被贴上了标签,是否注定他们的创新潜质一定比普通班的学生强。在后面的观察中笔者看到,特长班和普通班的学生在自主提出问题、深入探究质疑能力方面表现几乎没有什么差别。

(二)反思研究课程与实践课程

研究课程是学生深入研究某一学科领域的核心话题,其目的是让学生置身于问题探究与解决的情境中,以培养学生创新研究的意识和方法;实践课程则是把关注点集中于鲜活的现实,让学生把学校所学的知识融入生活之中,其关键之处是"体验"与"实践"。随着我国课程更为多样化和综合化,很多学校将"发现与培养创新"视为"多样化"的题中应有之义。

笔者应邀参与学校B的研究计划,其目的在于探讨研究课程与实践课程的实施。活动开始时,教师给学生发放几本有关科技活动的书籍,让学生置身于文本之中,要求学生记录下他们思想与反映的第一手材料;然后教师讲述有关科技活动的历史情况,向学生展示自己喜爱的书籍。这种个性化的书籍受到学生的欢迎,通过各种方式让书籍变得更为个性化,有的是在页边空白处留下感想,有的是在困惑的问题旁边粘贴上新的思路。事实证明,这项科技活动的阅读妙趣横生,学生们畅谈了科技活动的最初理解和引申意义。第二轮的研究课程与实践课程实施在研究人员的建议下,邀请了大学的知名教授和学生一起共享科技书籍,研讨研究方法,并展示学生自己在日常生活中的小发明。

在研讨中可以感受到:学生的阅读与研讨是与他们的文本知识和实践生活紧密联系在一起的。因此,研究性课程与实践课程是复杂的、充满关系链的构造物。学生在阅读中加入了材料、联系了现实。笔者相信,从赋予读者、文本以意义到探索解释以及新的想法的闪烁这些转变都是有可能的。这次研讨不同于基础课程中教师要建立明确的目标、高效的教学步骤、可预测的各个环节以及清晰的讲解过程,而是阅读与见解的共享,这种共享超越了传统的将学校与社会、学生与教师、读者与文本、过去与现在、知识与实践分割开来的做法。因此,研究与实践课程需要去掉常规模式,重新建构一种可变的、不固定的课程,在课程中,师生唯一能够模仿的是师生独特的自己。

在传统意义上,大多数学校所践行的课程,是围绕着秩序的理性、线性和历时性而组织的。传统课程引导着我们通向知识目标的道路,普遍的看法是,课程是对主流文化的复制,然而复制永远是重复知识,却无益于学生创新。如果把课程定义为学校发生的一切,那么课程也就是学校一切活动的总和。因此,研究课程与实践课程应该告诉学生如何去使用课程知识,而不是让学生沿着预设的课程知识走下去;应该交给学生如何提问,而不是避免如何回答问题;应该教会学生寻找问题的答案,而不是回答别人提出的问题。研究课程与实践课程是由真实的生活瞬间组成,既是意义的产物又能够产生意义。研究课程与实践课程总是复杂的,有时还伴随着矛盾;既不是线性的,也不总是向前发展的,而是在跌宕起伏中曲折前行。

三、构建普通高中创新课程的建议

(一)确保公正和关爱

创新课程应该重视学生个体的特殊性、独立性及对心理的关爱,很多学校的创新课程忽视与学生建立联系,学校对课程的等级分类控制、压制和限制学生自由创新的发展,其标签做法只能对学生产生深深的伤害。创新课程的建构应该体现公正和机会均等,以多样化的选修课程来应对学生特质的不同,根据兴趣分门别类地设置选修课程,而不是基于等级划分,课程的公正应该体现在尊重个体的"伦理关怀"。抛弃诸如"特长班优于重点班、重点班优于普通班"等不利于学生身心发展的观念和做法。认真倾听和回应学生在日常生活中的呼声,学校领导与教师、师生、生生之间以一种关爱的方式相处,创新课程与人际关系之间应发展为一个浑然的整体。没有"伦理关怀"的课程就不会存在着富有创造性的课程,只有把其融于创新课程构建中,学生创新思维才会得以张扬。

(二)培养反思能力

反思能力是探索词源学意义上的自我,当个体在探索其行为的缘由时,他们会反思自身的选择与潜力。没有这种反思,个体就难以摆脱常识的束缚,课堂上约定俗成的知识就会限制其批判性思维,使其失去挖掘事物根源的兴趣。学校一般很少要求学生对自己的思想做出审思,学校教育总是忽视那些与高考无关的学科所带来的影响。当创新课程与反思相结合时,师生可以经常以这样的方式进行对话:"当什么……我发现了……",依此来拓展学生内在的创新能力。这种看似微妙的创新性的内省思维活动,让学生尝试用批评性的创新视角来反思课堂学习的本质,"什么是知识?如何在高考与知识创新之间做到平衡?课程评价对知识的创新是否有效?"当思维得到提升,思考问题变得深刻而又多元时,学生便会对知识实践的本质有较为清晰的认识。

（三）整合理论与实践知识

知识绝非独立于社会之外的空中楼阁，对知识的创新不仅基于思考和质疑，而且更多的是源于实践，实践是知识的整合，知识发源于书本知识与自身经验相交之地，也就是说，只有与个体经验世界相融合的信息才能称为知识。教师应能够意识到这点并且把其作为教学行动指南，这样学生就不再把自己当做作威信息的被动接受者，而是在实践中不断思考、寻找知识的意义，对知识进行创新。

（四）构建异质课堂

我国课堂习惯于整齐划一，并且把课堂纪律作为教师教学的评价标准。然而，沙伦·韦尔奇对此提出了不同的看法，他从后现代的视角出发，认为异质性课堂更有利于学生批判性创新思维的培养。创新型思维常常是始于对差异的认识，在不同观点的碰撞中，学生的思维品质和内省智能得以提升。在对话式观点分享过程中，增强了学生的包容度和想象力，使他们的认识范围扩大。

（五）超越惯性权威

历来学校教育中，师生日益形成被动接收文化的局面，现代技术、现成的课程材料抑制了教师的教学想象力，于是，教师依赖于教参，学生依赖于教师。这种氛围中学生逐渐产生了学而不思的现象，师生很少对常规的学校权威结构和课程规定提出疑问。因此，应该开发一种教师教育模式，这种模式旨在培养教师一种建构性的教学技巧，以此来帮助学生衍生创新性意识结构，其关键在于鼓励学生以一种既肯定又质疑的方式参与实践，以保持创新的可能性。

第五节 高中教学方法改革

信息技术学科相对于其他学科来说是一门新课程，它的最终教学目标是培养学生的信息技术学科素养，简称信息素养。信息素养的提高对学生提高综合素养有重要作用。采取科学合理的信息技术教学方法是提高学生信息素养的有效途径。随着信息技术课程的日益成熟，在教学过程中应该采取怎样的教学方法？教师在教学过程中需要注意的问题有哪些？针对现阶段教学中的问题应当怎样改进？怎样将高中信息技术教学和核心素养进行结合，等等。随着这些问题的提出，急切需要对高中信息技术教学进行研究，只有不断进行教学实践研究，才能让教师在信息技术教学中拥有丰富的教学参考意见，对学生进行核心素养的培养。当前信息技术教学没有很多理论依据和教学资源，需要教师在教学实践过程中发现问题、提出问题、解决问题，要及时与教师进行经验分享，使用各种方法提高高中信息技术教学质量。

一、核心素养下的高中信息技术教学方法研究必要性

教学过程中的两大主体分别是学生和教师，要想提高教学质量，需要学生和教师共同努力。首先，需要教师拥有过硬的专业知识和熟练的教学方式，还需要在教学过程中提高学生的学习兴趣和通过多样化的教学提高学生的课堂参与度；其次，需要学生无条件配合教师的教学方式。任何教学方式的转变都需要教师和学生的共同努力。现阶段的信息技术教育，经常和信息素养、创新教学相关联。要想让信息技术教育的作用落到实处，需要在教学中不断培养和提高学生的核心素养。研究的本质也应该回归到信息技术课堂上，真正将学生综合能力的提高与信息技术教学活动相结合，提高学生的核心素养。信息技术教学中有很多实际问题，如学科时间短、缺乏有利的教学依据、信息技术教学资源缺乏、可参考教学书籍少等。要想提高高中信息技术的教学质量，需要对其他学科的实践教学方法进行借鉴，取其精华去其糟粕，教师在研究过程中能探索出一些适合当前学生的教学方法。现阶段提高高中信息技术教学质量任重而道远，需要广大教育工作者不断学习，丰富自身专业知识，为教育事业添砖加瓦。

二、核心素养下高中信息技术教学方法的优化策略

（一）深入了解信息技术学科性质，提高信息技术教学重要程度

在高中教学过程中，受传统教学模式影响，很多学校只重视成绩，对信息技术教学重要性认识不够，导致信息技术教学效率一直无法提高。随着社会的不断发展，信息技术重要程度逐渐显现出来。信息技术与很多行业都有联系，已经成为国家发展经济的一种基础技术。信息技术的载体是计算机和互联网，很多教学都需要互联网的帮助，在一定程度上推动了社会现代化的进程。因此，学校要想提高学生的综合能力，必须将信息技术放到教学的重要位置上，提高信息技术课程的地位，为信息技术教学增加教育时间和教学内容，教师要不断学习专业知识和教学理论，在教学中要与最新的教学理念相结合，为提高信息技术学习效率奠定良好基础。

（二）激发学生对信息技术的兴趣，提高学生自主学习能力

兴趣是学生进行信息技术学习的不竭动力。教师在教学过程中，根据不同学科的教学内容创设合适的教学情境，通过教学情境对学生进行课前导入，激发学生对信息技术的学习兴趣，提高学生的学习热情。教师在教学前要对教学内容进行分析，选择适当的教学内容与学生的实际生活相结合，设置教学任务，让学生掌握解决问题的能力。在教学过程中让学生结合实际生活中的场景，通过学习计

算机知识对教师的教学任务进行解答，激发学生学习知识的主动性。例如，在进行Excel内容的讲解时，可以将表格的排序、统计知识与实际生活相结合，打造生活化的教学场景，然后提出问题："学生在期末考试时需要进行成绩的排序和统计，怎样才能快速地对学生的成绩进行统计和排序呢？"随后引出教学内容，通过这一章节对表格的学习就可以实现，最后在教师的引导下对信息技术知识进行学习，学生通过训练素材对教学内容进行复习和实践，一举多得。又如，在进行PPT教学中，可以让学生观看优秀的PPT案例，让学生感受到信息技术是非常有用的，让学生在练习中加深对信息技术的理解，提高学生自主学习能力。

（三）正确使用教学方法，提高学生的信息素养

信息技术的核心素养是学科教学价值的体现，也是学生对这门学科学习后树立的教学观念，高中信息技术的学科素养主要包括信息意识、计算思维、数字化学习和信息社会责任等四种素养。信息意识的培养侧重于学生对信息的判断能力，能让学生根据自己的需求对问题进行解决；计算思维是培养学生以计算机为媒介，对出现的问题进行思考和解决的一种能力；数字化学习，是学生通过信息技术这一媒介，进行教学资源的学习和整理的能力，能促进学生学习任务的完成；信息社会责任是指学生在社会中生活的规范意识，这一社会责任的形成对学生来讲是十分重要的。

学生信息技术学习素养的培养不是一蹴而就的，需要一个漫长的过程。因此，需要教师和学生在教学实践中不断探究和创新，对信息技术的教学方式不断优化，才能更好地对学生进行综合能力的培养。例如，现阶段常用的教学方法有任务驱动法、讲练教学法、主题教学法等，每种教学方法都有一定的局限性。因此，要求教师根据实际教学内容选择不同的教学方式。任务驱动法侧重于培养学生的创造力，主题教学法侧重于对学生综合能力的培养等。因此，在教学过程中要选择多样化的教学方法，使信息技术教学变得多样化，能有效提高学生信息技术学习的积极性。教师要深刻理解信息技术教学的目的和目标，适应各类教学方法，才能提高学生利用信息技术解决实际问题的能力，提高学生信息技术学习效率，增强学生的综合能力。

（四）要对学生信息技术的学习进行科学评价和积极开展实践活动

教师要想掌握学生学习信息技术的情况，需要从两方面进行观察，一是利用信息技术对学生进行科学评价，二是组织学生开展课后实践活动。要想科学地对学生进行评价，之前的方式是教师对学生的作业情况进行分析和研究，了解学生的知识掌握情况。随着社会的发展，智慧课堂应运而生，教师可以利用智慧课堂对学生进行科学评价，将学生的学习情况和作业完成情况输入平台上，可以实时

掌握学生的学习情况，有利于教师针对性教学的开展。

教师在课上讲解信息技术知识，学生需要不断复习信息技术操作情况和操作技巧，有效巩固知识学习，仅仅是课堂上的练习是不够的。教师要组织学生开展信息技术实践活动，通过信息技术知识在实际生活中的应用来提高学生的问题解决能力。例如，学校社团经常会举办比赛项目，在比赛中的打分环节，需要去掉最高分、最低分，自行计算会出现很多意外情况。教师可以鼓励学生利用信息技术设计一个计算成绩的小程序，在程序设计过程中，能提高学生对信息技术知识的应用能力，提高学生的协作能力，最终促进学生综合能力的提高。

总之，在核心素养下对高中信息技术教学进行研究，就是为了提高高中信息技术教学的有效性，并助力学生全面发展。随着我国新课改的快速发展，学科学习中的核心素养逐渐引起了人们的重视，在核心素养下对学科进行教学方法的创新，能增强学生的综合能力。教师在高中信息技术教学中，要不断进行专业知识的学习和教学理念的更新，采用多样化的教学方式对学生进行信息技术教学，提高学生的学习效率，还要让学生学习的信息技术知识与实践活动相结合。教师利用智慧课堂对学生进行科学评价，从多个方面提高高中信息技术教学的有效性，并根据学生的实际情况进行教学方法的完善，从而让学生在核心素养下实现全面发展。

第四章 德育及其学科的发展

第一节 德育的基本概念

德育概念是我国德育学界长期以来存在争论的一大问题。什么是德育？对于德育范畴的具体理解与界定从不同的角度往往可以得出十分不同的结论。不同的德育定义反映了不同的德育观。

一、德育的概念与本质

（一）德育的概念

从结构上说，德育是"德"和"育"的连接和组合。在我国古代，"德""育"二字是分开的。《说文解字》释"德"为"外得于人，内得于己"。"外得于人"说的是要正确处理与他人的关系；"内得于己"讲的是内心修养，也就是无愧于心。这里的"德"即道德。按我国古人解释，"道"原指人行的道路，后来，在先秦思想史上，指一种普遍的最高的准则，引申为原则、规律、道理或学说的意思，借用为事物运动变化所必须遵循的普遍规律或万物的本体；"德"和"得"意义相近，含有获得、占有之意，用作具体事物从"道"所得的特殊规律或特殊性质。《论语·述而》认为"道"是人们的最高理想和行为准则，"朝闻道，夕死可矣"，这里的"道"就是做人、治国的根本原则。《老子》将"道"看作是最高的哲学范畴，认为道是"天地万物之主"，主张"人法地，地法天，天法道，道法自然"和"道生一，一生二，二生三，三生万物"。对于"道"的认识修养有得于己亦称德，"德"是"道"在具体行动中的体现。用现代语言解释，"道德属于上层建筑范畴，是一种特殊的社会意识形态。它通过社会舆论、传统习俗和人们的内心信念来维系，是对人们的行为进行善恶评价的心理意识、原则规范和行为活动的总和。"这个意义上的道德是一种教育人们向善的活动，它将善恶作为基本规范来评价人们的各种行为和调整人们之间的关系。通俗地说，道德是指人的思想品德、情操和做人的准则。"育"在许慎《说文解字》中的释义为"养子使作善也"，即"熏陶涵育子弟使其为善"。怎样才能有所得呢？那就需要"育"。"育"是什么意思呢？据王静考释，育的本意是分娩，"古代的'育'字，除了具有生育的含义之外，还有'养'与'长'两种解释……养与长两个含义，在《尔雅》中是什么呢？'养'字与饮食有关。和《说文》的'养，供养也，从食，羊声'是一致的。'长'字是指位尊者和年高者。此外，它还可以作生来解释……朱熹释养字：'谓涵养熏陶，侯其自化也。'这样，《说文》释育为'养子使作善也'就好理解了，即熏陶涵育子弟使其为善。"将"德"与"育"连起来，就是通过涵养和受教育者的自化而使受教育者有所得的意思。

那么，现代意义的德育含义是什么呢？这是一个常说常新的永恒话题，因认识角度的不同，我国理论界和德育实践工作者之间也存在不同的理解和认识。总的来说，我国德育理论工作者对"德育"这一概念的理解，主要存在以下五种观点。

（1）德育始于中国近现代教育，早期多半是作为道德教育的简称和同义语，亦即西方教育理论所讲的"moral education"。在我国，今天许多人并不赞成这一观点。

（2）德育就是思想政治教育的同义语。在我国，人们一般习惯于将德育和思想政治教育这两个概念通用，如刘献君在他的《大学德育论》中认为："大学德育，即大学生思想政治教育。"另有人认为这两个概念虽是同义语，但应用范围是有所不同的，如王仕民在他的《德育功能论》中认为："思想政治教育既适用于校内，又适用于校外；既适用于学生，也适用于教师，还适用于其他的教育对象。德育则适合于以学生为对象。因此，在以学生为教育对象的条件下，德育和思想政治教育就是同义语。"

针对第一种观点，许多学者认为，长期以来，由于我国受到传统德育思想、苏联教育学以及多年革命实践的深刻影响，就政策与实践层面而言，"德育即是道德教育"这样一个定义没有将我国社会主义德育的根本要求包括在内，其内涵有点过窄，认为现代意义的德育与伦理学体系中的德育概念（专指道德教育）不同，教育学上的德育，则是相对于智育、美育和体育来划分的，它的范围应该很广。同时，随着现代社会的演进，人们强烈地意识到单纯的道德教育不足以使学生社会化，德育必须包含更多的内容。第二种观点则似乎偏重于突出政治，并与思想政治教育的内涵混淆。

(3) 针对以上两种观点的片面性，有人认为"德育"就是思想政治教育和道德品质教育，或者说是"政治教育、思想教育、道德教育"。"德育——旨在形成受教育者一定思想品德的教育。在社会主义中国包括思想教育、政治教育和道德教育。""'品德'即'德'，作为个人素质特性，随着德育内涵的拓宽，'德'也变为'思想品质、政治品质和道德品质'，或称'思想品德'。这就有了所谓的小德与大德之分。"显然，小德即"道德"之"德"，大德包含"思想、政治、道德"之"德"。这与《中国普通高等学校德育大纲（试行）》关于"德育即思想、政治和品德教育"的规定是一致的。《现代汉语词典》对德育的解释即是政治思想和道德品质的教育。

(4) 随着改革开放与社会主义现代化建设的发展，受教育者在适应社会变化、处理人际关系、协调自身心理等方面产生了新的矛盾，提高他们的心理素质显得极为重要。《中共中央关于进一步加强和改进学校德育工作的若干意见》中明确规定："通过多种方式对不同年龄层次的学生进行心理健康和指导，帮助学生提高心理素质，健全人格，增强承受挫折、适应环境的能力。"所以，有人认为"德育是教育者用社会思想品德规范教育影响学生，使之转化为学生个人的思想品德的社会实践活动，它是专指对学生进行的思想教育、政治教育、道德教育和心理品质教育的总称。"其中，政治教育即政治方向和态度的教育，解决的是立场、方向、道路问题；思想教育即世界观和方法论的教育，解决的是世界观、人生观、价值观问题；道德教育即人的行为准则和道德规范的教育，解决各种社会关系、人际关系的基本道德观念问题；心理品质教育即以培养良好的心理品质和解决心理困惑为基本目标的教育。

(5) 依法治国与以德治国并举的今天，有人认为德育在政治教育、思想教育、道德教育、心理品质教育之外还应加上法纪教育，这在建设社会主义法治国家的进程中无疑赋予了德育新的内涵。德育即政治教育、思想教育、道德教育、法纪教育、心理健康教育。"教育是个系统工程，要不断提高教育质量和教育水平，不仅要加强对学生的文化知识教育，而且要切实加强对学生的思想政治教育、品德教育、纪律教育、法制教育。"这一界定进一步丰富了新时期"四有"新人素质的内涵，这就为我们全面理解德育内涵指明了方向，为大多数德育工作者所接受。

《中国大百科全书·教育卷》指出：德育是"教育者按照一定社会或阶级的要求，有目的、有计划、有组织地对受教育者施加系统的影响，把一定的社会思想和道德转化为个体的思想意识和道德品质的教育"。据此，我们认为，德育是指教育者按照社会发展的要求，有目的、有计划、有组织地对受教育者进行系统的影响，通过教育者和受教育者在实践活动中的互动，把一定社会的政治准则、思想观点、道德规范、法制与纪律规范以及心理要求，内化为受教育者个体适应社会发展需要的政治素质、思想素质、道德素质、法纪素质和心理素质的教育。

对于高校德育来说，概念的注释及使用也不尽相同。但是，对于高校德育工作实践者，普遍存在德育泛化的问题。一说"大德育"就有把德育变成"筐"，什么东西都往里装的倾向，认为德育似乎能解决学生的所有问题。高等教育的对象主要是具有较高文化层次、具有较高思想意识及道德品质的群体，按照《中国普通高等学校德育大纲》的规定："德育即思想、政治和品德教育，它体现教育的社会性和阶级性，是学校教育的重要组成部分。它与智育、体育等相互联系，彼此渗透，密切协调，共同育人。"加强党的基本理论、基本路线、基本纲领和基本经验教育，加强中国革命、建设和改革开放的历史教育，加强基本国情和形势政策教育，加强民族精神和时代精神教育，加强社会公德、职业道德和家庭美德教育，加强法制和诚信教育，加强人文素质和科学精神教育，加强心理健康和就业创业教育。

高等学校德育是高等教育的灵魂，它决定着高等教育的社会主义性质和社会主义教育方向，是全面贯彻党的教育方针、实现素质教育的重要保证，是培养一代代具有创新精神和实践能力的"四有"新人的重要保证。它直接关系到社会主义高等教育各项任务的完成，关系到社会主义现代化建设战略目标的实现，关系到党的前途命运。

结合我国高等学校德育的实际情况和理论研究进展，我们认为，高等学校德育应当理解为：高等学校按照社会主义高等教育的要求，有目的、有计划、有组织地对受教育者进行思想政治、品德、纪律、法制、心理等方面的系统教育和影响，通过德育实践活动的互动，达到使受教育者具有较高的思想政治素质、高尚的道德品质、自觉的遵纪守法意识以及良好的心理素质目的的教育活动。

（二）德育的本质

关于德育本质的研讨一直是中外德育理论讨论的焦点之一。但大多数德育理论家或教育家都从社会与个人的关系角度讨论德育的本质。这是一种最传统的讨论。人是一种社会性的存在，德育的本质在于使个人完成自身的社会化。柏拉图说："人若是接受了正确的教育，受幸运的资质的恩惠，就会成为至高无上的上帝的动物；倘若未接受充分的教育，未能完美地成长起来，就会成为地上最狂暴的动物。"康德也说："人只有靠教育才能成为人。"文化学派将教育的本质视为社会客观文化与个体文化之间的一种互动，因而德育也就是社会伦理与个体精神的相互影响。我国许多学者也较多地从社会及其发展对人的需要的角度去论述德育的本质。这一角度的讨论主要是德育作用的本质讨论，有利于我们正确认识德育在社会发展与个人生活中的意义。

通过以上对德育的概念及其分析，可以得出：德育的本质在于育德，是浸入人的灵魂的教育，是把一定的社会思想和道德转化为个体的思想意识和道德品质的教育，是统摄并渗透在全部教育活动过程之中的教育。

（三）德育反映的是一种文化

德育是在一定的文化背景下进行的。文化是在人们日常生活和社会交往中普遍存在的一种现象。文化中蕴涵着丰富的德育资源，通过文化学习和文化教育活动，可以起到良好的育人作用。因为文化是一种潜在的德育课程、一种间接的德育途径。把德育放入文化现象中加以审视和剖析，将有助于我们更好地发挥文化的育人功能。文化的发展和繁荣，不仅能推动文化生活的进步，更能凝聚民族精神，提升民族素质，铸就时代风尚，形成具有现代中国特色的文化德育。什么是文化？"文化"是一个外延非常宽泛的词汇，关于文化的定义达300多种。从"文化"概念的语言原义来考察，它是人与自然关系的一种表征。"文化"一词在西方产生于拉丁语cultura，原义是指对土地的耕作，引申为耕种的作物。古罗马哲学家西塞罗在他的"智慧文化即哲学"这句名言中对文化的转义作了明确的表述，文化一词从此就具有了培养、教育、发展、信仰、尊重等含义。现代意义的文化可以从狭义和广义两个层面来理解。

"狭义文化"是指作为观念的，与经济、政治并列的，有关人类的各种精神现象或产物，如思想理论、文学艺术、风俗习惯、伦理道德、思维方式、知识学问等。"广义文化"则指人类在改造自然和改造社会的过程中所创造的物质财富和精神财富的总和。也就是说，凡是打上人的印记的存在均为文化。

"先进文化是符合人类社会发展方向、体现先进生产力发展要求、代表最广大人民根本利益、反映时代进步潮流的文化。它最基本、最直接的价值取向是崇尚和追求先进性。"

文化具有历史特性与民族地域特性。因此，在不同的文化背景下，人的行为方式和精神气质都存在很大差异。文化凭借强大的型塑力量，在个体的社会化过程中通过个体接受教育、自我学习和以文化为中介的社会交往，获得文化认知，谋求文化认同，从而使得文化所蕴含的德育观念内化为个体的思维。文化赋予我们自我反思的能力、判断力和道义感，从而使我们成为有特别的人性的、理性的生物。我们正是通过文化来表现自己、完善自己的。

不同社会发展时期、不同发展水平的地区和特定民族都曾创造、形成并持有某种具体的伦理道德和价值观念，以要求、规约、教化和熏陶一定生活区域内的人们自省、自警、自律地处理与自然、与社会、与他人的关系。判断一个人是否道德，依据的就是个体在处理上述境遇关系时所表现出来的自我认知、社会行为、人际语言、情感态度等。

人、德育与文化环境之间存在内在联系。人类以文化创造者身份成为文化主体，文化以其超越个体和特定时代的有限性而成为人类的社会性赖以形成的本体。人们之间思想交流、文化环境与人的交流与互动，就是通过各种文化符号所传递的信息进行的。文化建构思想品德理性的过程，就是人通过社会活动不断接受文化环境所发出的各种信息的过程。文化对人的影响主要体现在对人的观念的影响上，文化环境可能比单纯的教育制度对教育的影响更为持久、宽广、深刻。

德育与文化密不可分，文化的形成在某种程度上依赖于德育，德育也必须以文化为前提。德育还可以传承、发展和创新文化，雅斯贝尔斯曾说过："西方每一次伟大时代的出现都是重新接触和研究古代文化的结果。当古代文化被遗忘时，整个社会所表现出来的就是野蛮，就如一件东西脱离了根本，它就会毫无方向地飘荡，这也就是我们失去古代文化之后的景象。"德育实际上是模塑人的思想品德文化生命的过程。任何一个生命都是独特的，而在一个缺乏思想道德文化风格的教育氛围中要凝聚这种独特的生命几乎是不可想象的。提高人的文化素质，就等于提高人的思想道德素质。德国文化教育学家斯普朗格认为，一个真正受过教育的人，不单能体会学识，而且能了解经济利益，欣赏美的事物，并能为社会服务，进而对人类生存的意义也有透彻的体会。

文化德育是指整合、利用传统的文化底蕴和一切有效资源，借助文化的独特德育功能，通过学生对文化教育资源的有效吸收和文化教育方式的体验，使学生在积极的状态下得到心灵滋润。从教育理念上看，文化德育强调通过学校文化来实施对学生全方位的德育；从策略上看，通过先进文化的熏陶来建构学生的思想道德品质，对落后文化进行批判；从途径上来看，通过在人文环境中滋养学生的心灵。文化德育的特征有如下几个方面：其一，文化的全息性。文化是客观存在的，而且是一个朴实、和谐、统一的有机体，包括物质、制度、精神文化，它们从各个层面共同发挥着感染和教育学生的积极作用。其二，体验的主体性。让学生在充满文化气息的校园中，通过对文化教育资源的主动吸收和体验，使学生得到心灵的滋润。文化德育的可贵之处在于它最大限度地消除学生的各种不良心理准备，使受教育者没有抵触地接受教育。其三，过程的浸润性。文化对学生思想道德品质的形成产生潜移默化的影响，用特有的精神雕刻着每一个学生，并在个体间传播和传递，从而更加强化并形成"德育场"，使每一个学生都带有文化的痕迹或缩影。其四，影响的深层性。学生较长时间生活在一定的文化背景中，特别是学校中的精神文化会对学生产生深度和持久的素质影响，恒久弥深，终生难忘，会对学生一生成长产生持久、全面的影响。

总之，文化德育着眼于学生健康成长，让学生在文化的氛围中主动参与、切身感悟，特别是把学校文化的精神本质内化为思想道德情操，构建自己的思想道德品质。文化德育真正体现了德育对学生社会化发展的价值和意义。

美国文化人类学家克罗伯和科拉克洪认为，文化存在于各种内隐和外显的模式之中，借助符号的运用得以学习和传播，并构成人类群体的特殊成就，这些成就包括他们制造物品的各种具体式样。文化的基本要素是传统的思想观念和价值，其中尤以价值观最为重要。一个民族在其历史演进和文化行为中积淀形成的长久地起作用的思维方式、思维习惯，对待事物的审视趋向和众所公认的观点，就是这个民族的思维方式。思维方式是人类文化现象的深层本质，是对人类文化行为起支配作用的稳定因素。中华民族传统思维方式的总体特点是整体动态、辩证综合、直觉体悟。当然，不妨借鉴西方重个体、重分析、求变异的创造性思维方式的合理成分，以改进和发展中华民族的思维方式，为中国思想道德文化的创新构筑内在的根基。

德育在本质上不是一类以价值中立、文化无涉为前提，而是以价值建构和意义阐明为目的的价值科学或文化科学。文化给德育融入了文化底蕴，使德育有了依托和根基。文化是德育的灵魂，用文化育德，会起到不告而人人皆知的作用。德育文化是综合利用文化资源（特别是精神文化），运用文化方式进行自觉育德、自主育人的文化。

多元文化视野中德育的选择是值得人们思考的一个问题。德育应该重视在理解不同文化的基础上，形成正确的人生观。多元文化视野中的德育研究和实践，不仅要关注我国少数民族地区文化的特殊性，如少数民族的服饰、语言、山歌、舞蹈、风情、礼仪、文字等应作为德育的校本教材，保留其文化传统；也要关注西方文化的影响，如古埃及文化、巴比伦文化、希腊文化、罗马文化、文艺复兴（近代文化）等。

建设有中国特色社会主义文化的根本任务是以马克思列宁主义、毛泽东思想、邓小平理论、"三个代表"重要思想、习近平新时代中国特色社会主义理论为指导，全面贯彻科学发展观，着力培育有理想、有道德、有文化、有纪律的公民，切实提高全民族的思想道德素质和科学文化素质。因此，只有立足于文化的德育才是活的教育，才是思想道德生成的原点。高校德育应弘扬中国传统文化的宝贵精神，同时又关注现代网络文化的特点，将雅文化与俗文化、现代都市文化与乡土文化进行融合，才能真正发挥文化德育的功能，才能完成社会主义文化的根本任务。

二、德育的效应与价值取向

（一）德育的效应

在现实社会中，我们常常发现，同样的教育内容，同样的教育途径和方法，却产生了不同的教育效果。导致这一状况的因素是多方面的，如教育者的水平、威信各异，又如受教育者的素质、思想、心理、兴趣爱好等的差异。由于德育效果的不平衡性，有些德育工作者对德育工作失去了信心，产生无所作为的思想，认为现在的青年学生厌恶和排斥德育，再花力气也没有用，这是片面的。应该看到，德育具有四个效应，即正效应、潜效应、零效应、负效应。

正效应——立竿见影效应。通过德育工作，立即在一部分受教育者中产生了良好效果，达到了教育的目的。这是由于教育内容和方法符合这部分人的特点和要求，也由于这部分人具有受教育的主动性和自觉性。正效应，也是教育者和被教育者的共振效应，趋同效应。比如，有的学校组织大学生到边远山区学习考察，开展为民咨询服务活动，有些同学在实践中看到农村经济落后、人才奇缺，激发了自己的求知欲望和社会责任感。又如，有的学校组织学生参观革命烈士纪念馆，不少同学被革命先辈们英勇不屈、前仆后继的精神所感动，立志要继承他们的遗志，为加快祖国建设奋发努力。这些都是德育正效应的反应。

潜效应——滞后效应。通过德育工作，当时没有显现出什么效果，似乎是没有效应，但隔了一段时间，或在某一事情中突然显现出正效应，那么在此以前称为潜效应。这是由于德育的过程是潜移默化的过程，受教育者在平稳状态下没有感受到德育的作用，而一旦遇到复杂的情况，发生矛盾冲突时，德育的潜效应就崭露头角。比如，有些学生在学校里学了不少马列主义理论课，当时感到作用不大，但到了工作岗位后，对指导自己的工作、行为，在处理各种矛盾中发挥了很大的作用，而且感到不够用，促进自己进一步去学习。

零效应——劳而无功效应。通过德育工作，依然如故，未变初衷。这是由于教育管理松弛，或者由于受教育者没有接受教育的愿望和条件。零效应，也就是被教育者与教育者的抵消效应。比如，教师在上政治理论课时，有些学生产生厌倦情绪和排斥态度，不认真听课，甚至看小说、做作业，而教师又缺乏严格要求，导致课堂纪律涣散。这样两节课讲完后必然无所收效。又如，组织学生到边远山区学习考察，到革命烈士纪念馆参观，若事先没有明确的目的、要求，又没有严密的组织纪律，只是无所用心、走马看花地看一看，必将一无所得，产生零效应。

负效应——适得其反效应。通过德育工作，反而在一部分受教育者中产生了不良效应，导致相反的目的。这是由于教育的内容和方法不适合这部分人的特点和要求；或者由于这部分人缺乏受教育的主动性、自觉性。负效应，也是教育者与被教育者的逆差效应、离心效应。仍然用上面两个教育活动做例子，有些同学到边远山区学习考察后，看到农村经济落后，卫生条件不好的情况后，产生了怕苦、怕脏的思想，今后再也不愿到农村去，毕业后拒绝到农村工作。有些同学参观革命烈士纪念馆后，产生了战争恐惧心理，划不清正义和非正义战争的界限。这就是负效应。

德育的四种效应，对我们的工作不无启示。德育的正效应告诉我们，学校里的德育工作必须从学生的思想实际出发，要注意针对性、科学性，有的放矢。在内容上、方法上要适合青年学生的特点，这样就能产生"立竿见影"的效果。德育的潜效应告诉我们，对德育的效果不能采取急躁、消极的态度，要克服"无所作为论""取消论"。学校应按党的教育方针、培养目标及学生的现状进行系统的马列主义和政治思想、品德修养等方面的教育，对学生进行必要的"灌输"工作，在教育方法上要注意疏导，这对受教育者的世界观、人生观的形成及未来工作都会产生不可估量的作用。德育的负效应告诉我们，不能认为只要组织集体活动、实践活动，就会自然而然地产生好的效果，搞得不好，还会产生相反的效果。因此，在活动过程中要善于引导，并及时了解学生的"活思想"，进行思想教育。要注意学生的差异和个性特点，把思想教育贯穿到整个活动的始终，关注到每个人的实际情况。德育的零效应告诉我们，德育工作必须有严密的计划和实施方案，要注意克服形式主义，讲究实效。教育者要提高教育质量，严格要求，增强吸引力，进行必要的检查、考核。

综上所述，我们应客观地正视德育的四个效应，并采取积极态度和有效措施，大大提高德育的正效应率，为潜效应打下雄厚基础，尽量避免负效应，减少零效应。这样，我们的德育工作定能发挥越来越大的作用。

（二）德育的价值取向

我们说一个事物是否有价值，是指它是否能满足人的需要。人是价值的主体，事物是价值的客体。教育价值是指教育能够满足个体与社会需要的属性，因此，德育价值可将其分为社会价值（外在价值）和个体价值（内在价值）。德育之所以是必要的，要从德育与人和社会的历史中进行考察，来确定德育的时代意义。

1. 德育的社会价值：促进社会和谐发展

从社会角度看，人与人、人与社会之间存在着广泛的联系和依赖，为了使人与人、人与社会之间的交往和联系得以顺利进行，就要有一定的规则或规范，以保证有一个稳定和谐的秩序。

和谐社会是一个历史范畴，在我国古代，老子提出了"小国寡民"的和谐社会模式；庄子提出过"至德之世""建德之国"的和谐社会远景；墨子主张建立"爱无差等"的和谐社会；儒家提出了"天下为公"的大同社会。在西方，柏拉图的《理想国》、莫尔的《乌托邦》、傅里叶的《新世界》、魏特林的《和谐与自由的保证》，都反映了人们对建立美好社会的憧憬和向往。"和为贵"源于东方的智慧，干事业主张"和衷共济"，共事讲究"和睦相处"，待人注重"和蔼可亲"，做生意信奉"和气生财"。特别在当今市场经济的社会，"和"更是每个人的共同愿望。现代和谐社会就是指在保持社会主义基本制度的前提下，社会各成员、阶层之间相处融洽、协调，人与人相互尊重、信任和帮助，人与自然和谐共存的可持续发展的社会。和谐社会的特征表现在六个方面，即民主法制、公平正义、诚信友爱、充满活力、安定有序、人与自然和谐相处。这些基本特征与作为社会主体的人的思想道德素质是紧密联系的。

学校作为社会正式组织，其价值取向必然受到社会的影响。学校德育本身属于价值教育，与其他学科教学相比，其价值取向受社会影响更为明显。现阶段，德育以探索新的社会条件下学生的思想道德教育规律为重点，着力为和谐文化、和谐社会建设服务。大学生是祖国的未来，构建和谐高校德育体系有助于提高学生个体的思想道德水平，推动社会思想道德进步，从而达到人心和善、家庭和睦、人际和顺、社会和谐、人间和美、世界和平的理想境界。

从人类文明发展进程的角度看，任何一种社会文明形态的发展，都内在地要求社会成员具有与其经济基础相适应的价值观念、道德品质、社会心理和思维方式。如果一个社会缺乏广泛认同的共同价值标准，社会发展就会失去根基。当前，社会主义核心价值体系是社会主义社会的主导价值观，是推动经济和社会发展的精神动力，代表着社会的发展方向，反映着时代的基本特征，引导着整个社会的价值取向。我国正处于改革发展的关键时期，各种思想文化相互激荡，大学生思想活动的独立性、选择性、多变性、差异性增强，大学生的价值取向呈现出多样化的趋势。面对新形势、新任务，只有立足国内现实、把握时代潮流，坚持用社会主义核心价值体系引领多样化的思想观念和社会思潮，增强社会主义主流意识形态的引领作用，确立社会主义核心价值体系在当代中国的主导价值观地位，才能为构建社会主义和谐社会提供有力的思想保证。

马克思主义指导思想、中国特色社会主义共同理想、以爱国主义为核心的民族精神和以改革创新为核心的时代精神、社会主义荣辱观，这些都构成了社会主义核心价值体系的基本内容，是当代中国全体人民奋发向上的精神动力和团结和睦的精神纽带，是大学德育的重要内容。所以，和谐社会对人才的培养需要德育，同时，德育又促进和谐社会的发展。

（1）德育对社会经济、政治制度的促进作用。主要表现在以下几个方面：第一，培养符合一定的社会经济、政治制度要求的人，作用于一定社会的经济、政治制度。德育把符合一定社会经济、政治制度要求的思想道德转化为学生的品德，把学生纳入一定社会的经济、政治关系中去，参与社会经济、政治活动，为一定的经济、政治制度服务，从而使一定社会的经济、政治制度得到巩固和发展。第二，培养一定社会的领导人才，作用于一定社会的经济、政治制度。在中国古代，封建社会统治者通过学校德育培养出"内圣外王"的人来"治国、平天下"，"学而优"的人就可以从政当官。隋唐及其以后的科举制度，用儒家经典考核士子，学校也以儒家经典教导学子，这样就培养和选拔出一批具有封建意识的人充当各级官僚，为封建社会政治服务。第三，传播一定社会的政治观点、社会意识和制造一定的社会舆论，作用于一定社会的经济、政治制度。学校德育正是通过宣传一定社会的思想观点、社会意识，形成一定的社会舆论，影响广大学生，从而作用于一定社会的经济政治制度。列宁曾说："学校不仅应当成为一般共产主义原则的传播者，而且应当在思想上、组织上、教育上实现无产阶级对劳动群众中的半无产阶级和非无产阶级的阶层的影响。"

（2）德育对商品生产、科学技术的影响。人的品德与人的劳动潜能的发挥是密不可分的。通过德育，特别是职业道德教育，在实现人与技术、人与生产结合的过程中，在人的意识、意志、品德的支配下，使潜藏于人体中的体力和智力转化为直接的、现实的生产力；人的精神力量也因此转化为物质力量。同样，在现代生产中，如果缺少合作精神、事业心、责任感和职业道德，就谈不上现代生产效率和质量。我国高校始终强调要把德育放在各类教育的首位，目的之一就是要充分发挥德育在推动商品生产和科技发展中的巨大能动作用。德育帮助当代大学生形成与现代社会经济发展相适应的科学精神、民主法制观念、社会责任感、集体协作意识等各种观点态度、思维方式和行为习惯，为大学生毕业后投入现代生产、现代科技、商品经济的发展提供思想道德基础。

2. 德育的个体价值：促进个体身心发展

德育除了具有社会价值之外，还具有个体价值。人是需要受教育的，尽管教育的内容、形式随时而变，但任何教育不可以离开个体成长的规律，它必须以促进人的发展为根本目的。德育之所以是必要的，在于它不仅有促进个体情感、智力发育的功能，而且是个人生活幸福的一个重要保证。在生活中，每个人都应该自己把握幸福和希望之舵，但一个人怎么把握自己的幸福和希望之舵呢？德育就是要把人引向幸福、引向希望，使人过上自身满意的、对社会有益的生活。一个人最终是否能够把握幸福和希望之舵，要靠自己的德性。传统的德育一般把重点放在社会需要层面上，忽视了个体生活价值、自由与幸福。

（1）德育是素质教育的核心。加强德育有助于全面推进素质教育，素质教育以德育为核心,以实践精神和创造能力为重点。素质教育就是使身心各要素均衡、协调发展,在适应社会的同时,具有鲜活多样的个性。要全面发展,要有创新能力,首先就要有创新精神,这一切都离不开正确的世界观和人生观、崇高的理想和对社会感悟力以及雄浑浩博的哲学气质和健全人格的引导,对此必须给予足够的重视。

如果我们对教育作一历史的考察,就可以看到从独立形态的教育出现时起,教育就把人的自身发展、完善作为它的主要目的。例如,17世纪捷克教育家夸美纽斯非常重视德育,把德育列为学校的重要任务,称学校为"人性的工厂"。要是青年全部都能懂得科学,纯于德行,习于虔敬,社会就会少些黑暗与烦恼,多些光明与宁静。英国哲学家洛克具有丰富的德育文化思想,他说:"一个绅士的各种品性之中,德行是第一位,是最不可缺少的。"德育是绅士教育的灵魂。学校教育从根本上说是为培育人的良好品德服务的,是通过创造出一个合乎人性的、宽松的、健康的、向善的环境而发展的。德育立足于对人的完整生命的塑造和健全人格的培养,而构成了主宰、凝聚和支撑整个生命成长进而获得幸福人生的决定性因素。

倘若缺失了德性的生长,那么人的生命其他部分的发展都会受到限制。学校德育的任务是要教会学生在自爱的同时不损害别人,有同情心,能以己度人。让学生感到德育贴近人生的真实与可信,进而培植起理想,涵养出德性,获得前行的力量,产生出令人信服的真、令人感动的善、令人欣悦的美。

德育是一种实践活动,这种实践活动所指向的是人自身的存在,指向人的发展和完善。人是在教育的引导下,通过在主体间和主客体间相互作用中所实现的经验改造和意义建构而发展、完善自身的。德育所关注的是人自身价值的提升,它的核心旨趣是人存在的意义。在中国古代,教育的目标就是培育具有完善人格的人,既包含修身养性的"内学",也有齐家、治国的"外学"。其中,"外学"以"内学"为基础和归宿,所谓"古之学者为己";齐家、治国要从自己的品德修养做起,"修己安人",把人对家庭、社会、国家所承担的责任视作完美人格的组成部分。知识学习的目的是为心灵的超越,教育的根本意义在于精神世界的提升。

德育是直指向人的内心世界的,教给学生更多的应是人性的完善,健康人格的形成,从而树立正确的人生观和价值观。如果人人向善,社会将不会再有罪恶。人是会思想的动物,不独在理性的状态下清醒地思想,而且也会在睡梦中放荡的思想,甚至会发出相应的"呓语",这是弗洛伊德的本我所说,是真实的内心取向。《参考消息》刊登《"小鬼当家"引领中国社会的新潮流》一文中说,独生子女是被惯坏了还是被苛求了?是以自我为中心还是缺乏自信?是喜欢离群索居还是爱好交际?他们被称为"长不大的孩子"。面对成长的烦恼和问题,德育应帮助他们具有强烈的自我认同感、鲜明的个性、创新意识和良好的心理品质。

（2）有德才有幸福的人生。世界卫生组织把道德健康纳入了健康的范畴。道德健康是指不以损害他人的利益来满足自己的需要，具有辨别真与伪、善与恶、美与丑、荣与辱等观念，能按照社会行为的规范、准则来约束自己及支配自己的思想和行为。孔子说："大德必得其寿。"医学家、养生学家孙思邈说过"德行不克，纵服玉液金丹未能延寿"，足见养生须养德，养德有益于健康长寿。这是因为善良的品性、淡泊的心境是健康的保证，与人为善、正直、心地坦荡、遇事出于公心、凡事想得开、无烦恼、保持心理平衡、良好的心理状态可以促进人体内分泌出更多有益的激素、酶类、乙酰胆碱等，这些物质把血液的流量、神经细胞的兴奋调节到最佳状态，能增强机体的抗病力；相反，有悖于社会道德的人，会产生紧张、恐惧、内疚等种种心态，这种不良的情绪引起内分泌功能失调，免疫力下降，在恶劣心境的折磨下，产生早衰，甚而早逝。巴西医学家马丁斯经过十多年的研究发现，屡犯贪污受贿罪的人，易患癌症、心脏病、脑出血、神经过敏等疾病。他对583名被指控有各种贪污受贿、以权谋私行为的人与同样人数的清廉人员的健康状况进行调查，前一组60%的人生病或死亡，后一组生病或死亡的仅占6%。

我们可以把幸福理解为是由人的某种需求不断得到满足所产生的积极、愉悦的情感和心理体验。人幸福的层次，先从最低级的层次—感官欲望的满足来看，饥而欲食、寒而欲衣、疲而欲息。满足了这些生理需要，就会产生快感。但在满足这些需要的过程中，如果不加节制，吃得过饱、穿得过多、休闲过度，不仅不快乐，而且会损害健康。因此，两千多年前古希腊哲人就提出了有节制的快乐才是长久的快乐。再从人的高一级的需要—安全需要来看，安全是幸福的前提之一。社会道德风气良好，人们才会有安全感。现在人们常常怀念20世纪五六十年代"路不拾遗，夜不闭户"的社会风尚，现在虽家家都有防盗门，一些人却常常没有安全感。从个人品质和行为上看，为人正直、与人为善、光明磊落、心胸坦荡的人，思想上没有包袱，人际关系上没有结怨，心里比较踏实，比较有安全感。相反，如果一个人心胸狭窄、斤斤计较、猜疑嫉妒、钩心斗角，往往会感到活得很累，人际关系上矛盾、结怨也多，时时算计，处处提防，也就没有安全感，毫无幸福可言。最后，从人的心理、精神生活这一高层次的幸福体验看，德行高尚的人比较容易被团体接纳，得到人们的尊重，融洽的人际关系就会使人的归属感和自尊心得到满足。

3. 德育价值的结构分析

德育的社会价值可以促进社会进步，提升社会文明程度；德育的个体价值指向学生的个体品德生活，关注学生的思想和情感世界的不断变化和发展，在促进学生的社会化方面发挥作用。在德育价值结构里，社会价值是主导价值。德育首先要满足的是社会的需要，"不管表面上如何，无论何处，教育首先都会满足社会的需求。"

在德育的社会价值里，维持和发展社会的价值是最为重要的。正如涂尔干所认为的那样，社会要想维持和发展，社会成员之间在思想、价值观和规范上，都需要有某种基本的相似性，也需要一些专门化，因为分工对维持社会而言是必需的。教育在这些方面满足了社会的需要。

而在为社会创造新一代时，教育也为社会建设条件以使自己得以维持下去。在维持和发展社会的价值上，全球化的社会背景赋予德育更多的意义。全球化过程中，民族化和全球化产生了激烈的冲突。如果一个社会无法维持社会成员之间在思想、价值观和规范上的基本相似，那么社会将不复存在。很多国家都已经意识到了这一点。德育的国家化和民族化，已经成为国际德育现代化的重要特征。德育的政治功能被日益强化，被看作凝聚人心、巩固政权、化解矛盾、稳定社会的重要手段。"表现在德育的战略地位上，把德育提高到事关国家兴衰、社会稳定的高度；在德育目标上，突出国家目的；在教育内容上，突出爱国主义教育；在德育管理上，愈来愈重视控制德育的领导权。"与此同时，各国学校德育的现代化，都力图使德育植根于民族文化，努力构建体现民族精神和文化特质的学校德育体系。韩国作为"儒教的样板国家"，甚至把对学生进行儒家伦理教育称为"有国籍的教育"尽管德育社会价值是德育的主导价值，但是没有个体价值，德育社会价值则无从谈起。

实现德育个体价值是实现德育社会价值的前提和形式。

首先，实现德育个体价值是实现德育社会价值的前提。德育是一个师生双方配合的活动，缺少任何一方都是不行的。一味强调社会价值、不顾学生需要的德育是不可能满足个体需要的，其个体价值就成了空谈。学生会排斥这样的德育。德育一旦缺少了学生的参与和配合，就会影响德育的效果，低效甚至无效，而低效或无效的德育具有多少社会价值可想而知。反之，当学生发展需要得到很好的满足，德育个体价值得到很好的实现，学生就会积极参与和配合德育活动，德育社会价值就有可能实现。所以，实现德育个体价值是实现德育社会价值的前提。

其次，实现德育个体价值是实现其社会价值的一种形式。社会是由千千万万的个体组成的，个体潜能的极大发挥是推动社会发展的动力，因此社会发展需要的主要内容是"个体发展"。反之，个体如果得不到发展，社会也不可能得到发展。所以，社会发展要求个体发展。德育个体价值的实现，意味着德育有效促进个体发展，同时也就满足了社会发展的需要。

显然，德育社会价值与个体价值的统一是德育实践的必然结果。

第二节 德育的历史发展

纵观德育的历史发展，在不同的历史阶段都各有所侧重。到了近现代，一些西方思想家提出了与其哲学、政治学、社会学、伦理学、心理学、教育学等紧密相连的德育思想，对后世影响很大。

一、德育历史发展的几个阶段

（一）习俗性的德育

习俗性的德育是指人类社会早期以习俗性道德为教育内容并通过习俗和生活去实施的一种道德教育形态。习俗性的德育是指在学校教育产生以前或原始社会中存在的德育形态。主要有以下特点。

（1）在原始社会，维护氏族、部落的团结或存在是整个社会的最重要任务之一，道德教育自然成为维护社会存在的重要组成部分，当时的道德教育是教育的核心内容，同时具有人人参与的全民性。

（2）由于劳动、生活、教育是一体的，因此，道德教育是在习俗中存在的，并且是以习俗的传承为主要内容的。儿童通过日常生活以及参加宗教或节庆仪式、歌舞、竞赛等形式接受德育。德育培养年轻一代对神灵与首领的虔诚、对年长的尊敬、对氏族与部落责任的理解、对原始宗教仪式或习俗的掌握以及形成其他社会习俗所鼓励的道德品质等。例如，在史诗《伊利亚特》《奥德塞》中，希腊人歌颂虔诚、孝顺、好客、勇敢、节欲、自制等品德，而其中最重要的是虔诚和孝顺。我国"六艺"中的礼、乐，有浓厚的仪式和习俗色彩。可见，原始社会的道德是与风尚、习俗、传统融为一体的。人降临于世，便结成一种关系，人要靠集群性的生活方式生活，由于这种生活，形成了彼此之间的契约关系，需要相互承诺、守信和遵守纪律，从中演绎出一系列的风俗习惯，形成了一定的社会舆论和道德规范。

（二）古代学校德育

古代学校德育主要是指奴隶社会、封建社会的学校道德教育。这一阶段的德育内容是对宗教或圣贤经典思想的解释、实践，具有等级性、神秘性、经验性的特点。由于学校德育的从教者、受教育者大都是统治阶级成员，德育的目的也是培养"治才"，所以学校德育内容中充斥着类似君君、臣臣、父父、子子等级制度及其维护这些方面的道德内容。例如，战国时期，秦国的商鞅曾经处罚过歌颂变法的百姓，原因是他们没有议论朝政的资格。斯巴达的执政者也曾经下令屠杀了两千多名用自己的勇敢拯救了国家的奴隶,理由是他们违背了奴隶不得参加保卫国家的行动、具有勇敢精神的禁令。在古代社会,道德教育从教育者、受教育者到整个教育目的、教育内容、教育过程,都受制于上流社会或统治阶级的利益需要。男人的美德在于精心管理城邦事务、帮助朋友、伤害敌人;女人的美德在于精心照料家务、甘做家庭主妇、服从丈夫。例如,我国古代所讲的"三从四德"中的"德"是指妇德(一切言论符合忠孝节义)、妇言(说话要谨慎小心)、妇容(打扮要整齐)、妇功(对公婆、丈夫要伺候周到用心)。《国礼·师氏》还记载:"三德"即至德、孝德、敏德,"三行"即孝行、友行(以尊贤良)、顺行(以事师长)。在古代中国,德性始终是学校教育的主题,极端时期还出现过"举孝廉"的例子;在古代印度,一个儿童能否被古儒接受,取决于孩子的德性——因为人们认为,只有品德优秀的人才有资格学习《吠陀经》。

(三)近代学校德育

在近代,学校成为一个与家庭和社会不同的集体生活的学习场所。德育与宗教教育分离,人们开始关注现实命运,德育开始走向民主化、科学化的道路,而心理学和实践哲学为德育科学化提供了依据。蔡元培认为国家必须大力提倡德育。"德育实为完全人格之本,若无德,则虽体魄智发达,适足助其为恶,无益也。"学校只有重视德育,个人发展才有正确的方向。

(四)现代学校德育

现代学校德育是在现代社会生活条件下以培养现代人为目的的德育,即培养人的科学和民主精神,促进人的品德自由、充分发展的活动。现代德育的特点体现在德育目标的全面性、内容的发展性、方法的有效性、对象的主体性及过程的互动性上。20世纪以来,认知科学、价值学派、社会学习、关怀理论等思想的发展,为德育提供了理论支撑,同时随着全球化时代的到来,生态环境、人口与发展、个人权利、和平共处、性道德、科技道德等问题已被提上了议事日程。这就是人们所谓的"全球伦理",它"指的是对一些有约束力的价值观、一些不可取消的标准和人格态度的一种基本共识。没有这样一种在伦理上的基本共识,社会或迟或早也会感到绝望"。

二、现当代国外德育思想的几个主要流派

"现当代国外德育思想"是一个很大的概念。这里所能实际介绍的,只能是几个重要的国外德育思想流派或者其代表人物,即作为上一问题关于德育历史发展逻辑上的一个延续。

（一）苏霍姆林斯基

苏霍姆林斯基是苏联（现属乌克兰）最伟大的教育家之一。他的教育思想、德育理论和马卡连柯一样可以看作苏联社会主义教育，尤其是社会主义德育理论和实践探索的杰出代表。他长期在帕夫雷什中学任教，完成了自己的"活教育学"，是一个从实践走向理论的教育和德育思想家，一生写下了许多著作、论文及文艺作品，他的德育思想和德育理论的主要内容与特征可以概括为下几个最主要的方面。

首先，和许多社会主义教育思想家一样，苏霍姆林斯基明确承认和主张教育的社会政治目的性，公开主张政治信仰与德育的统一。他指出："忠于崇高的理想，是个人道德发展的顶峰。""我们号召自己的学生们，要为共产主义理想而生活、学习、奋斗。""没有志向，就没有公民的觉悟。""对共产主义理想美的感受应当作为个人的执着追求；要善于珍惜祖国和共产主义社会那些神圣的东西，就像珍惜自己心上的个人爱物和神圣的东西那样。"以上论点除了社会政治环境的决定作用之外，与苏霍姆林斯基本人对共产主义的真诚信仰是分不开的。他认为所有的苏联的教育工作者都应当对共产主义抱有坚定的政治信仰，这是共产主义教育伦理的起码要求。

苏霍姆林斯基德育思想的第二个重要贡献是关于学校德育环境的营造、学校德育与社会环境关系的辩证处理。他坚决主张政治信仰的确立和德育的进行都必须着眼于学生自身的成长，实现校园与社会生活的沟通。首先，主张教育者要努力创造学生的"接受教育性"，其要点在于让学生认识精神生活的幸福与美好。其次，主张促成学生的积极的行动。"信念就其本质来说，不可能是一种不劳而获的精神财富。只有通过积极的活动，信念才会起作用，才能得以巩固，才能变得更加坚定。""共产主义的社会关系不是从书本里诞生的，而是从活生生的活动中和心灵的激奋之中产生的。"最后，他主张强化学校德育环境建设以及社会环境与学校教育的互动，认为应当运用六种教育力量进行德育活动，这六种力量是：教师、家庭、学生、集体、学生本人、书籍及街头结交。

苏霍姆林斯基虽然也十分重视显性德育，但他更重视通过环境进行渗透性质的隐性德育，或者说在他的教育艺术中显性德育更多地隐性化了。他指出："要努力使共产主义思想的鼓舞作用经常存在于每个人的心中，成为内在的和自己的道德力量，使最锋利的工具尽可能少用，只有这样，这些工具才能对青年产生影响。"在这方面，苏霍姆林斯基在他的教育实践中进行了积极的探索，在他的大量著作中，有大量有关在学校德育环境建设方面的成功范例。

苏霍姆林斯基德育思想的第三个特征就是特别强调德育活动的重要意义。苏霍姆林斯基认为对学生来说"老一辈人可以把一切都传给你们，可谁也代替不了你们去造就人。这需要劳动"。在对学生通过自身的积极活动不断成长的充分认识的基础上,苏霍姆林斯基的主要贡献在于他在教育实践中提供了许多有效的"活动"模式。这些活动模式有观察、阅读、劳动、奉献等。在这四种活动的开展方面,有两个突出的特点需要予以说明:一是四类活动都是生活化的,无论观察还是阅读、劳动、奉献,苏霍姆林斯基都十分强调从学生生活实际出发的教学艺术。观察的对象首先是父母、同学、邻居,身边需要关怀和帮助的人们,其劳动与奉献亦由此展开。生活化既有利于学生的道德与政治情感的真实体验,也避免了德育过程可能出现的"假大空"。从文献上看,这一特征曾给苏霍姆林斯基带来了丰硕的收获。二是四类活动的内部联系或一体化特征。事实上苏霍姆林斯基所探索过的学生德育活动形式也远不止上述四类。所有这些类别的活动对于苏霍姆林斯基来说,有两类联系,其一是它们都是学生整体精神生活的具体。"人要有一种精神。在这一真谛之中,我看到的整个道德教育的一条红线。"正是这条红线联结起所有的学生活动。其二是活动模式之间的外显和直接的联系。观察、劳动、奉献及与之相关的阅读等在外显的层面上也是有机地联系在一起的。有意和无意之中,活动与活动的串联带来了"1+1>2"式的不断增值的德育效应。

除了高度重视有效的德育活动的组织之外,苏霍姆林斯基在有效德育活动的探索上还有一个十分重要的特征,那就是对情感和美感及相关活动对于德育活动积极意义的认识与强调。苏霍姆林斯基强调,"培养真正的人,就是用人的精神美使人变得精神高尚"。他在实践中所做的探索有两个方面,一个是由榜样人物的形象展示人格美,从而吸引学生模仿和学习。另一个则是让学生欣赏自己的劳动成果。当学生看到自己培植的花园鲜花怒放时,学生会更富于热情地投入今后的物质与精神上的劳作。所以"我把美称为心灵的体操"。

苏霍姆林斯基是一个伟大的教育思想家和实践者。除了以上主要思想之外,他还对人的全面发展、集体教育理论等许多社会主义德育思想家关注的问题有过十分深入的思考。虽然苏联已经解体,苏联的社会主义德育思想体系也有许多局限性,但是作为20世纪人类社会与教育的最重要的探索之一,苏霍姆林斯基等社会主义德育思想家的智慧仍然具有全人类的意义。

(二) 科尔伯格

科尔伯格是著名的美国心理学家、教育学家,也是品德发展心理和道德教育领域认知主义流派的最重要的代表人物。

科尔伯格最重要的贡献主要是道德发展和道德教育的研究。

科尔伯格认为和一般认知发展一样,道德思维也具有结构的特质,是一种有组织的心理活动形式,个体道德发展处于不断的建构或结构的重建之中。同时强调道德决定是因人而异的,但我们都有一些共同的基本价值。虽然在不同的文化和亚文化中存在不同的具体的价值与信念,但是各文化也存在相同的基本道德价值和共同的道德发展阶段与顺序。道德产生于社会实践活动,产生于主体和客体之间的相互作用;基本道德价值在不同的个体身上会有不同的表现,但主要是因为个体处于不同的道德发展阶段和水平。如果我们看到有高于自己的道德发展水平的判断,将会有助于我们自身道德水平的提高。

据此,科尔伯格提出了道德教育的三个基本原则。

(1) 必须首先了解学生们道德发展的水平、阶段。

(2) 必须在儿童中引起真正的道德冲突和意见不一。这同传统的教育强调教给"对的答案"是完全不同的。

(3) 要向儿童揭示出高于他已有发展程度一个阶段的道德思维方式。低于儿童的道德发展水平或远远高于儿童的发展阶段的道德教育容易因遭到儿童的排斥而失去效果。

科尔伯格的上述建议是建立在道德发展阶段理论和相关实验的基础之上的。通过大量的实验,科尔伯格又指出:"道德讨论和道德课程只是促进道德成长的诸条件中的一部分。当我们转而分析更广泛的社会生活环境时,我们就应考虑到家庭、学校和社会中的那种道德气氛。"

虽然科尔伯格的研究后来也受到了来自不同方面的批评,但是他在道德发展和道德教育上做出的以上探索仍然是卓有成效的。这些卓有成效的研究使他在20世纪全世界的道德教育研究领域成为一颗最为耀眼的明星。

(三) 关怀理论

关怀理论是当代德育理论中的重要流派之一,代表人物是美国当代著名的教育哲学家、德育学家尼尔·诺丁斯(Nel Noddings)。诺丁斯特别强调道德情感在个体道德发展中的作用,主张以关怀(Caring)为核心来组织教育,是德育中重视情感因素的杰出代表。诺丁斯认为,每个人在人生的各个时期都需要得到人们的理解、接纳、尊重和认同,因此,关怀他人和被他人关怀都是人的基本需要。诺丁斯认为关怀不仅是一种美德,更是一种关系,它的维持和巩固既需要关怀方对关怀对象的需要做出反应,也需要关怀对象认可和接受对方的关怀行为。这样关怀双方在关怀关系中就是平等互惠的。同时,诺丁斯还认为道德原则并不足以产生道德动机,因此,主张道德教育首先应培养道德情感。

诺丁斯强调,教师应当重视学生的问题和学生平等交流。教师不能局限于自己所教的科目,关心学生才是教师的首要责任。另外,教师还可以组成团队进行合作,这样就能发挥各自的长处,互相补充。

诺丁斯还对当前的学校教育进行了强烈的批判，她认为学校对今天社会发生的各种剧烈变化应对不足。她主张人的智力是多种多样的，除了语言智能和数理智能以外，运动、人际、空间、音乐以及自我知觉等都应算作人的智能，而且每个人的天赋、需要和兴趣也是各不相同的。她认为当代学校教育往往过分强调知识的学习，特别是语言能力和数学能力的培养，忽略了学生内心的感受和需要，也忽略了学生能力的多样性和个体差异。这不但使学校的教学效果大受影响，而且使学校不能有效地对学生发挥引导作用。

在诺丁斯看来，德育具有双重含义。首先是指教育自身是道德的。她认为每个人都要对与自己有关的人负起一定的责任。一个人的道德水平部分取决于别人对待他的方式，培养道德的人首先要有道德的教育。教育只有道德地对待学生，关注学生的生活、情感和需要，才能培养出富有爱心和关怀他人的学生。教师也要为学生着想，关爱学生，学生才会愿意接受教师的影响，进而以之为榜样。教育在目的、内容和手段上都必须是道德的，整个教育都应当以建立关怀关系和培养关怀的综合能力为首要任务。因此，诺丁斯在讨论关怀理论时是从整个教育体系出发，首先建立起关怀理论的课程体系。而德育的第二层含义才是我们平时所说的专门培养学生道德品质的教育。

诺丁斯通过哲学的推理和论证建构了德育的关怀理论。她以关怀为核心，根据对自我、对他人、对动植物、对器具以及对思想等各个不同的关怀为中心组织了一整套课程体系，并提出了榜样、对话、实践和认可四种德育应当特别关注的教育要素。

此外，诺丁斯还提出了要淡化教师的职业角色，跟班教学，增加教师人数以保证关怀的质量和数量，学校、家庭、社会教育应当相互配合等教育主张。

诺丁斯在理论假设和教育实践上都贡献了许多创造性的成果。这一理论的优势和弱点都与其人本主义和自由主义的特色密切相关。

（四）价值澄清理论

价值澄清（Values Clarification）是美国20世纪六七十年代广为流行的一种德育理论，其诞生的标志是1966年拉思斯和他的学生哈明、西蒙（Louis E.Raths，Merrill Harmin，Sidney Simon）合著的《价值与教学》的出版。凯钦鲍姆（H. Kirschenbaum）于20世纪70年代出版的《超越价值澄清》(1973)、《高级价值观澄清》等著作，也对价值澄清理论做出了重要贡献。

价值澄清理论的产生与发展有其特有的历史背景和时代要求。20世纪六七十年代，由于通信、交通等手段的迅速发展导致信息的空前丰富，美国社会面临着移民社会、工业化程度迅猛加快等因素带来的价值多元化的冲击。人们尤其是儿童在众多的价值选择面前无所适从,而当时美国学校道德教育却又形同虚设,从而导致儿童在价值观方面出现混乱局面。面对这种情况,拉思斯等人从杜威的经验主义价值论、人本主义心理学尊重儿童的角度出发,提出了价值澄清理论。

价值澄清理论的最大特点是强调个人价值选择的自由,因而将价值教育的重点从价值内容转移到澄清个人已有价值的过程上去。也就是说,教师从事教育工作的任务在帮助学生澄清他们自己的价值观而不是将教师认可的价值观传授给学生。

价值澄清理论提供的澄清策略和德育方法十分丰富。但不管哪一种方法,它们都必须遵循价值澄清过程,遵循有效澄清反应的基本要求,其目的都在于帮助学生澄清自己的价值观,从而使其获得比较明晰的个人价值观,同时也教会他们掌握价值澄清的方法论。

价值澄清理论提出的价值教学策略简单实用,很容易为广大的教师所掌握并运用到价值教学实践中去,而且该理论所关注的主题都很贴近学生的现实生活,充分尊重学生的主体性选择与自由,因而受到广泛的好评。然而,该理论也存在明显的形式主义、过程主义、相对主义的局限与不足:它没有区分道德价值和非道德价值,只注重价值澄清的过程而不在乎学生到底获得什么样的价值观,很容易导致基本的道德是非标准的缺失。因此,对于价值澄清理论的理论和实践的批评几乎从这个流派产生之日开始就不绝于耳。

(五)品德教育

"品德教育"(Character Education)实际上更像是一种广泛的教育运动,而不仅仅是一个教育理论上的"流派",因为许多专家都参与了这一运动。"品德教育"运动理论上的代表人物主要有美国纽约州立大学科特兰校区的托马斯·里可纳(Thomas Lickona)、伊利诺伊大学的爱德华·怀因(Edward A Wynne)、波士顿大学的凯文·莱因(Keven Ry-an)和美国前教育部长威廉·贝内特(William J.Bennett)等人。

在20世纪六七十年代,美国大多数德育流派,尤其是价值澄清理论和认知发展理论都具有相对主义和过程主义的倾向。德育上的相对主义和过程主义给美国本来就有的极端个人主义火上浇油。大量出现的青少年问题也使得美国教育界开始重新反思并回归传统的道德教育模式。因此,从20世纪80年代开始不断有专家批评相对主义和过程主义的德育取向,呼吁加强品德教育。

进入21世纪,品德教育运动仍然保持着强劲的势头,美国重新开设品德教育课,目前已经有超过2/3的州要求学校开设品德教育课程,"品德教育行动如雨后春笋般涌现"。

理论上说，品德教育是以批判道德上的相对主义和教育上的过程主义为主要诉求的。托马斯·里克纳（Thomas Lickona）认为，即使在文明冲突价值多元的社会中，仍然存在普遍认同的价值，除非我们承认正义、诚实、文明、民主、追求真理等价值观，否则价值多元是不能成立的；民主社会尤其需要品德教育，因为公民需要承担作为民主公民的责任；没有无标准的道德教育，问题不应当是"要不要教价值观"，而应当是"教哪些价值观"和"怎样教这些价值观"；传授正确的价值观过去是、现在仍然是文明之举，在社会普遍忽视德育的情况下，学校德育尤为重要，否则对良好品德的敌视很快就会弥补道德教育的真空。他的观点基本上代表了许多品德教育领袖人物的观点。

许多专家，尤其是早期品德教育的倡导者们往往是从社会和青少年存在的问题入手谈论品德教育的。托马斯·里克纳教授呼吁加强品德教育的主要原因在于：在美国的青年人中，暴力倾向、破坏财物、不诚实、蔑视权威、校园暴力、固执己见、粗话连篇、性早熟和性混乱、自我中心、无公民义务意识、自暴自弃的行为等现象有愈演愈烈的趋势。凯文·莱因（Keven Ryan）则直接强调青少年和社会问题实际上都产生于品德塑造的缺失。因此，他们都认为，学校教育应当通过加强价值教育的方式来促进好的品德与行为。

但是对于"什么是品德教育"这样的问题，由于这一全国性的运动中参与的机构与个人太多，到目前为止可以说并没有形成一个完全统一的意见。

品德教育专家、密苏里大学（圣路伊斯校区）教育学院的马文·博克维兹教授等人（Marvin W.Berkowitz, Esther F.Schaeffer and Mehn-da C.Bier.）也在他们最近的研究中，在对品德教育大量文献分析的基础上归纳出了有效的品德教育的八大要素。这八大要素是："学生得到了尊重和关怀的对待""学校存在积极的角色榜样""有自律与发挥影响力的机会""提供反思、争论和合作的机会""学校有明确的品德教育的目标与标准""提供社会技巧的训练""提供实施道德行动的机会""家长和社区的积极参与""有一个支持达到品德教育标准的（社会）大环境"。

上述标准的提出当然是品德教育的倡导者们希望解决问题的努力之一。但是从这些标准的具体内容又不难看出，品德教育的倡导者们与其说是试图解决问题，不如说是希望尽量在某些方面使一些问题得以改进。但是，公平地说，品德教育面临的许多问题实际上是世界各国学校德育理论和实践的历史上一直面临而且难以彻底解决的问题。目前品德教育运动及其思想仍然处在发展之中，尽管遇到了理论和实践上的一些挑战，但它仍然是目前美国道德教育的主流。

第三节 德育学科的发展

任何一门学科的形成和发展都有其自身的历史过程，德育学科在其历史发展的过程中，在其形式多样，丰富生动的具体实施中，经过不断的调整和完善，形成了自身的特色。

一、德育学科的形成与发展阶段

（一）德育学是基于哲学的第二次飞跃

起先，局限于社会发展的程度，几乎所有学科都包含于哲学之中。哲学家们的追问包含了自然界和人类自身的所有问题。当夸美纽斯的《大教学论》尝试从经验层次来论述教育问题的时候，教育学开始获得独立的可能性。用自然现象来类比解释人的教育问题，夸美纽斯并没有为教育学找到扎实的根基。在这一点上，赫尔巴特做了最有意义的论述，把教育学构筑在心理学和哲学的基础之上，在理论和实践层面上，为教育学争得了独立的资格。这是教育学基于哲学的第一次脱胎。教育学独立后，加快了教育学研究对象的分化，教学论、德育论等内容也有了自己的独立空间。直到科尔伯格坚定地认为，"道德哲学和道德心理学是探索道德教育的两个基本领域。道德心理学研究道德发展是什么的问题，道德哲学则考虑道德发展应该是什么的问题。要为道德教育提供一个合理的基础，就必须把心理学上的'是'和哲学上的'应该'这两种探讨结合起来"。这一大胆的论述促成了教育学问题（德育）从哲学的第二次脱胎。由此，德育问题的思考被赋予了新的空间。

德育学以个体的品德养成为核心，构筑了自己的学科内涵。作为教育学分化的结果，德育学在学科基础上具有教育学的一般性，其学科基础最直接的是哲学、伦理学、心理学等。

（二）德育学是一门新兴的科学

德育是一个教育过程，是一种教育实践活动。而研究德育的学说便是一种教育理论。近年来，人们常说"德育是一门科学"，对此当然不应理解为德育实践活动本身自然而然就能实现科学化、成为一门科学，而应理解为德育学是一门科学，即研究德育的有关理论知识形成的体系，才是一门科学。运用德育学的理论去指导德育工作实践，才能实现德育科学化。在探讨德育工作科学化的途径，加强、改善德育工作的实践中，德育学——一门新兴的科学，正在逐步形成一个知识体系。

德育学之所以是一门科学，关键的一条是因为它和其他社会科学、自然科学一样，有自己特殊的研究领域和研究对象，有自身固有的客观规律。

科学研究的区分，就是根据科学对象所具有的特殊的矛盾性。因此，对于某一现象的领域所特有的某一种矛盾的研究，就构成某一门科学的对象。德育科学把人作为研究对象，但它并不是研究人的一切方面的现象，也不是研究人的自然属性方面的现象，而是研究人的社会属性方面的特殊现象的领域，即研究学生的思想品德形成、发展及变化的规律和实施德育的规律。大学德育学就是要研究大学生的思想品德形成、发展和变化的规律，研究对大学生进行德育的规律。因为人们的行为是受其思想支配的，而人的思想不是生来固有的，也不是凭空产生和变化的，它是在外界社会条件影响下形成和变化的，是对外界社会条件影响的反映。而外界社会条件的发展变化是有规律的，人们对客观事物的认识及其发展变化同样也有规律性。但是，这只是问题的一方面，另一方面还应看到，人们的思想不是对客观外界的消极被动的反映，而是有着巨大的能动性，即主观对客观影响有着巨大的调节、选择和控制的作用。外因是变化的条件，内因是变化的根据，外因是通过内因而起作用的。比如，一个人树立了正确的人生观，就能够自觉抵制外界错误思想和不良风气的影响。可见，人们的思想就是在客观外界条件的影响与主观内部的调节相互作用的过程中产生、发展和变化的。这就是人们思想活动的基本规律。这个规律决定着整个德育的规律。德育科学不仅要研究客观条件如何影响人们思想的形成，而且还要研究人们的思想如何转化为行为、习惯的，即"知"是如何转化为"行"的，更要研究如何运用这种规律性的认识去指导实践，创设教育环境，做好人们思想的教育转化工作。德育作为一种特殊的社会实践活动形态，当然具有和其他社会实践活动形态不同的过程、方法和组织形式，有其特殊的规律，因此，对这一领域特殊规律的研究，就构成了德育科学的对象。

德育学之所以能够成为一门科学，最根本的一条是它有马克思主义作为它坚实的理论基础。

马克思主义的诞生，引起了社会科学的划时代的革命，加速了社会历史的进程。马克思主义基本原理与中国革命实践相结合的历史，就是马克思主义在中国传播、普及和发展的历史，也是中国革命和建设胜利前进的历史，在新的历史时期，我们仍然必须坚持马列主义、毛泽东思想，以此作为我们的指导思想和理论基础，并在社会主义现代化建设的实践中创造性地运用和发展它。马克思主义的辩证唯物主义和历史唯物主义，首先是关于物质与精神、社会存在与社会意识的辩证关系的原理，是我们确定德育的重要地位和作用的直接理论依据，关于人的本质的理论，关于人、环境和教育三者辩证关系的理论，关于人的全面发展的理论，关于在改造客观世界的过程中改造主观世界的理论，关于正确区分和处理两类不同性质的矛盾的理论等,也为我们指明了方向,都是我们研究德育科学的根本指导原则。

(三) 德育学科的发展阶段

从德育科学体系的发展来看,它大致经历了以下几个阶段。

(1) 思想萌芽阶段。我国孔孟庄荀、儒墨道法等诸子百家的著作和实践中包含了大量古朴的融合的德育思想,如《论语》中"格物、致知、诚意、正心、修身、齐家、治国、平天下"。格物、致知、诚意、正心、修身为修己,齐家、治国、平天下为治人。西方的苏格拉底、柏拉图、亚里士多德、昆体良等思想家都为人类贡献了十分宝贵的德育思想。这个阶段德育思想形态的特点是应然的、未分化的、非体系的,散见在一些教育著作或言论中。

(2) 独立学科阶段。德育论是在教育学产生之后,作为与教学论、课程论等并列的德育思想的理论化形态。18世纪七八十年代,德国哲学家康德把遵从道德法则、培养自由人的教育称为德育或实践教育。与康德同时代的裴斯泰洛齐似乎也使用过"德育"一词。这表明西方于18世纪后半叶已经形成"德育"这一概念。斯宾塞在《教育论》中,把教育明确划分为"智育""德育""体育"三个部分。从此以后,"德育"逐渐成为教育世界中一个基本概念和常用术语。该词于20世纪初传入我国。1904年,王国维以"德育""知育"与"美育"三词,向国人介绍叔本华的教育思想;1906年又将"德育""智育(知育)""美育"合称为"心育",并与"体育"相提并论,论述教育的宗旨。1912年,蔡元培撰文阐述新的教育思想,主张"军国民教育、实利教育、公民道德教育、世界观教育、美感教育"并举,在其影响下,当年国民政府颁布了"注重道德教育,以实利主义、军国民教育辅之,更以美感教育完成其道德"的教育宗旨,标志着"德育"一词已成为我国教育界通用的术语。19世纪末至20世纪初,凯兴斯泰纳的《品格概念与品德教育》、涂尔干的《道德教育论》、杜威的《道德上的教育原理》以及马卡连柯的《论共产主义教育》等都是德育学科的代表。其中,涂尔干的《道德教育论》的问世被视为德育作为一门独立学科产生的标志。

(3) 马克思主义德育原理诞生阶段。社会主义制度和德育实践为德育原理提供现实基础,苏联有苏霍姆林斯基、加里宁的德育思想;我国则有一批德育学著作,新中国成立前,如梁启超的《德育鉴》、管拙诚的《道德教育论》、余家菊的《训育论》、李相勋的《训育论》、姜琦的《德育原理》、汪少伦的《训育原理与实施》、吴俊升的《德育原理》等。新中国成立以后,特别是20世纪80年代以来,我国出现有较大影响的德育著作,如胡守棻主编的《德育原理》,华中师范大学等六所院校编写的《德育学》,鲁洁、王逢贤主编的《德育新论》,班华主编的《现代德育论》等。近年来，又有一些新的德育著作问世。这对马克思主义德育原理中国化作出了极大的丰富和发展。

（4）德育学科群阶段。由于对学校德育日益专门化、分门化的研究以及交叉学科研究的发展，德育学和教育学一样很快成为众多学科群，即德育学已经演变成一种"复数"形式和广义性质的"德育科学"。"德育科学"至少包括：第一，作为分层次与分支学科的研究，德育科学有德育哲学、德育课程理论、德育方法理论、德育工艺学等；第二，作为交叉学科的研究，德育科学有德育社会学、德育心理学、德育人类学、德育文化学、德育生态学、德育技术学、德育美学等。在众多的德育学科研究的基础上需要一种整合各方面研究成果的一般理论形态；同时，在教育学专业的教学中也需要一门综合性的德育原理的课程存在。这就是教育学常常着力关注的德育原理领域——它的重点在于说明德育的一般"规律"，回答德育面临的最基本的问题，以作为对其分支学科和交叉学科研究的基础。德育学的元理论，是检验德育活动本身的目的、性质、价值、知识结构的理论。总之，德育原理是作为整合诸多德育科学研究的一般理论形态而存在的。作为"原"德育之"理"的一个领域，它担负着研究学校德育领域一般理论问题的使命。德育原理又是教育专业的一门基础课程，因此它又负有引领教育专业的学生全面了解品德教育理论的任务。从这两点出发，德育原理的特征主要包括理论性、基础性和综合性三方面。学习德育原理应当着重把握以上几个方面特征。

二、改革开放后学校德育学科的构建

（一）改革开放前的学校德育

从1949年新中国成立到1978年改革开放前期的近30年中，我国学校德育的发展历程受制于特定时期国际、国内政治形势的需要，表现出强烈的政治倾向，为无产阶级政治服务成为学校德育的重要目标，是学校德育的主要价值取向，突出政治成为绝大多数师生的信条，并以此作为评价个人行为的重要标准。只突出德育的政治功能，忽视德育的经济功能、文化功能、个性发展功能，政治不仅决定了学校德育的内容、方法和途径，而且决定了学校德育的理论建构。这就是新中国学校德育特殊的突出政治时期。

（二）改革开放后的学校德育

十一届三中全会的召开，标志着所有事物的发展迎来新的机遇。德育学科的发展以自身的实践性，不断拓展现代德育的未知领域，在学科建构问题上表现出强烈的社会需求和自我需求。

（1）培养现代公民的需要。20世纪80年代开始的改革开放事业创造了中国与世界交流对话的平台，中国各项事业的发展被纳入了具有现代意识与世界发展眼光的发展框架中。经济体制的转型，拓展了社会公共空间，孕育了民主、平等、法治、权利、契约等新观念的成长，为现代公民人格的生成拓开了空间。"以人为本"的时期，社会主义政治文明建设以及构建社会主义和谐社会的宏观目标为现代公民教育提出了新的时代要求。十一六届四中全会概括了社会主义和谐社会的建设目标为"民主法治、公平正义、诚信友爱、充满活力、安定有序、人与自然和谐相处"，为我国公民教育提出了明确要求。

现代公民教育的发展给学校德育提出了崭新的要求，学校德育有了新定位。首先，要强调公民对国家和社会的认同意识的培养。由于社会主义市场经济所推动的社会发展进程，公民的社会意识逐步增强。这就要求学校德育在培养个体的国家意识的同时，须注重个体的社会认同意识的养成。其次，要注重平衡公民的权利和义务的关系。历史发展证明，我国的公民教育观呈现从传统的义务本位转向现代公民权利与义务并重的走向。学校德育积极适应社会发展需要，培养权利与义务并重的现代主体。最后，重视通过体验与践行进行德育，努力培养学生勇于实践公民德行的意识和意志。

培养现代社会的公民是当前学校德育的重要任务。为此，学校德育需要在价值定位、内容选择、方法取用等方面努力进行自我更新，更重要的是，学校德育需要大力进行理论建构，当从社会学、哲学、心理学等学科汲取为培养现代公民缺少的理论营养。进一步来说，学校德育丰富自身的理论基础是培养现代公民必不可少的一环。

（2）建设"和谐社会"的需要。构建社会主义和谐社会，是我们党从开创中国特色社会主义事业新局面的全局出发提出的一项重大任务。这表明，随着我国经济社会的不断发展，中国特色社会主义事业的总体布局，更加明确地由社会主义经济建设、政治建设、文化建设三位一体发展为社会主义经济建设、政治建设、文化建设、社会建设四位一体。构建社会主义和谐社会，关系到最广大人民的根本利益，关系到巩固党执政的社会基础、实现党执政的历史任务，关系到全面建设小康社会的全局，关系到党的事业兴旺发达和国家的长治久安。这一战略举措，具有重大的现实意义和深远的历史意义。

党中央提出建设和谐社会就是正视当前社会发展中的矛盾和冲突，决心建设"民主法治、公平正义、团结合作、安定有序、人与自然界协调发展的社会"。其重要途径就是努力形成一种新型的社会伦理秩序，来调节社会发展过程中的各种冲突和矛盾。具体来说，就是处理和调节人与人、人与社会、人与自然等各种利益关系，"和谐社会理论"对学校德育提出了新要求。调节人与人、人与社会、人与自然的关系是学校德育关心的核心主题。

第一,发挥德育的个体性功能,塑造人与人之间的和谐关系。构建和谐社会要解决人与人之间的和谐。追求并实现人与人之间的和谐,是德育在个人关系的领域所具有的特殊价值和特殊功能,它既体现于自我与他人和谐关系的建立,又体现于独立自我本身达到某种内在平衡。学校德育对个人的关照就是要造就和谐的个体人,要使个人有健全的人格,有正确的世界观和人生观,能够自主、自尊、自律、自反、自强、仁爱、完善,融入集体,融入社会。学校德育同样关心良好人际关系的形成,自我与他人之间以公平、正直、诚实作为交往的规则,形成和谐社会的基础。

第二,发挥德育的社会性功能,构建人与社会的和谐关系。人是一种社会性的存在,德育具有促进个人道德社会化的作用。但个体道德品质的培养、改善和提升并不是为了道德而道德,而是为了维护社会秩序与社会团结,使以规则为中心的道德逐渐发展为美德,形成人的社会德性,从而构建起人与社会之间的和谐关系。从社会发展的角度来看,政治意识形态、经济物质形态和文化精神形态的综合是人的社会性的全部体现。学校德育应当努力引导个人对国家、民族的自觉认同意识,展现自我的民族意识。

第三,发挥德育的生态性功能,重建人与自然的和谐关系。人总是生活在一定的生态环境中,需要不断地同自然界进行各种物质、能量和信息的交流,并通过改造自然和利用自然来满足自己的需要。所以,正确处理人与自然的关系,保持人与自然和谐相处,是构建社会主义和谐社会的必然要求。具体来说,要求人类形成尊重自然、善待自然的观念;坚持用善恶标准来衡量并规范人与自然的关系,树立生态伦理的观念。

显然,构建和谐社会需要学校德育贡献自己的力量。其中,提高德育对人学理论、社会学理论等众多学科的关注,加快自身的理论创新显得尤为紧迫。德育培养的个体是基于社会发展环境中的具有丰富内涵的实体。每一个实体本身都具有各种特征,是某种生理的、心理的、情感的特征的独特组合。个人的发展也是社会发展的结果,是政治的、经济的、文化的、伦理的等各种因素共同作用的积累。基于此,德育需要借鉴来自心理学、社会学、伦理学等各学科的理论营养,构筑丰富性的德育内涵。只有如此,德育才会以更加有效的途径参与到构筑和谐社会的历史进程中。

第五章 高校德育的基本理论

第一节 高校德育目标及其功能

一、德育目标

"所谓目标,就是行为者期望自己的行为能够达到的境地或结果。"而"德育目标是德育系统中教育者与受教育者共同的精神追求,是德育活动的内在动因,是直接制约德育内容、课程、方法形式以致整个德育的首要因素"。"德育目标是德育活动的出发点和归宿。"德育目标,顾名思义,就是指教育主体期望自己的德育活动在教育客体的思想政治品德、法律素养、心理素质、行为人格等方面所能达到的境界,即一定时期、一定阶段所实施的德育所要达到的预期结果。通俗地说,德育目标是指把学生培养成什么样的人。那么,确立正确的德育目标的依据何在?

(一) 确定德育目标的依据

德育目标,表面看来,应当属于德育工作者主观范畴的东西,因为它是教育主体的主观"规划"或"预期"。但是,凡属正确的德育目标,则必须建立在客观依据的基础之上,反映社会历史的客观规律,反映受教育者的客观需要。因此,以马克思辩证唯物主义和历史唯物主义作为主要理论基础的德育学认为,正确的德育目标,绝不是由教育者、理论家或任何领袖人物随意制定的,而是由社会物质生活条件、社会发展的客观规律所决定的;正确制定的德育目标,其形式虽是主观的,而其内容却是客观的。因此,适应和满足社会发展和教育对象个体的双重的客观需要,是确立德育目标的客观依据。笔者认为,至少满足了下面几个条件的德育目标才是合适的,否则会有可能遭到来自社会改革的压力和学生的消极抵抗等。

1.德育目标要适应社会发展需要

德育社会价值是德育的主导价值,所以德育目标首先要适应社会发展需要。适应社会发展需要至少有两个比较具体的标准。

(1)德育要培养符合社会要求的人。因为"道德是人们的物质生产和交换关系的产物",社会需要的就是掌握符合社会要求的思想道德、能调节这些关系的人。一旦个体之间无法调节这种关系,社会必然会产生混乱,阻碍社会发展。

我国改革开放初期,不断地强调共产主义理想和共产主义道德。德育过程中,教育者把所有的行为都无限"升华"到共产主义思想道德的高度,努力"培养共产主义事业接班人"。但是,我国社会仅处于社会主义初级阶段,根据社会历史条件和要求,德育目标同时应该注重培养"社会主义初级阶段建设者"。英国教育家怀特认为:"教育目的的中心内容应该是使学生成为一个具有道德自主性的人,这个目的的实现依赖于各种必要条件。首要的和最明显的是,学生必须具备某种能力、理解力和气质。但也必须有其他素质。只有在一个生活水平高于温饱层次的,具有丰富的物质产品、充分的卫生和教育设施、良好的工作条件和所有人都能享受闲暇的社会中,这一点才是可能实现的。"所以,只一味地强调长远目标而忽视社会客观现实的做法,就容易使大学生在离开学校之后,直面现实的"物质生产和交换关系"的时候束手无策,有的大学生还因此对社会主义产生怀疑,社会为此曾付出了代价。

(2)德育要培养促进社会发展的人。全面建设小康社会的目标,是中国特色社会主义经济、政治、文化全面发展的目标,是与加快推进现代化相统一的目标,符合我国国情和现代化建设的实际,符合人民的愿望。在当前和今后的一个历史时期内,全面建设小康社会,是当代中国社会发展与进步的必然要求,是中国先进生产力和先进文化发展的必然要求,是现阶段全党全国人民的奋斗目标。正因如此,我们的一切工作,包括现阶段的德育工作,则必须服从、服务于"全面小康"这个社会大目标。而要实现"全面小康"这个社会大目标,社会必须发展,其发展的直接动力来自人的发展。所以,高校德育作为高校教育的重要组成部分,要根据社会发展的需要来培养和发展人,使大学生具备促进社会发展的品质,从而有效推动社会发展。也就是说,任何德育目标,都必须培养促进社会发展的人。相反,如果个体不具备促进社会发展的品质,那么社会的发展就无从谈起,"全面建设小康社会"的奋斗目标就无法实现。同时,也会产生社会不认可、不接受"受过教育的人"的情况。

2.德育目标要适应个体发展需要

德育个体价值是社会价值的前提和形式。德育目标能适应个体发展需要，就意味着德育能得到个体的接受。教育作为个体发展的主导力量，其作用才能真正发挥出来，有效促进个体发展。相反，如果不能满足个体发展需要，甚至阻碍个体发展，德育就得不到个体的完全认同，甚至遭受个体的消极抵抗。教育的主导作用就会削弱，甚至变成阻碍个体发展的力量。所以适应个体发展需要也是衡量德育目标是否合适的一个重要标准。德育目标需考虑不同阶段教育对象个体共同与特殊的发展规律。其主要表现在两个方面：一个是个体身上反映出来的、类属性发展的需要，也就是社会性发展的需要；另一个是个体身上反映出来的个性发展需要。

（1）适应社会性发展的需要。个体社会性发展的需要可以分为两个方面，即帮助个体适应社会，塑造个体健康人格。

1）个体适应社会是个体发展的前提和手段。"教育的目的，不在造就一种超社会的、自然发展的人"。因为人是社会的动物，个体社会性的发展是其生命表现的最重要的内容。同时，社会性的发展也必须通过社会来完成。因为个体适应社会还可以进一步获得社会为个体发展提供的各种机会和资源。"只有在共同体中，个人才能获得全面发展其才能的手段，也就是说，只有在共同体中才可能有个人自由。"相反，个体如果无法适应社会，那么其归属和爱的需要就得不到满足，个体的焦虑、不安全感、无方向感等心理疾病就会出现。心理疾病又有可能反过来阻碍个体适应社会，这样就形成了一个恶性循环。

2）健康人格的标准是由社会决定的。具有健康人格的个体才会受到社会的高度认同和接受。由于个体发展需要具有强烈的主观色彩，而个体的个性、天性或多或少都存在一些偏差，导致有些需要可能是比较极端、不健康的甚至不为他人所接受的。这些个体需要可能会导致个体人格偏离常态的发展，这必然会影响个体进一步的发展。教育应该"把那些必然会使人过于失望的需要剔除掉。"所以，学校德育必须承担引导个体个性健康发展，塑造个体健康人格的任务。不能实现承担这个任务的德育目标不是合适的德育目标。

（2）适应个性发展需要。个体个性发展需要具有情境性。不同个体的生存环境和生活情景，孕育出不同的个性发展需要。所以，个性发展需要相对难以把握。但是，个性发展需要也是个体健康成长的基本需要，是个体独特性的根源。没有个性发展需要的个体是不可想象的。这要求德育目标要对个性发展需要有基本的尊重、照顾和满足。完全不考虑受教育者个体的身心实际的德育目标不仅是错误的，而且注定也是很难见效的。

（二）德育的主要目标

当代中国的大学生德育，指的是在当代中国的社会主义初级阶段对大学生所进行的思想政治、品德、纪律、法制和心理等的教育，其主旨是服务于现代化建设，服务于把我国建成富强、民主、文明的社会主义国家这一总目标；在当前的历史阶段内，指的是服务于全面建设小康社会这一总目标的德育。如前所述，当代中国的大学生德育目标的制定，只有以适应社会发展需要、适应个体发展需要为依据，才能确保其科学性和正确性。

概括地说，因空间的不同，德育目标有总体目标和具体目标之分；因时间的不同，德育目标又有长期目标、中期目标和近期目标之分；因教育对象的不同，则有社会目标、群体目标和个体目标之分；因问题性质的不同，则有人格塑造目标和解决实际问题的即时目标之分，如此等等。然而，无论何种类型的目标，尽管其最后依据相同，但在具体操作中，由于德育的主体、客体、事体、环境等因素的千差万别，它们必然会显得花样繁多、千姿百态。在千姿百态的目标类型中，比较具有根本性、稳定性、全局性和导向性的总的指向是把学生培养成什么样的人的问题。我国高等学校的德育，就是用人类历史上最先进、最科学的世界观、方法论教育和启发青年学生，用马克思列宁主义、毛泽东思想去武装青年学生，不断激发他们为全面建设小康社会而奋发学习，沿着德、智、体全面发展的方向前进，帮助青年学生树立正确的政治观、人生观、道德观和现代观点。有鉴于此，本节着重强调以下几个方面。

第一，帮助青年学生树立正确的政治观点。现阶段的政治观点：一是坚持四项基本原则——坚持社会主义道路，坚持人民民主专政，坚持共产党领导，坚持马克思列宁主义、毛泽东思想；二是坚持改革开放，包括拥护、投身到改革开放中去。党的十三大报告提出："我们为什么要坚持四项基本原则？就是因为在当代中国，只有这样做，才能从根本上保证生产力的发展。为什么要坚持改革、开放？就是因为只有这样做，才能进一步解放仍然受到束缚的生产力，促进生产力迅速发展。"

第二，帮助青年学生树立正确的人生观。就是教育学生明确人生的目的、意义，在于对社会、对人类作出贡献，在于把自己的才智充分发挥出来；教育学生正确认识"自我价值"，即要认识到"自我价值"与"社会价值"是辩证的统一，任何一个人如果脱离社会、脱离人民，不可能实现个人价值，只有把个人价值与社会的需要、人民的需要结合起来，才能充分实现自我价值。教育学生树立群众观点和集体观点，把国家、集体、人民的利益放在第一位，把自己置身于群众和集体之中。教育学生树立正确的理想，包括社会政治理想，成才就业理想，道德理想和生活理想。社会政治理想，就是指树立振兴中华，实现富强民主文明的社会主义国家的理想，少数先进学生树立共产主义的理想；成才就业理想，就是立志在本学科、本专业范围内，有所建树；道德理想，就是指对具有什么样的道德品质的追求；生活理想就是指对未来生活方式，生活水平的追求。

第三，帮助青年学生树立正确的道德观。道德观是指人们对道德认识、道德情感、道德行为总的看法，是决定一个人的道德品质的思想基础。对大学生的道德观，可以分层次提出不同的要求。第一层次：是在公共生活中的社会主义人道主义，包括敬老爱幼、遵纪守法等，这是对每个公民最起码的要求；第二层次：是社会主义公德，即宪法规定的爱祖国、爱人民、爱劳动、爱科学、爱社会主义，这是对每个大学生最起码的要求；第三层次：是共产主义道德，即具备先人后己、先公后私、全心全意为人民服务精神，这是对大学生中的共产党员和一切先进分子的要求。

第四，培养学生树立正确的现代观点。进行社会主义现代化建设，必须树立与之相适应的现代化观念，因此，应教育和培养学生具备科学发展观、正确的效益观、竞争观、创新观、自然观（环保意识）等。

二、德育功能

德育的功能，实际上是德育的本质及其能动性的重要表现。弄清德育的功能，既能加深对德育本质的把握，又能进一步发挥德育的社会作用，实现德育的战略地位。

（一）德育功能概念及其认识

对德育功能的理解影响到对德育存在的价值和意义的认识。正确地理解德育功能有助于理解德育的重要性，也有助于理解德育概念本身。

功能一词来自拉丁语 functio，有实现、完成之意。根据我国的习惯，可以译为"功能"或"作用"。在汉语中，功能是指机能或效能的意思，指事物所发挥的有利的作用。功能也是指一个客体所固有的活动方式，它能促使这个客体及其要素进入那个存在的系统。德育的功能是指德育所发挥的效能和它具有极其重要的社会作用。

有人认为德育功能即德育所要完成的目标，也有人将德育功能与德育的客观效果或发挥出来的能量等相混同，这都是不确切的。德育的目标只是人们对德育活动的一种主观期待和设定，属于"想要德育干什么？"的问题，与德育本来的功能属两个范畴。德育的客观效果与能量虽然揭示了功能的"客观"性而具有一定的合理性，但是已然的效果和能力往往也并不等于事物本身所具有的全部能量。德育的效果有高有低，因具体的德育实践而定，但德育功能却有一定的稳定性的规定。客观效果和能量只是反映了"德育实际上干了什么?"的问题,而德育功能则须反映这样一个问题——"德育(本来)能够干些什么?"

将德育功能与德育目标以及德育的实效区别开来并不是一个纯粹的理论问题。德育功能与德育目标以及德育的实效既有区别又有联系。这种相关性决定了对于德育功能的认识也即确立正确的德育功能观不能不具有重要的实践意义。

第一,正确的德育功能观有助于德育目标的确定。教育主管部门及学校德育系统都会在宏观和微观上设定德育工作的目标、任务等。离开了对于德育功能的正确认识会对这一设定产生十分明显的副作用:设定的目标或任务大大高于或低于德育功能所能允许的阈限。前者的结局是德育的"力不从心",德育目标是虚妄的,实践当然会落空;后者则是对德育功能的潜力认识与发掘不够,德育的形象受损,德育实践亦将流于琐碎。故正确的德育功能观的实践意义之一就在于它有助于我们合理地确定具体德育实践的目标体系。

第二,正确的德育功能观有助于适度、适当的德育评价的形成。"想要德育干什么"与"德育能够干什么"总是有差距的。在中国,人们普遍抱有一种对于学校德育系统的高期望,人们总是用"应是"的眼光去看德育,有时甚至人为制造"德育神话"。因此,德育的健康发展需要社会和教育系统本身用"实是"的眼光来看德育。因为只有正确的评价,才谈得上正确的理解和支持!

第三,正确的德育功能观有助于适当适度的德育实践。德育期望和评价问题不仅发生在德育系统外部,而且发生在每一个德育实际工作者身上。只有正确的功能观才能使德育工作者做他该做且能做的事情,既不盲目僭越,也不妄自菲薄。一些纯粹属于政府职能、社会行为、私生活范围的事应该让政府、社会和个人去完成,学校德育只能在其本来能够有所作为的领域恪尽职守。

(二) 德育的主要功能

德育的功能是多方面的,依据以上认识,我们认为可以将德育功能理解为以下四个主要方面。

第一,政治导向功能。政治导向功能,指德育运用启发、动员、教育、监督、批评等方式,把大学生的思想和行为引导到、固定到社会主义的正确方向上来。因为政治是经济的集中表现,所以,较之经济工作和其他一切工作,思想政治工作即德育工作起"生命线"的作用。

现代化是当今世界各国面临的一个共同的主题,但现代化面临一个方向、目标、道路的问题。20世纪80年代末以来,东欧剧变、苏联解体,西方敌对势力加紧以各种手段和方式对我国实施"西化""分化"的政治战略,企图颠覆中国共产党的领导和中国的社会主义制度。江泽民指出:"在我们进行改革的过程中,人们思路活跃，各种观念大量涌现，正确的思想与错误的思想相互交织，进步的观念与落后的观念相互影响，这是难以避免的。党的思想政治工作的一个重要任务，就是要引导干部和群众分清主流与支流、分清正确与谬误。"只有社会主义才能救中国，只有社会主义才能发展中国，这是鸦片战争以来中国革命、建设、改革所反复证明了的真理。社会主义意味着消灭人剥削人的制度。邓小平指出：社会主义的本质，是解放生产力，发展生产力，消灭剥削，消除两极分化，最终达到共同富裕。德育的社会主义政治导向功能表现在指导思想、理想信念和奋斗目标三个方面。

指导思想导向。马克思主义是牢固树立中国特色社会主义共同理想、坚定共产主义远大理想的理论前提。大学生只有确立马克思主义的坚定信念，才能深刻认识人类社会的发展规律，深刻认识中国走社会主义道路的历史必然性，把个人理想与社会理想统一起来，为国家和社会的发展作出更大的贡献。

理想信念导向。理想信念导向就是通过德育帮助大学生形成社会主义的共同理想，并通过社会主义的共同理想激发动力，指导行为。它意味着大学生要确立在中国共产党领导下走中国特色社会主义道路，把我国建设成为富强、民主、文明的社会主义现代化国家，为实现中华民族伟大复兴而奋斗的共同理想和坚定信念。

奋斗目标导向。坚信马克思主义关于人类社会必然走向共产主义这一基本原理。共产主义社会，是物质财富极大丰富、人民精神极大提高、每个人自由而全面发展的社会。它要求大学生坚定信念，以高尚的思想道德要求和鞭策自己。

第二，思想铸塑功能。思想铸塑功能也叫灵魂铸塑功能，指德育用什么样的思想，是用先进的、落后的还是腐朽的思想作为大学生世界观、人生观、价值观理论基础的问题。大学生的成长既是追求智力素质的进步以获得立足社会的自然能力的过程，也是追求思想素质的进步以获得精神动力和智力支持的过程。其实任何德育都有思想和灵魂铸塑功能，都要对人的思想和灵魂进行某种铸塑。思想有自觉与不自觉、正确与错误、科学与非科学、进步与退步之分，是自觉地有意识地用一种正确的、科学的思想铸塑，还是与此相反，关系到能否使人们确立科学的世界观、人生观和价值观，关系到我们事业的性质和成败得失。在"多极一超"的世界格局下，国际敌对势力与我们争夺下一代的斗争更加尖锐复杂，美国借口"把自由扩散到全世界各个角落"，在全球范围内推广自己的"民主观""价值观"。大学生面临着大量西方文化思潮和价值观念的冲击。影响大学生成长和进步的，有健康的、积极的思想，也有落后的、腐朽的思想；有整个社会思想的主流的、以马克思主义为指导的正确的、进步的思想观念，也有整个社会思想的支流的、违反马克思主义的错误的、落后的思想观念。

第三，心理调适功能。大学生处于身心发展的关键时期，独立性强，情感丰富，追求新事物等。为了更好地实现德育的培养目标，使大学生具有良好的心理素质，应注重从培养大学生的自我意识、情感、语言暗示、理智、注意转移、交往心理等方面发挥德育的心理调节功能，并在培养过程中根据大学生的个性特点和环境变化，从不同侧面有针对性地进行培养，只有提高自我意识的支配能力，才能保证较高的自我意识水平，从而发挥正常的自我意识的功能；只有学会情感调节，才能使学习生活过程中的不良情感得到转化，即将不良情绪带来的能量引向比较符合社会规范的方向，转化为具有社会价值的积极行动；也只有学会语言暗示、理智、注意转移、人际交往等才能使他们保持健康的心理和健全的人格。德育中的心理调适功能有以下两方面的作用。

一方面，保持主观与客观、生理与心理的协调。大学生在生理发育与心理发育之间出现矛盾时，如果在外界良好的社会影响和教育下能得到正确的解决，他们就会健康地向成年过渡。反之，如果在不良因素的影响下，有的矛盾就有可能使他们向错误方向发展，因而对其进行有针对性的素质教育是非常必要的。而德育是根据社会所要达到的思想道德目标的要求，采用素质教育的理念所进行的思想道德教育，通过教育者采取有效的教育方式，使受教育者掌握一定的思想道德知识和要求，培养其思想道德品质，陶冶其高尚情操，提高其辨别是非善恶的能力，增强思想道德责任感和自觉履行思想道德义务；通过提高受教育者的整体思想素质、政治素质、道德素质和心理素质，帮助他们树立正确的世界观、人生观、价值观，使他们保持主观与客观、生理与心理的协调。

另一方面，缓解心理压力、冲突，避免心理失衡与障碍。由于生理和心理的特殊性以及所面临的学习、情感、人际关系、就业等问题，大学生时刻都有可能出现心理失衡与障碍。而德育是根据学生的生理、心理特点，采用素质教育的理念进行的思想道德教育，时刻注重采用科学的教育方法对学生的心理素质进行培养，引导大学生正确认识自我和外部事物，增强自我的心理防御能力和自我心理的成熟程度，强化理想教育、价值教育、创造教育和创新教育，这样可以很好地缓解大学生在学习和生活过程中出现的心理压力、冲突，避免出现心理失衡与心理障碍。

第四，行为规范功能。行为规范功能，就是按照道德、法纪的准则、要求对大学生的日常行为进行规范。这种规范在两个层面上进行：一是道德规范，通过道德原则、道德规范的教育、道德习惯的养成，以社会舆论、自教自律的方式对大学生的日常行为进行约束，是一种经常性、广泛性的约束；二是法纪规范，通过法律制度，具体法规、章程、条例的教育和执行，以监督检查、强化管理的方式进行规范。这种规范，重在培养大学生的法制意识，增强依法治国、依法办事的自觉性，预防、抑制违法乱纪行为，保证大学生的行为与社会行为的一致性。

（三）德育功能的发展与发挥

当前，德育功能的发展与发挥，从空间上看，它回答的是在中国的国度里如何发挥德育的功能问题；从时间上看，它回答的是在中国建设、改革、开放的特殊时期如何发挥德育的功能问题。

建设、改革和开放的中国正处于从传统向现代、从自然经济向市场经济的转变中。为适应这种转变，社会关系也呈现出许多新的变数：由建立在自然经济基础上的重熟人关系转变为建立在市场经济、通过市场获取资源的重生人关系；各个个人联系的媒介由家庭的、部落的或者甚至是地区的联系转变为仅局限于交换的联系；由过去的重政治关系、重伦理道德关系转变为重经济关系、重业务关系；由个体性关系、封闭性关系转变为社会性关系、开放性关系；由实体性关系转变为虚拟性关系；社会关系的建构由自发性转变为自觉性，由外在性转变为内驱性，由被动性转变为选择性，由依附性转变为独立性，由守成性转变为开拓性；社会关系由垂直型的纵向关系转变为平行型的横向关系。社会环境和社会关系的变化，使德育的外延和内涵面临着新的发展。德育的外延发展，指德育作用的时空范围扩大，这种发展表现为向宏观领域的发展、向未来领域的发展、向微观领域的发展；德育的内涵发展，指德育的功能发展，这种发展表现为从再生性功能向超越性功能的发展，从单一性功能向多样性功能的发展。德育外延和内涵的发展，使德育功能的发展与发挥面临新的机遇和平台。

1.政治导向功能的发展与发挥

政治导向功能的发展与发挥，取决于导向的内容、导向的对象、导向的要求发生了变化。就导向的内容看，传统德育主要是革命的德育、阶级斗争的德育；在新的历史时期，德育内容主要是经济的德育、建设的德育、开放的德育，即社会主义现代化建设是最大的德育。就导向的对象看，传统德育导向的对象主要是集体，而集体的经济、业务工作不能摆到中心位置，突出了集体的政治性，所以集体在很大程度上是政治共同体，个人是从属于集体的；在新时期，集体和个人的经济工作、业务工作成为中心工作之后，特别是在市场经济下，集体和个人的独立性、自主性、创造性增强之后，集体和个人的特色纷纷显露，集体和个人的发展已经不再是单纯政治上的发展，而是包括经济、业务在内的全面发展。就导向的要求看，传统德育的导向，是比较单一的政治内容的导向，其标准也主要是政治标准。新时期德育导向的要求是以经济建设为中心，发展生产力，其标准主要看是否有利于发展社会主义社会的生产力，是否有利于增强社会主义国家的综合国力，是否有利于提高人民的生活水平。导向功能的发展与发挥，要求德育采用科学的预测和决策方法。科学预测德育和经济、业务发展的趋势，正确决策德育和经济、业务工作方案，可以把德育的导向功能具体化、科学化。德育的预测、决策方法，所依据的是因果规律和德育发展规律，其本身是规律的体现和运用，因而可以切实起到导向作用。所以，研究德育预测、决策方法，是发展和发挥导向功能的重要内容。

2.思想铸塑功能的发展与发挥

思想铸塑功能的发展与发挥，取决于思想的根基、思想的内容、思想的目标发生了变化。就思想的根基看，传统德育的根基在于革命和斗争的实践；新的历史时期，德育的根基在于改革、开放、建设的实践。就思想的内容看，传统德育的内容是革命和斗争中阶级、民族、国家、政党之间竞争与对立的关系；新的历史时期，德育的内容是改革、开放、建设中各经济单元竞争和合作的关系。就思想的目标看，传统德育是在残酷对峙中求得阶级、民族、国家、政党的生存权，这种生存权的斗争通过政治路线和意识形态体现出来；新的历史时期，德育的目标是通过互惠互利、并存共赢的共同体而推进个人的自由全面发展，这种发展通过生产力而凸显了经济在社会和个人发展中的作用："聚精会神搞建设、一心一意谋发展"就是这种目标的解读和阐释。

思想铸塑功能的发展与发挥，要求德育采用与专业教育、业务教育相结合的方法。一方面，思想铸塑以专业教育、业务教育为载体，脱离专业教育、业务教育，大学生德育就会流于空洞和抽象；另一方面，专业教育、业务教育必须以思想铸塑为取向，脱离德育，专业教育、业务教育将变得没有意义和价值。

3.心理调节功能的发展与发挥

心理调适功能的发展与发挥，取决于市场经济的竞争、个体主体的彰显、交往实践的发展、社会频率的加快等社会环境的变化。就市场经济的竞争看，较之传统社会由计划、行政命令配置资源而保持社会的统一，在新的历史时期，竞争是社会发展的主要动力，竞争在造就市场宠儿的同时，也产生市场的失意者。就个体主体性的彰显看，较之传统社会凸显国家、集体主体，在新的历史时期，个体主体凸显了，个人的存在际遇，取决于市场上的机缘，个人市场上的不成功意味着他的存在际遇的下降。就交往实践的发展看，较之传统社会个人依赖单位、依赖集体而导致个人生活环境的封闭，在新的历史时期，交往成为人的新的生命存在方式，每个人都是开放的系统。就社会频率的加快看，较之传统社会以团结稳定为价值目标，在新的历史时期，求变求新成为社会时尚，社会频率加快。社会环境的变化，必然会引发人们心理的变化，并引起人们心理的种种不适应，如"由人们之间存在的各种差距所产生的攀比心理，由竞争引起的浮躁心理、忧郁心理，由紧张所引发的恐惧心理，由缺乏沟通所形成的冷漠心理、逃避心理，等等"。

社会环境的以上变化,要求德育的心理调适功能采用以下方式与方法:一是从对单位人的调试转向对自然人的调试。传统社会,个人依赖于单位、集体,单位、集体决定着个人的存在际遇,对个人的心理调适往往要借助于单位、集体的力量。在新的历史时期,每个人都是独立的自然个体和竞争单元,心理调试要求直接面向个人。二是从顺从性适应的调适向争取性适应的调适转化。传统社会,个人的存在际遇取决于对单位、集体、社会的顺从,心理调试的目标是个人对单位、集体、社会的顺从性适应;在新的历史时期,个人的存在际遇取决于个人在市场上的奋斗,心理调试的目标是个人对市场的争取性适应。

4. 行为规范功能的发展与发挥

行为规范功能的发展与发挥,取决于人们行为方式的变化。这些变化表现在:一是在封闭环境中和计划经济体制下,人们的行为方式主要是服从、执行,而在开放环境和市场经济下,人们的行为方式更多的是选择、创造。二是在过去单一所有制和分配方式下,人们很少有自主的社会兼职和横向交往,价值取向单一,行为方式是单一角色的;在经济成分、组织形式、就业方式、利益关系和分配方式日益多样化的情况下,人们自主的社会兼职和横向交往增多,价值取向多元,行为方式往往是多角色的。三是人们在物质、文化生活方面,也由过去的单调、统一方式,发展成丰富多彩的方式。

行为方式的变化和发展,要求行为规范功能的发展与发挥:首先,要根据人们行为方式的新特点,制定必要的规范,即制定既鼓励发展行为方式多样性,又制定制约、惩处错误方式的章程、规定、纪律,把正面引导与限制错误结合起来。其次,把章程、规定、纪律交给大学生,让大学生明确哪些可以做、哪些不可以做,用以规范自己的行为。最后,对违反章程、规定、纪律的行为,一定要进行教育、批评、约束乃至必要的处分,防止对章程、规定、纪律的突破,提高章程、规定、纪律的约束力和威信。

《中共中央关于进一步加强和改进学校德育工作的若干意见》指出:"思想政治教育是一门科学,有其自身的规律。"了解德育的功能与发挥,必须了解德育功能与发挥的规律:首先,德育执行的是意识形态的功能。意识形态是反映并巩固自己的经济基础的。但意识形态反映并巩固经济基础的功能,是通过具有一定的思想取向和政治取向的人完成的。人是具有思想的,人的行为是在思想的指导下完成的;但人对思想的选择是一个自觉的、能动的过程。在这个过程中,用什么样的思想即用科学的思想还是非科学的思想指导大学生的问题,决定着在什么样的方向上培养大学生的成长和进步,即是否把大学生培养成中国特色社会主义事业的合格建设者和可靠接班人的问题。就对象的培养和对经济基础的反映和巩固来说,德育解决的是"培养什么人"和"走什么路"的根本问题。其次,德育必须渗透到学习和生活中去。大学生德育的提高,贯穿于学习和生活的各个方面。在这个过程中,如果没有德育,大学生的成长和进步就会失去目标、方向和持续的动力;但德育如果脱离大学生的学习和生活就没有依托,就会变得空洞和苍白。最后,德育的功能与发挥取决于大学生德育意识与德育行为的内化。德育的成功,从路径看,取决于大学生对德育的自觉意识和践履;从主体看,取决于每一个大学生德育的自觉意识和践履,个体是德育的基本单元,个体之外的他人和组织无法代替个体主体而成为德育的基本主体,即《论语·颜渊》所言:"为仁由己,而由人乎哉?"

第二节 高校德育方针及其原则

一、德育方针

对大学生开展德育,特别是解决大学生的思想问题、认识问题,必须确立指导方针,而反对堵塞,坚持疏和导的方针正是这一工作的正确方针。

(一)如何理解疏导方针

疏导,本义是指开通壅塞的水道,使水流畅通。据传,大禹的父亲鲧,用了九年的时间,采取堵塞的办法治理洪水,结果不仅没有治伏洪水,还被尧帝砍了头。后来舜帝做了国君,大禹继承父业,改用疏导的办法。历时十三年,三过家门而不入,"凿龙门,疏九河,导洪水入东海",平息了洪水泛滥,解救了万民的苦难。

我们把大禹治水从解决水患的根源着手,不只是依靠筑堤防堵水的正确方针,引用到高校德育工作中来,这一形象的比喻既生动又正确。其基本含义就是疏通思想和正确引导。

疏通和引导是辩证统一的关系。疏通就是敞开思想,广开言路,集思广益,创造条件让学生把自己的观点和意见充分讲出来,畅所欲言。引导就是在疏通的基础上对学生中正确的思想观点、意见要旗帜鲜明地给予肯定,并促进其发展。而对暴露出来的错误思想观点或不正确的意见要通过民主讨论、说服教育和开展积极的批评,以理服人,化消极因素为积极因素。对于那些意见正确但目前实现不了的问题,要作耐心解释。疏通和引导密不可分,为了正确的引导而疏通,引导是疏通的目的。如果没有疏通,学生的错误思想就有其隐蔽性,问题暴露不出来,引导就没有根据,就无从谈起;而如果没有引导,学生中存在的思想问题暴露出来后，又会由于缺乏外因的促进作用而不能向正确的方面转化。因此，疏通是前提，引导是关键。在实际的高校德育中必须坚持在疏通中引导，在引导中进一步疏通，又疏又导，疏导结合。

疏导方针的对立面是堵塞压制或者放任自流。堵塞压制的特点，就是不让学生讲话，压制批评，堵塞言路；就是对学生中存在的思想问题，把性质、范围估计得过重、过大，纠正时心急，方法简单粗暴，随意上纲上线，并滥用行政权力，以势压人。放任自流的特点是只疏不导，片面强调"解放思想"，歪曲党的"双百方针"，对学生的错误言行不闻不问，不敢批评，或者不分是非，一味吹捧，任其泛滥；或者对贯彻疏导方针有抵触情绪，对学生中的问题撒手不管，甚至错误地认为德育工作有软弱涣散的现象存在是贯彻疏导方针的结果。这是从一个极端走向另一个极端的错误做法。

疏导方针的提出，就是要使学生把各类思想暴露出来，然后通过有针对性的德育工作去引导，转变学生的思想，它既反对粗暴堵塞，又反对放任自流，是做学生德育工作的正确方针。

（二）贯彻疏导方针的理论依据

这个方针是根据正确处理人民内部矛盾的原则提出来的，既符合青年学生的特点和思想教育的客观规律，又是在总结我们党思想政治工作的经验教训的基础上提出来的。

1. 坚持疏导方针，符合正确处理人民内部矛盾的理论

毛泽东曾指出，"凡属于思想性质的问题，凡属于人民内部的争论问题，只能用民主的方法去解决，只能用讨论的方法、批评的方法、说服教育的方法去解决，而不能用强制的、压服的方法去解决。这就告诉我们，企图用行政命令的方法，用强制的方法解决人民内部的思想问题和是非问题，不但没有效力，而且是有害的"。学校德育的主要对象是学生，学生属于人民的一部分，他们的问题一般属于人民内部的思想性质的问题，因此只能采取民主的方法，说服教育的方法去解决。疏导方针的本意就是与压制、堵塞、强迫命令的方法对立的，而现代教育也强调重视学生的主体地位，当青年学生的思想问题暴露后，采取疏导的方针，也是尊重学生主体地位的具体体现，这样不仅可以创造良好的气氛使人敢讲真话，而且又能实事求是地分析产生各种思想的主客观原因，给予正确的解决方法。学生中的思想问题是客观存在的，总是会通过不同的形式表现出来的，禁止它表现是不可能的。只有采取疏导方针，让学生把自己的认识、意见和看法讲出来，以同志式的、平等的真诚态度，采纳他们的正确意见，引导他们改正错误的观点，使他们得到进步和提高，才是教育工作者应该采取的正确方针。

2.实行疏导方针，符合青年学生思想发展的规律

马克思主义者看待青年不仅要充分肯定青年的长处，高度评价青年在社会变革中的地位和作用，同时也要正确估价青年的短处和弱点。革命导师从来把青年的缺点看作是他们成长发展过程中不可避免地要出现的问题，又是完全可以通过教育、学习、实践、训练而得到克服的。例如，针对青年人由于知识和经验不足而容易产生轻信和喜欢草率下结论的弱点，1856年，马克思在《自白》一文中指出：青年人的"轻信"是"能原谅的缺点"。恩格斯也指出："那种年轻人爱草率下结论的倾向……我自己在年轻自负的年代也正是这样做的，只是从马克思那里才学会应当如何工作。"青年人血气方刚，热情奔放，正在探索途中，难免有这样或那样的缺点甚至错误。为此，对青年人的错误要耐心说服，帮助青年克服弱点和缺点，使他们健康地成长和成熟起来，是教育工作者的当然责任。

那种看不到错误倾向，一味吹捧青年的错误做法或遇到少数青年的问题严重时就惊慌失措，一味指责青年缺点的"左"的倾向，都是不正确的。

在大学生队伍中，经常会发生一些片面的或错误的认识和行为，有时甚至达到尖锐、激烈、固执的程度。一般来讲，发生这些情况的原因主要有三条：一是学生认识能力的不完善和缺乏社会经验；二是社会上的不正之风、错误思潮的影响；三是我们工作中存在的官僚主义错误或其他失误所造成的。无论是哪一种原因造成的学生的错误认识和行为，作为德育工作者，都应当冷静地面对现实，实事求是地分析产生问题的原因，循循善诱，耐心地说服和教育学生，提高学生自身的理论水平和认识能力，克服思想上的片面性，增强学生识别和抵制不良思潮侵蚀的能力。如果是第三种原因所造成的，我们还应当实事求是地作自我批评，克服工作中的缺点和错误，认真地解决学生在学习或生活中存在的实际问题，即使目前不能解决的问题，或者是学生的要求不合理，也要耐心解释，讲清道理，取得学生的谅解。总之，要头脑冷静，坚持原则，讲究方法，实事求是，以理服人，以情动人，不能靠抓辫子、打棍子、扣帽子的压制办法对待学生。简单粗暴，不仅不能解决问题，有时还会造成青年心灵上的创伤，或者使矛盾激化。

二、德育原则

高等学校德育的对象是大学生，是研究和探讨大学生的政治观、世界观、人生观、道德观等形成和发展的规律。德育的原则是教育过程的规律性反映，是教育者对被教育者开展德育的准则。

关于高等学校德育的原则，由于不同的人对其概念的理解不同或认识的角度不一样，因而有不同的提法和归纳。我们认为，依据党的教育方针、培养目标，根据青年学生的身心特点，依据人的思想品德形成的规律，结合学习《关于进一

步加强和改进大学生思想政治教育的意见》中关于加强和改进大学生思想政治教育的基本原则，高校德育主要应遵循以下几条基本原则。

（一）教书与育人相结合的原则

中国教育历来都重视和强调教书和育人的有机结合。《礼记·学记》中提出："师者，教之以事而喻诸德者也。"韩愈对教师的职责做了精辟的概括："师者，所以传道、授业、解惑也。"教育家陶行知先生也指出："千教万教教人求真，千学万学学会做人。"大学教育是学生踏入社会，承担社会义务，肩负历史重托前通过学校教育陶冶高尚人格的一段十分重要的时期，是他们形成正确的世界观、人生观和价值观的重要阶段。大学生是民族的精英，是祖国的未来，他们的形象从某种意义上说就是我们民族的形象，他们的思想素质的好坏，专业水平的高低，运用知识能力的强弱等都将直接关系到全面建设小康社会的实现和现代化建设的成败。因此，大学教育不仅要向学生传授丰富的科学文化知识，更应教给他们为人处世的道理，即不仅教会他们如何做事，更应教会他们如何做人，以促使他们得到人格的升华和素质的完善。

首先，教书必须育人。接受了十多年的学校教育，大学生已经掌握了较丰富的科学文化知识。而在当前经济飞速发展，科学技术日新月异的时代，科学技术"双刃剑"的特性表现得更为突出。如果利用得好，就可以充分发挥科学技术的积极影响，以造福社会。否则，将会殃及人民，甚至给人类带来严重的灾难。试想，如果我们培养出来的大学生，学财会的成了贪污犯，学经济的帮助外商坑害国家，学法律的知法犯法，学电脑的成为高科技犯罪者，学化学的成了制造毒品的高手……那么将会给国家和人民带来多大的损失。可见，教会大学生如何做人，为他们导向、引航是何等的重要。其次，育人离不开教书。任何知识都是在社会发展的历史长河中逐渐形成的，都带有一定的思想倾向，没有无思想的知识，教书必然育人。同时，没有科学知识的教学，要想形成学生的辩证唯物主义世界观以及健康、积极、向上的道德品质，都是"空中楼阁"，是不可能的。因此，坚持教书与育人的有机结合，就是要求教师在教学过程中，在向学生讲授知识的同时，积极、主动地利用各种教学活动和各个教学环节，重视对学生的全面教育和培养，特别是加强对学生的理想、信念、品德、情操等的教育和培养，做到既要教好书又要育好人。

（二）针对性原则

针对性就是教育的内容和方法要与受教育者的身心特点、思想特点和个性特点相符合，使教育的影响能顺利地被学生所接受而产生积极的效果。因此，首先要了解学生，了解他们的这些特点以及现实思想、学习、生活和心理活动状况，这样才能使德育建立在客观现实的基础上，才能做到有针对性，即有的放矢。

针对大学生的身心特点。大学生已进入青年时期，他们的身体和生理各方面机能已趋于完全成熟，充满生机，朝气蓬勃，具有青春活力。从认识发展来看，他们思维的独立性与批判性相应地进一步发展，喜欢提出问题进行讨论和辩论，喜欢独立思考，他们不轻信、盲从，不满足于只接受现成的理论和结论，而是乐意通过事实材料的比较，经过自己的实践和思考来接受真理。从情感发展来看，男女间的爱情开始占重要地位，他们的政治道德情感，如爱国主义情感、集体主义情感、正义感、美感、爱憎感发展很快，他们的情感表现强烈，容易激动，有时难于克制。从意向的发展来看，他们积极向上，向往真理，憧憬未来，探索人生，他们富有想象力，抱有在未来实现自己理想的强烈愿望，但往往与客观现实有一定距离，不能实现自己的理想时，便产生消极悲观情绪，甚至对现实不满。从自我意识的发展来看，他们的自尊心、好胜心、自信心等比较强，希望更多地得到别人的尊重和在集体中、人群中获得威望。

针对大学生的思想特点。当代大学生热爱祖国，热爱人民，努力学习科学文化知识，渴望为国家建设贡献力量，这是主流。但是有些人也存在马列主义基础知识较浅薄、政治观点模糊、辨别是非能力较差、道德水准不高等问题。我们在德育过程中应深入了解学生的思想情况，要针对大学生正在思考的现实问题，给以有说服力的回答，帮助他们解决存在的思想问题。如果我们对学生提出的问题避而不答，仍在那里空对空地讲大道理，结果只能引起他们对德育的厌烦情绪。

针对大学生的个性特点。就是要对不同类型的学生进行不同的教育。大学生在中、小学期间接受的教育不同，所受的家庭、社会影响不同，以及性别、专业、个性和兴趣爱好不一，各人的特点也不相同，我们的德育工作要根据这些特点采取不同的方法去解决不同的矛盾，切忌"一刀切"，千篇一律。

（三）理论与实践相结合的原则

青年期身心发展的一个重要特点，就是思维能力显著增强。青年学生思考问题、提出问题往往带有较浓的理论色彩。他们不是就事论事看待社会、人生及周围发生的事情，而是往往要从理论上去寻找答案，认为只有从理论的高度才能解答他们的问题。另外，青年学生不轻信、盲从，他们比较尊重事实。因此，在德育中应遵循理论与实践相结合的原则，既要对他们进行理性教育又要进行形象的感性教育。

我们知道，理论来自实践，反过来又指导实践，理论知识是形成思想品德的认识基础。一个人如果不掌握正确的理论，不以正确的理论作指导，就不会有正确的思想认识和判断能力，就不可能产生正确的理智和道德行为。只有在提高理性认识的基础上,才能将理性认识引向实践活动。所以,对大学生进行思想政治理论课的教育是必不可少的,以便使他们逐步具有符合时代要求的思想道德品质。

然而思想觉悟和道德品质的形成,光靠理论教育,光从理性上提高认识还不够,还必须使青年学生在实践中接受教育、经受锻炼,在实践活动中看到活生生的因素。所以,社会实践教育是加强高校德育工作的突破口,是提高大学生思想政治理论课实效性的重要环节,对于促进大学生了解社会、了解国情、奉献社会、锻炼毅力、培养品格、增强社会责任感具有不可替代的作用。只有投身到这种实践中去,在实践中学习,接受教育,才能进一步提高理性认识,提高自己的觉悟和道德水准。

总之,理论是实践的先导,实践是理论的基础,在提高理性认识的基础上,参加一定的实践活动,在实践中加深对理论的认识。理论教育与实践教育是相辅相成,紧密配合,缺一不可的。

(四) 教育与自我教育相结合的原则

学生既是教育的对象,又是教育的主体。教育者施教的最终目的一定要通过学生自身的思想矛盾运动来实现。这是外因一定要通过内因起作用原理的具体体现。因此,教育和自我教育就构成了教育活动中紧密相连、相互制约、相互促进的两个方面。其中的自我教育是指学生为了形成良好的思想道德品质,通过内部因素而自觉进行的思想转化和行为控制的活动。

培养大学生的自我教育能力,在大学德育中尤为必要和可能。这一点是由德育过程的客观规律和大学生身心发展的特点所决定的。大学阶段,学生身心发展逐渐趋于成熟,自我认识能力(自我感觉、自我理解、自我评价等)和自我态度体验(自尊、自重、自信、自谦、自检等)都已初步形成。大学生的思维独立性、批判性比中学生强,喜欢通过自己的观察、思考、比较去接受真理。

教育者的主导作用在于教给学生获取真理的方法,不是代替受教育者的思想转化,而是启发、引导、促进受教育者自己思想内部的矛盾运动。可见,没有受教育者的主观努力,德育是不可能有成效的。

自我教育能力由受教育者之间相互教育的能力和受教育者本人的自我修养能力组成。加强学生自我教育能力的方法很多,现将要点列举如下:首先,培养骨干,带动学生加强相互教育的能力。学生骨干在一个集体中总是以积极的态度来为人处世的,他们的一言一行、一举一动,常对周围的同学产生影响。因此,学生自己教育自己首先应该培养骨干。有了一批骨干力量,就有人带头贯彻执行党的教育方针,团结更多学生,缩小消极面。其次,利用舆论的力量和好风气感染学生。要使受教育者具有从集体、从与他人的交往中取长补短、择善而行的能力,必须形成一种健康气氛占上风的环境，建立有教育效能的学校集体，如优良的党风、校风、班风，能够发挥积极的教育作用，使学生愿与集体共荣辱，时刻检验自己的行为。这种良好的舆论和风气会变成一种无形的、积极的、巨大的精神力量，起着教育学生的作用，使消极因素在正确的舆论面前受到谴责，使积极因素更加发扬光大。最后，引导学生走向社会实践，从中提高自我教育能力。近几年来，大学生参与了各种类型的实践活动，如智力开发、技术咨询、业余教育、文化补习、家庭辅导、厂矿、农村调查等活动。在这些活动中，他们除了对社会作贡献外，也看到了自己的知识才干、思想品德与社会需要之间的差距，从而增加了学生自我检查、自我激励、自我图强的能力。

在引导学生自我教育时一定要从实际出发，以提高学生自我控制能力为目的，要防止少数学生说假话、空话，不仅要观其言，更要察其行。同时，也要鼓励学生向教育者提出疑难问题，这也能促使教育者更新自己的知识。一旦教育者本身的政治理论水平和解决实际问题的能力提高后，学生的教育与自我教育结合就会在更高一级的水平上向前发展。

（五）尊重、信任与严格要求相结合的原则

尊重，是教育者与教育对象之间关系的基本原则，教育者与教育对象之间的关系，应当是民主、平等的师生关系，它要求在德育中不仅对先进层和中间层的青年学生要尊重，而且对于后进层的青年学生也要尊重。毛泽东曾明确指出："共产党员对于落后的人们的态度，不是轻视他们，看不起他们，而是亲近他们，团结他们，说服他们，鼓励他们前进。"

尊重，也是青年学生心理和行为特征的客观需要。大学生正处在青年初期和中期，独立生活能力增强，有很强的自尊心和自信心。随着学生生理、心理特征的发展，社会交往的扩大，社会地位的日渐提高，前途更加稳定，他们的进取心、事业心和自我意识不断增强。青年学生的需要已由一般求知的需要和心理需要进入了社会需要。青年学生的上进心理、行为特征，是德育中坚持尊重原则的客观基础。可见，尊重学生是打开学生情感的心扉，取得学生心理上的配合，有效地进行德育的基本前提，也是新型师生关系的反映。这种新型的师生关系表现为师生之间民主的真诚的关系，它要求师生之间相互信任、相互尊重和开诚布公。把自己凌驾于学生之上，把自己摆在与学生对立的位置上，虚伪地、粗暴地对待学生的作法，都是与现代新型的师生关系不相容的。

另外，大学生虽然正在迅速走向成熟，但又未完全成熟，认识能力和自我控制能力还不完善，在思想、学习、生活等方面往往缺乏稳定性和自觉性，任性、放纵、散漫等现象经常出现。因此，还需要对学生提出严格的要求，在措施上给学生以一定的纪律约束，对严重违反纪律的学生给予恰当的惩罚，这些都是完全必要的，也是教育者的责任。但是，教育者必须在尊重和信任学生、诚挚而热情地关怀学生的前提下对学生提出严格的要求，只有把严格要求建立在信任和尊重学生的基础之上，才能取得学生对自己的信任和尊重，才能激发学生自身的积极性，调动学生自我教育的主动性，使学生乐于接受教育者的要求和引导。如果抱着我训你听、我治你服的态度对待学生，对学生的合理愿望、合理要求漠然视之，缺乏对学生诚挚和民主的态度，甚至抱有成见，对学生采取歧视、挑剔，乃至威吓和侮辱性等极端做法，必然引起学生的反感和对立情绪，学生就会对教育者提出的要求不予理睬，或者采取应付的态度。因此，对学生的缺点和错误既不能一味迁就，又不能简单粗暴，而应当把"严"与"爱"结合起来。严格要求学生也是学生的期望，但这种严不能脱离学生的实际，要求过高，学生做不到，会丧失信心或对教师产生对立情绪；要求偏低，学生轻易达到，得不到什么教育，反而失去教育的严肃性。从一定意义上说，没有严格要求就没有教育。但严格必须适度，要合情合理，要求一经确定，不要朝令夕改，可以经过一段时间贯彻执行，通过实践的检验后再适当修改补充，使它更加符合实际。

这个原则，从整体上讲是从爱护学生的目的出发，既把学生看作教育的客体，又把学生当作教育的主体，充分调动学生自我教育的积极性和主动性，通过教育者与受教育者之间的相互信任和充分合作，达到预期的教育目的。

（六）教育与管理相结合的原则

在德育中要杜绝把对学生的管理与德育对立起来的现象，学校对学生以教育为主，同时要加强管理。管而不教则"死"，教而不管则"散"，只管不教或只教不管都是不对的，都不能取得好的效果。

对学生管理包括行政管理、教学管理、生活管理、德育管理等。各种管理一般通过制度、条例、守则、章程等规范和行政手段的实施来实现。在多年的办学实践中，高等学校在学生行政管理（招生、助学金、奖惩、毕业分配等）方面和教学管理（课堂考勤、学习、纪律、成绩考核、升留级制度等）方面有了很大改进，对学生集体生活的管理和德育管理方面，近几年来也做了不少探索，创造了一些行之有效的办法，但从整体上看各类管理还需要进一步解决与德育相结合的问题。管理也是教育，科学的管理，不只是为学生的全面发展创造良好的客观条件，同时也是对学生进行德育的重要手段。教育是管理的目的和基础，管理则是服务于教育的手段和保证。在大学里，一方面，对学生的各种教育必须依靠加强管理保证教育的实施；另一方面，对学生的管理又必须依靠德育提高学生遵守的自觉性。为此，管理与教育是相辅相成的。

一方面，在管理中渗透教育，以教育促进管理。在管理中渗透教育区别于单纯的行政管理，它更多地通过说服教育，以管理作为重要的教育手段，去提高学生实现管理与教育目标的自觉主动性。另一方面，在教育中结合管理，以管理促进教育。例如，为了使德育有计划、有步骤地实施，光强调自我教育还不行，会给那些不自觉的学生留下抵制正面灌输教育和不遵守组织纪律的借口，还必须伴之以管理，形成一定的外在约束力，以必要的纪律限制极端自由化倾向的产生和发展。

德育与各类管理的结合几乎涉及学校一切部门的工作。加强对学生的管理教育，应当同改善学生的学习、生活和文娱体育活动条件相结合。有时候生活管理制度上的不妥，比如，伙食办不好，又长期不解决，往往是学生"闹事"的隐患。由于管理不善给德育带来的不利因素是非常明显的。这就要求教育者经常深入学生，了解存在的实际问题，积极向学校领导和有关部门反映，一起研究改进措施，即使一时解决不了，也应实事求是地向学生讲清道理，教育学生以主人翁的态度体谅国家和学校的困难，以防患于未然。因此，加强管理教育的统一领导和协调配合，显得尤其重要。

（七）解决思想问题与解决实际问题相结合的原则

解决思想问题与解决实际问题都是德育的重要职责。随着高等教育体制改革的不断深入，大学生在新旧体制转型期，在巨大的社会压力面前，很容易产生思想问题，如果得不到及时的解决，往往会引发一系列问题，严重的甚至还会对信仰产生动摇，对人生失去信心，进而走上极端的道路。而思想问题一般来自实际问题，学生的思想问题大多是由学习生活中的一些实际问题所引起的。因此，在对大学生进行德育时，必须做到解决思想问题与解决实际问题的有机结合，在解决思想问题的过程中解决实际问题。坚持既讲道理又办实事，了解学生思想，关心学生生活，两者不可偏废。

按照马克思唯物主义的观点，世界是物质的，物质是第一性的，意识是第二性的，物质决定意识，意识是对物质世界的反映，并反作用于物质世界。人的思想属于意识，是上层建筑的组成部分，它不是凭空产生的，而是对物质、对社会存在的反映。大学生也生活在现实的社会关系中，他们的思想问题往往也是日常生活学习中的某些实际问题，如考试失败、评优不成、与同学结怨、与教师关系紧张、家庭贫困等的反映。如果只注重解决他们的思想问题，只唱高调，只讲大道理，而离开了对他们实际生活的关心和了解，不注重解决他们的实际困难和问题，许多思想问题就无法解决，德育也就成了无源之水，无本之木，很难取得理想的效果。但由于意识反作用于物质，高校在解决大学生的实际问题的过程中，不能忽视德育，不能就事论事，而应把两者有机地结合起来，使学生从中受到启发，提高思想觉悟，树立正确的世界观、价值观和人生观。

（八）继承优良传统与改进创新相结合的原则

继承优良传统与改进创新相结合，是指在继承传统德育工作优良传统的基础上，积极探索新形势下大学生德育的新途径、新办法，努力体现时代性，把握规律性，富于创造性，增强实效性。

教育的发展是一个历史过程。长期以来，高校在对大学生进行德育的过程中，积累了许多成功的经验。但面对新形势、新任务，要增强实效性，充分发挥高校德育工作教育人、引导人的作用，就必须与时俱进，不断改进创新。当前，国内外形势错综复杂。一方面，随着经济全球化和世界一体化趋势的进一步加强，国家之间的联系日益密切，大量西方文化思潮和价值观念乘机涌入大学校园，加紧了与我们争夺下一代的斗争；另一方面，随着我国改革开放的深入和市场经济体制的建立，经济成分和经济利益多元化、社会生活方式多元化、社会组织形式多样化、就业岗位和就业形式多样化还将进一步发展。这使大学德育既面临有利条件，也面临严峻挑战。在这种形势下，高校德育仍然完全按照过去所有的做法，显然行不通。因此，只有结合时代发展的特点，在观念、内容、方法、机制等方面有所突破、有所创新，才能真正起到高校德育应有的作用。这些方面，将在后续章节中详细介绍。

第三节 高校德育过程及其规律

一、德育过程

德育过程即德育活动的客观顺序或工作流程，是教育者根据德育目的和规律，采用一定的方法，有组织、有目的、有计划地启发和引导受教育者能动地理解、接受和践行一定社会思想准则、行为规范，并使其形成相应的思想品德的过程。具体地说，德育过程是培养学生知情意行的过程，是促进学生品德发展矛盾的积极转化过程，是提高学生自我教育能力的过程，是教育者和受教育者双向活动的过程，是综合性的过程而不是单一的过程。

（一）研究德育过程的首要任务

德育是以学生的思想品德形成、发展规律及育人规律为其研究对象的，所以，研究德育过程及其规律首先就必须研究学生思想品德的形成、发展过程及制约条件。应看到，思想品德的形成过程要比德育过程广泛得多，它包括学校、家庭、社会对学生的整个影响过程,其中有可控的自觉的影响因素,也有广泛的、自发的影响因素。德育过程是自觉的影响过程,不是自发的,而思想品德形成过程中却有自发的一面。学生的思想品德可以在德育过程中形成,也可以在其他社会生活条件影响下形成;可能与德育过程一致,也可能与德育过程不一致。我们应当充分发挥德育在学生思想品德形成过程中的主导作用,自觉地培养学生与社会要求一致的品德,克服消极的自发社会影响,将社会的要求同学生品德发展的要求统一起来,使德育过程和思想品德形成过程产生最佳综合效应,为此,也必须首先研究学生思想品德形成的规律。

1. 学生思想品德形成的过程

(1) 学生的思想品德是在学校、社会、家庭等外界因素综合影响下形成和发展的。历史唯物主义认为,"不是人们的意识决定人们的存在,相反,是人们的社会存在决定人们的意识"。①恩格斯说过:"人们自觉地或不自觉地,归根结底总是从他们阶级地位所依据的实际关系中——从他们进行生产和交换的经济关系中,吸取自己的道德观念。"②人是社会的人,人的本质"是一切社会关系的总和。"③人们的思想品德正是在社会关系总和中形成和发展的。这就是说,思想品德不是先天固有的,而是人们后天在社会的影响下形成的,是在社会实践和交往活动中,受到经济的、政治的、思想的、文化教育等方面的综合影响而形成的。这些都体现了人的思想品德是由社会关系总和所决定的。思想品德的性质、内容取决于实际的社会关系和相应的政治思想、伦理思想的性质、内容;这就是说,一定社会的政治原则、世界观与人生观原理、道德规范,同它们所反映的人与人的实际经济关系等,一起构成了人们社会生活环境的主要内容,成为社会成员个体思想品德的客观源泉。个体思想品德则是人脑活动中的稳固心理特征,是人脑对自己所交往的社会关系、所处的社会地位的反映,它构成了人的社会本质(人的社会性)的核心。

高等学校的学生同样是社会的人,他们的思想品德则是在学校、社会和家庭各方面的综合影响下形成的。社会是学生生活的大环境,社会的经济状况、政治形势、道德风貌、党风和社会风气都对学生的思想品德形成有着直接的影响和推动作用。另外,随着对外关系的发展,各种国外政治、经济、文化信息的传播,也影响着学生精神面貌的发展和变化。学校作为社会的一部分,力求创造一种良好的教育环境,培养党和国家所期望的人才。但是,由于校风不同,班集体发展的状况不同,教师、干部的表率作用不同以及来自天南海北的同学在衣、食、言、行上表现出来的差异性,都会给学生思想品德的形成发展施以不同的影响。家庭是社会的细胞,学生从小在家庭里受到爱护、得到温暖,一直到进入大学后学生还未完全独立,家庭还会以直接和间接的方式影响学生思想品德的形成和发展。

家庭、社会、学校通过正式组织的和非正式组织的形式，对学生施以一致的或不一致的影响，有时甚至是相互矛盾的影响，这些影响有健康、积极的，也有不健康、消极的。同时，学生所处的具体社会环境（包括学校、家庭在内）的不同和学生自身思想品德修养自觉性的不同，必然造成不同学生思想品德发展方向和发展水平的不平衡或同一学生在不同时期思想品德发展的不平衡，因此，就形成了不同层次的思想品德。

大学时期，学生进入了社会化的最后完成阶段，独立性迅速增强，接触社会、接收社会信息更多。固然家庭教育的基础应该重视，但这时家庭以外的因素如学校、班集体、社会交往、社会文化生活等，对大学生的影响作用已远远大于家庭影响的作用。

学生思想品德的形成是一个由低级向高级发展的过程。思想品德结构的核心是品德观念，它的主要内容由道德观、人生观、世界观、政治观四个因素构成，它们之间相互影响、相互制约，但不是同时形成的，而是从孩提时代到大学时代，随着社会化程度的提高，大体上按一定次序逐步形成的。一般来说，道德观的逐步形成在先，并影响人生观、政治观、世界观的选择和形成。而政治观、世界观的形成又反作用于道德观、人生观的巩固、提高，并对思想品德的形成、发展起支配作用。大学生的道德观念经中小学的培育，已进入巩固提高和完善的时期，而政治观念、哲学观念却正在形成或初具形态；因为政治观对社会关系的反映比较直接，中小学生尚未形成独立和固定的社会关系，所以，政治观形成在后，尤其是作为哲学思想的世界观和方法论，与文化科学知识这一中介联系更为紧密。因此，这时大学生的政治观、世界观才逐渐上升为思想品德结构中的主导因素，这表明他们正在迅速走向成熟。

（2）学生思想品德的形成是个体的知、情、意、行等内在因素辩证发展的过程。恩格斯曾经指出："使人们行动起来的一切，都必然要经过他们的头脑；但是这一切在人们的头脑中采取什么形式，这在很大程度上是由各种情况决定的。""事实上，世界体系的每一个思想映象，总是在客观上被历史状况所限制，在主观上被得出该思想映象的人的肉体状况和精神状况所限制。"这就是说，作为个体现象的思想品德，其形成、发展除了要受一定的社会环境和物质生活条件的制约外，还要受人的生理和心理发展规律的支配。学生思想品德的形成过程，绝不是被动地接受影响、适应社会历史条件的过程，而是在社会实践和学习的基础上，经过主观努力，使自己的认识、情感、意志、行为等心理因素得到辩证发展的过程。这几个心理因素，缺少其中的任何一个，都不可能形成良好的思想品德。学生良好思想品德的形成，是一个从低级阶段进到高级阶段的自我教育过程，又是不断地反作用于社会环境的过程。

知，就是指品德认识的形成。这是品德心理结构中的智力因素，任何人思想品德的形成发展都离不开一定思想、政治、道德观念的形成。"智为德之资"。品德认识是品德行至整个思想品德形成的基础和先导。品德认识的发展贯穿于思想品德形成的各个方面及其始终。大学生的品德认识是对马列主义基本理论和社会主义道德规范的认识，对是非、善恶、美丑、荣辱的鉴别、分辨和评价，特别是对人与人、个人与集体、个人与社会之间利益关系的认识。

学生观念的鲜明与否、辨别能力的强弱和认识水平的高低，与他们掌握知识的多少，生活经验的积累密切关联。大学生的品德认识不同于以感性认识为主导的少年儿童时期，已进入以理性反映和调节为主导的阶段，如道德认识不仅注意外部表现，而且注意内在本质，注意行为动机的探讨。随着道德意识的巩固提高，也为政治意识的日臻完善奠定了基础。当然，不同学生掌握的思想、政治、道德知识无论在数量上或质量上都有差异；学生的品德认识形成中也会出现种种矛盾和斗争。这些矛盾和斗争，一般表现为知与不知的矛盾、正确认识与错误认识的矛盾。例如，有的学生坚持真理、批评同学的错误和保持同学的友谊，二者关系应如何处理。又如，在一部分学生的品德认识中还常常伴有模糊观念，有的把"江湖义气"当作"同学友谊"，把粗野鲁莽当作"英雄行为"，把考试舞弊当作"互相帮助"，等等。大学生要有高尚的思想品德，就一定要重视加强理论修养，注意总结经验，提高对社会发展规律和社会生活规律的认识。

情，就是指品德情感的丰富。这是品德心理结构中的一个非智力因素。品德情感是学生在对客观的思想、政治、道德关系和自身思想、政治、道德行为作出善恶判断、确定爱憎态度时，引起的内心体验。愉快、喜悦、爱戴、苦恼、厌恶、恐惧、悲哀、忧伤、烦闷等都是情感的表现形式。从品德情感的内容讲，有爱国主义情感、集体主义情感、义务感、责任感、事业心、正义感、美感、友谊、同情心等。情感来源于认识，并随着认识的发展和科学世界观的逐步形成而不断丰富，即所谓"知之深，爱之切"，情感的丰富反过来又能强化品德认识，扩大认识的深度和广度。"感情是活着和行动着的人的灵魂"（歌德），它是品德认识转化为品德动机和信念的催化剂，对品德行为起着巨大的调节作用，是品德行为的强大动力。列宁说过："没有'人的感情'，就从来也不可能有人对于真理的追求。"大学生培养自己爱憎分明的品德情感十分重要。例如，历史使命感，就是一种对祖国、对社会、对人民的热爱而引起的责任感，它使人清醒地意识到祖国、人民和时代赋予自己的重担，并勇于承担重担，为之操心，并产生紧迫感，完成任务不顺利会引起不安的内心体验，完成任务顺利时又会产生愉快感，并更加热爱组织交给自己的工作。这种品德情感，可以直接转化成学习的动机，成为激励学生学习的内在动力，提高学习的热情和效果。相反，如果缺乏这种品德感情，学生就会因缺少动力而产生松劲情绪，不可能有强烈的事业心。一般说来，大学生的道德责任感发挥的效能和稳定性，达到了新水平，已能开始冷静地评估个人与社会的关系，直觉体验和盲目冲动减少，理性体验和理智情感增多。大部分学生随着身心的成熟能意识到社会对大学生的客观要求，体会到自己对社会的责任，懂得把爱国同爱党、爱故乡、爱班集体等结合起来。

意，就是指品德意志的增强。这也是品德心理结构中的一个非智力因素。品德意志是人们履行义务过程中自觉克服困难和障碍的心理活动，作出抉择的果断力量和实现理想、目标的坚持精神，也是一种自我控制、自我约束的能力。意志表现于行为之中，和行为联系得非常紧，但又不等于行为。它是学生思想品德形成过程和思想品德修养实践中，从认识、情感向行为转化和培养行为习惯的关键环节。大学生在品德意志上开始具备这样的特征：目的性、果断性、顽强性和专一性、恒心、毅力。它表明学生有能力去进行有目的、有方向和需要克服许多困难的活动。但是每个学生表现的意志强弱程度是不同的。例如，在具备同样的道德动机之后，有的能执行，有的却不能执行，即人们常说的"言语的巨人，行动的矮子"，有的甚至还做出不符合道德要求的行为。这里，品德意志的特别突出的作用主要就表现在：第一，使道德动机战胜不道德的动机，用理智去战胜欲望，制止错误行为的发生；第二，有排除来自主客观方面的各种干扰、障碍的决心和勇气，百折不挠地采取道德行为，为实现既定目标坚持到底。实践证明，凡道德意志坚强的学生，就会在学习上下苦功夫，锲而不舍，大大提高学习的效率，而一些意志薄弱的人却办不到或难以坚持，不是"明日复明日，明日何其多"，便是"三天打鱼，两天晒网"。可见，培养锻炼坚强意志的重要性。

行，就是指品德行为的训练。品德行为是人们在一定的品德认识、情感、意志、支配下的实践。它是形成思想品德必经的一个重要环节。一定的思想品德总是通过一系列的品德行为表现出来的，只有让品德认识付诸行动，才能锻炼品德意志，也才能取得直接的亲身体验，增强品德情感，进一步提高品德认识，坚定品德信念。只有这种品德行为的反馈过程，才能促使思想品德的最终形成并不断发展。

经常性的品德行为也正是衡量一个人思想政治觉悟高低和思想品德好坏的重要标志。因为高尚的思想品德的形成，必须经过品德行为的反复训练和长期的自我修养，养成道德行为习惯。这样，行动起来才会"从心所欲而不逾矩"，能够毫不勉强地选择道德行为，成为自然而然的事。我们看一个人，不仅要听其言，更要观其行；不只是看一个人一时一事的表现，还要看他各方面的行为和一贯的行为表现。只有这样，才能对一个人的思想品德作出全面的、公正的、准确的评价。

在一定的外界影响下，学生的思想品德形成、发展是不平衡的，从表现来看会出现言行一致、言行基本一致和言行不一致等不同的情况,由于每个人在认识、情感、意志、行为诸心理因素的发展方向上不一致,发展水平上不平衡,也必然造成每个人思想品德形成和发展的不平衡状况。而思想品德形成过程就是在外界影响下知、情、意、行诸心理因素辩证发展,从不平衡到平衡,又到不平衡这样循环往复的矛盾运动过程,每一次循环都使思想品德从旧质到新质得到发展,只有注重教育训练和品德修养,才能使知、情、意、行诸心理因素,在发展方向上达到一致,在发展水平上达到平衡,一步步地向成熟阶段过渡。

2.思想品德形成发展的阶段和类型

(1) 思想品德形成发展的阶段。学生从小到大逐渐形成各种思想品德,这些品德不是同时的、毫无次序地形成的,而是遵循一定的规律,按一定的次序和水平,逐步形成和发展起来的。思想品德的形成是一个较长的接受教育和实践锻炼的过程,在这个过程中,思想品德结构的发展,必然显示出阶段性。

根据思想品德心理结构来划分,思想品德的形成、发展可以分为四个阶段。

1) 品德萌芽期。品德动机在品德心理结构中处于核心地位,这个阶段的主观动机往往是根据自己对切身需要的理解确定的,并表现为品德愿望。这个品德愿望能否实现和满足,会直接引起学生的品德情绪体验,并在品德愿望和情绪支配下采取品德动作。一般来说,学龄前期属于品德萌芽期。

2) 品德形象期。这个阶段,学生的品德动机除了考虑切身需要的意义之外,还开始懂得了集体需要的意义,并根据对集体需要意义的理解,来确定自己的品德动机。这一阶段的学生愿望、动机的确定不再主要靠直觉和情绪,因为他们的品德认识水平提高了,尤其是品德榜样对他们的情感熏陶和激励作用较大,在头脑中能理解榜样的社会意义,能产生品德情景和品德表象,模仿榜样的品德行动。学龄初期和学龄中期的小学生一般处于这一阶段。

3) 品德独立判断期。从初中到高中,学生从少年期进入青年初期,这时,他们的品德认识能力有很大提高,对一件事情不只是从切身利益、集体利益来认识,而且能够认识它对国家、民族的重要意义,就是说形成了道德判断能力,并在道德实践中形成品德情感。这一阶段,他们已不限于榜样的道德行为,还能在品德意志的支持下采取品德行动。

4) 品德稳定坚定期。青年中期,即进入大学前后,学生思想品德的心理结构发展到新的水平。对社会发展规律和社会生活规律的认识形成,使他们有了明确的品德意识,逐步认识到大学生的历史使命,具有一定的使命感、责任感和事业心。能自觉加强思想品德修养,形成了一系列良好的品德习惯。

根据思想品德意识结构的内容来划分,思想品德的形成发展,大致可分为三个阶段。

1) 道德意识（包括人生观、道德观）为主的阶段。这个阶段包括学龄前期、学龄初期和学龄中期，即大致在6岁至12岁年龄段，属于思想品德形成的初期阶段。实验心理学通过调查研究证明，学生从小到大，道德意识必然先于政治意识出现和形成。因为学龄中期以前（一般指小学时期），学生尚未形成独立的、固定的社会关系，对家庭和教师依赖性还比较大，他们还不可能从政治上去独立认识和对待问题，看问题带有较重的感情色彩，从学龄前受家庭影响大的状况，变为受学校和老师的影响逐步增大。这时，他们的政治意识尚未形成而已接受了较多的道德意识的培养和影响，一些小学高年级学生还可达到道德意识初具雏形的地步，这一阶段学生的行动主要是受道德意识支配的。

2) 道德意识与政治意识交错阶段。这个阶段一般始于学龄中期，结束于上大学前后，即在12岁左右至18岁左右，属于思想品德形成的过渡阶段。学生在中学时期接受了政治思想教育，尤其在高中阶段还学了一些马列主义的基本常识，已能逐步从政治上认识和处理问题，基本能用正确的道德意识支配自己的行动，但由于还未独立生活，很少接触社会，所以还比较幼稚，容易感情用事，但有时又能用政治意识支配行动如申请加入共青团等。这一阶段他们的思想品德处于从不成熟阶段向成熟阶段过渡之中。

3) 政治意识逐步成熟阶段。这个阶段处于青年中期和后期，即18岁至23岁，属于思想品德成熟阶段。这一阶段的学生，结束其心理断乳期，多数离开家庭，开始过独立生活，形成自己独立的、固定的社会关系，接触社会比过去任何时候都更广，知识视野迅速扩大，加之系统的马列主义理论教育，为他们形成科学的世界观、方法论，奠定了牢固的基础。这时，他们的道德意识应该进入巩固和完善时期，这就促进了对政治意识的选择和吸收；而政治意识的形成又提高了道德意识和道德水准，在许多事情上，他们都能够从政治上提出问题、思考问题，并以政治意识为主导去认识、处理问题，支配自己的行动。

以上两种划分阶段的办法，均属宏观的、纵向的划分法，它对于帮助我们用发展心理学的观点，了解大学生的思想品德处于哪一个重要的发展阶段，是有好处的。但是，不论处于哪一个发展阶段上，要具体分析某一种思想品德的形成过程，就需要运用微观的、横向的划分法来分析。这样，思想品德的形成过程，就可划分为内化和外化两个基本阶段。

1) 内化阶段。学生在各种活动和交往中，受到教育影响，引起各种思想、心理因素的矛盾运动，将社会的思想品德规范化为个体的品德意识，叫作内化，即由外向内的传导。

2) 外化阶段。品德意识是人们思想品德的内在本质，是品德行动的源泉和动力基础；品德行动则是品德认识发展应有的结果和目的，是思想品德的外在表现。

有了品德意识，还必须有品德行动，即在品德认识、品德情感、品德意志的支配下，在客观动因的引发下形成品德动机，并拿出行动，在社会关系中表现出来，对社会产生一定的影响。将个体的品德意识转化为品德行动，形成一定的思想品德，去影响或改变客观环境，这就叫作外化，即由内向外的传导。

在任何一所学校中，对任何一个年龄发展阶段，德育工作者的任务，就是要引导每一个学生实现这"两个转化"，帮助学生形成社会所要求的思想品德。

内化阶段和外化阶段一起构成具体的思想品德的形成过程。内化是外化的必要基础、前提条件，外化是内化的必然结果、外部表现，也是内化的继续发展。两个阶段互相促进、互为因果，紧密相连、缺一不可，两个阶段的辩证运动，促使学生的思想品德不断发展和进步。

（2）思想品德形成发展的类型。在学生思想品德形成过程中，由于外界影响力量对比不同，每个人心理矛盾诸方面斗争力量增减程度不同，呈现出个体思想品德的各种类型。①坚定型。即各种正确力量一致，心理结构诸因素和谐发展，形成良好的思想品德。②自强型。即不论外界影响条件的优劣，自身的正确力量都占优势，坚持思想品德修养，保持良好品德。③曲折型。即内外正确与错误力量长期势均力敌，思想品德难以稳固形成，出现徘徊、彷徨型，如果正确力量长期不能战胜错误力量，就出现悲观、苦闷型；如果正确力量由弱变强，终于战胜错误力量，就出现回头、矫正型。④失足型。即各种错误力量一致，心理诸因素的发展严重不平衡，思想品德向坏的方面畸形发展，以致走上歧路。⑤自弃型。即自身的错误力量占优势，只吸收外界坏影响，不接受外界好影响，心理结构诸因素发展严重的不平衡，自暴自弃。

3. 德育过程与品德形成过程

德育过程的目的在于促进受教育者思想品德形成，但德育过程与受教育者品德形成过程是不完全等同或同步的。德育过程是一种从外部对受教育者施加影响的教育活动过程，是教育者和受教育者双方统一活动的过程，是培养和发展受教育者品德内容及其相应形式和能力的过程；而品德形成过程属于个体人的发展过程，是指个体人的品德从简单到复杂、从低级到高级、从量变到质变的矛盾运动过程，是在外部影响下，个人主体内部自己运动的过程。

品德形成的基本过程是主体的认识系统、情意系统和行为系统相互作用，和谐发展，达到知行稳定的统一过程。学生获得知识，即使是极富教育性的知识，也不等于学生的思想，只有当学生用自己的知识表明自己的态度、观点、主张时，知识才能融入学生的思想，或者说转变为学生的思想。思想是在人们思考问题时产生的，问题本身和主体的价值关系不是纯粹单一的，正价关系和负价关系同时并存，使主体产生肯定性、否定性的双重思想，因而思想具有分散性和不稳定性。

和思想相联系的情感、意志和行为也同样具有分散性和不稳定性。然而，正是这种分散性和不稳定性的思想、情感和行为相互联系、相互作用，使主体获得不同体验，通过自我评价和外部评价的比较和对认知和行为的调节，逐渐走向集中和稳定。这样，主体的主观特征和自身的行为系统稳定统一起来，主体便形成了特定的品德。

德育过程与品德形成过程两者的区别具体表现在：德育过程是有计划、有目的进行的活动，而品德形成过程则是自发的、无明确目的的活动；德育过程是师生双边活动，而品德形成过程则是受教育者个体的独立活动；德育过程是品德形成过程的主渠道，而品德形成过程受多渠道影响，是立体辐射；德育过程与社会要求相一致，而品德形成过程可能与社会要求不相一致；德育过程是可控制的、正式的活动，而品德形成过程则是不可控制的、非正式的活动。

德育过程与品德形成过程两者的联系：德育只有遵循品德形成和发展的规律，才能有效地把思想道德转化为受教育者个人的品德，促进其发展；而品德的形成发展也离不开德育这一外在因素的影响，影响品德形成过程实现的包括生理、社会、实践等多种因素，德育仅是社会因素中的一种。同时，从受教育者角度看，德育过程也是受教育者个人品德形成的过程，只不过是在教育者有目的、有计划、有系统的影响下，受教育者按照社会思想道德要求形成个体品德的过程。

同时，德育过程与智育过程也是有区别和联系的。首先，两者表现为互相联系、互相制约，不能截然分开，"德中有智，智中有德"，智德不分离，如我国古代社会教育中提倡的文以载道；同时，道德的学习也需要智慧、能力、认知等因素，只有这样，才能提高道德智慧。其次，两者不同的是，智育是帮助人们解决认识世界、改造世界的问题；德育是要求学生掌握社会思想道德规范，解决个人与自然、个人与他人、个人与社会关系的问题。具体区别表现在：德育依据品德发展的规律，需要智力因素与非智力因素共同参与，知情意行均可作为德育的开端，而智育一般遵循由感性认识到理性认识、由形象思维到抽象思维的过程；智育过程是传授知识，发展智力，培养能力，解决知不知、懂不懂、会不会的问题，而德育过程是培养品德，解决对待客观世界的态度问题，不仅解决知不知、懂不懂、会不会的问题，而且要解决善与恶、利与害、信与不信、愿与不愿的问题，不仅要求学生积极理智地参与，而且更强调通过学生自己的活动来获得和实现道德价值；智育以知识的传授为主，直接的讲授甚至灌输的方法有着不可替代的作用；而德育靠灌输难以奏效，因而德育要靠晓之以理、动之以情、导之以行、持之以恒、绳之以纪等多种方法；智育主要通过课堂教学进行，德育则需要家庭、学校、社区共同参与来完成；德育与社会环境关系密切，德育是个体人在社会性活动和交往过程中逐步形成符合社会行为规范的思想体系的过程，而智育几乎不受环境制约。例如,"科学无国界"便是这一道理;教师主要承担智育任务,而德育任务是由教师、家长、同伴、社会各界人士等共同承担的;智育见效快、时间短、稳定性强;而德育则易反复、不稳定、见效慢、时间长。

(二) 德育过程的要素和基本环节

1. 德育过程的基本要素

(1) 教育者。凡是有目的地对受教育者施加影响的个人和团体都是教育者。教育者的主要活动是组织、控制德育过程,启发、引导、促进受教育者思想品德的形成,引导其向德育目标方向发展。

(2) 受教育者。凡是接受有目的的德育影响的个人和团体都是受教育者。受教育者是德育的对象,但他们作为道德行为的主体参与教育过程,又具有积极的能动作用,是在与教育者互动中接受影响的,是在教育者指导下进行自我教育的。以前,人们往往把受教育者作为德育的客体,放在德育过程被动的地位上,这样不利于发挥他们在德育中的主动作用。大学生比中、小学生有更大的能动性,教育者在德育过程中应注意发挥他们的主体作用,方能取得良好的效果。

(3) 德育内容与方法。德育内容与方法是教育者用以影响、作用于受教育者的中介因素。从完成特定的德育任务看,德育内容、方法乃至教育者自身因素都是实施教育影响必不可少的"桥梁"。以上三项基本要素在德育活动中是相互关联的,如教育者与受教育者之间构成以下关系:一指教育者要按照国家、社会的需求和培养目标,对被教育者进行教育;二指被教育者要主动积极地接受教育,配合教育者完成德育任务,实现德育目标;三指教育者在德育过程中起主导作用,是实现德育目标的不可缺少的外界条件,被教育者在德育过程中起决定作用,是实现德育目标的内在因素,外在条件必须通过内在因素起作用;四指教育者与被教育者双方需紧密配合,目标一致,不能背离,更不能对立,教育者要先受教育,为人师表,以身作则。

教育者和受教育者与中介因素的关系:中介因素,是沟通德育教育者与受教育者的媒介和中间环节,即过河的"桥梁"。要使受教育者达到德育目标,必须有中介因素。通过中介因素,选择正确的德育内容,采取合理的德育方法,去认识客观世界,并利用其积极因素,为发展主体、满足主体需求服务。

2. 大学德育过程的基本环节

无论是整个德育过程,还是每一个具体的德育过程,尽管教育的内容、途径、方法不尽相同,过程繁简不尽相同,但是展开来看,一般都表现为以下几个环节。

(1) 掌握信息,有的放矢。德育过程总是从教育者掌握信息开始的。教育者必须掌握两方面的信息,一方面,必须学习和熟悉社会思想品德规范;另一方面,必须对受教育者的各种情况进行调查研究。社会的政治观点、思想体系、道德规范是发展的，不是一成不变的。学生的思想和行为表现也在外界影响下不断变化着。不去及时、准确地进行信息资料的收集、汲取工作，不"吃透两头"，是做不好德育工作的。学习和掌握社会的思想体系、政治观点、道德规范，包括掌握党的教育方针及一系列方针政策，就是明确德育目标和掌握德育的基础理论。收集和掌握学生的各种情况，则是德育有的放矢的前提条件。因此，既要了解学生的学习情况、知识结构、思想情况、行为习惯，又要了解学生的身体情况、生活情况、兴趣爱好、性格能力；既要了解学生现在的情况，又要了解学生过去的情况；既要了解学生各自的特点，又要分析带倾向性的共同特点和问题。在收集和分析信息的过程中，要善于查阅书面资料，听取有关汇报，更应注重通过实际活动，同学生直接接触交往去了解真实情况。要善于抓住主要矛盾，透过现象看本质，善于用发展的辩证的观点去看待学生，以便真正洞察学生的内心世界，掌握学生的思想脉搏。还要注意从个性中把握共性，从个别中把握一般，并全面地了解学生的思想问题和实际问题，客观地实事求是地分析产生问题的原因。这样，德育才能避免简单化、一般化，才能做到有的放矢，提高效率。

（2）教育引导，促进转化。在掌握信息的基础上，就要有目的、有计划、有组织地实施德育，促进社会思想品德规范内化为学生的思想意识和信念。同时，更要促进学生的品德意识外化为品德行为习惯，在认识世界、改造世界的社会实践中表现出来。为了促进"两个转化"，教育者必须精心设计组织教育活动和个别工作，力求使德育内容的排列组合、德育途径和方法的综合作用都达到最优化。

（3）信息反馈、总结提高。就一个具体的德育过程而言，实现了"两个转化"就算是德育过程的结束。然而，学生的思想品德是不断发展和完善的，德育过程也应不断前进、提高。因此，从整个德育过程来说，又没有完结，还必须不断进行新的教育。这就不能只研究"灌输"，不研究反馈，不能"只问耕耘，不问收获"，而必须注意研究信息反馈，利用回送的反馈信息，调节自己的教育活动，使教育达到新的水平。

学生思想品德的形成、发展，往往是一个反复学习、实践的过程，教育者要自觉地利用德育过程中受教育者（行为主体）的自我反馈，提高其思想品德修养水平，利用广大周边人群（行为客体）的直接反馈，提高其道德评价水平。教育者自己也必须通过调查研究，收集反映，主动、及时、连续地获得准确、具体、全面的反馈信息，认真总结经验教训，努力掌握德育规律，适时调整，改进工作，不断提高教育者的教育效果和威望，以强化学生的思想品德，抑制不良思想品德，一步步地达到德育培养目标的要求。

（三）德育过程的两个方面

德育过程的实质是将外在的社会要求内化为个体思想品德的过程，即教育者有目的地传授社会的政治、思想、道德，使其转化为受教育者个体的思想品德的社会化过程。德育过程中受教育者个体主要是学习、选择、接受既有的社会思想、道德规范，当然在这个过程中也不排除创立新的思想、道德范畴和道德规范的可能。从中我们可以看出，这个统一的过程中包含两个方面：自觉施加影响的方面和能动接受影响的方面。

1. 教育者对受教育者施加影响的过程

学生思想品德的形成，总是一定教育影响的结果。从教育影响方面说，教育者在德育过程中居于主导地位，应当充分发挥主导作用，全面地培养、提高学生的认识、情感、意志和行为，使之将品德认识转化为品德行为和习惯。

（1）提高学生的品德认识水平。对学生进行思想品德教育，可以从提高认识，或培养情感、锻炼意志、坚定信念、行为训练入手，以培养其中任何一种心理品质为开端，即德育过程具有多端性的特点。一项活动，往往会对发展几种心理品质同时起着促进作用，即具有同时性的特点。我们在具体实施教育中应从何入手，侧重什么，则要从实际的需要和可能出发，因人因事因时因地制宜。但由于学生的品德行为总是以一定的品德认识为指导的，因此，就一般情况而言，思想品德教育也是以提高品德认识为开端的。教育者要按照思想品德形成和发展的规律，循序渐进地提高学生的品德认识水平，逐步实现社会思想品德规范客体向主体的转化。大学德育比起中、小学德育来任务更为艰巨，其复杂性之一是大学生不像中、小学生那么单纯。好的一面是他们的起点高，即水平普遍比中小学生高得多，更加理智，更懂道理，自觉性更强。但另一方面不容讳言，在少数学生身上已形成了不良的行为习惯，每个学生既有不少的正确的品德认识，又难免夹杂一些不正确的品德认识。大学生的思维独立性和批判性大大增强，抽象思维、逻辑思维能力迅速发展，道德意识已进入巩固和稳定发展的阶段，政治意识也开始走向成熟。他们渴望成才，求知欲强，处在世界观形成的关键时期。这些都要求教育者的教育影响具有一定的理论深度。大学生固然要求教育的生动性、趣味性，但更要求知识性、思想性，不但要知其然，而且要知其所以然。所以，他们信服严密的逻辑和充分事实的科学论证。因此，大学德育结构中系统的马列主义理论教育是提高学生品德认识水平的最重要的途径，它从根本上帮助学生奠定科学世界观和方法论的牢固基础。高等学校首先要坚决贯彻理论联系实际的教学原则，把提高学生认识能力、觉悟水平作为系统马列主义理论教育的首要任务，既要有理论的深度，又要有强烈的针对性，做到入情入理，情理交融。只有激发学生的品德情感，才能有效地增强理论的感染力、说服力。总之，要使学生在思想品德教育中不只是"身入",而且是"心入",变"要我听"为"我要听",提高品德修养的自觉性。学生只有获得情感化的认识,才是牢固的认识,才有利于品德信念的形成和品德动机的引发。

在提高学生的品德认识的过程中,教育者要克服形而上学思想方法,不能认为只有政治的、思想的、道德的言行规范的灌输才能提高品德认识水平。自然科学知识、社会科学知识、哲学知识、文艺知识等,对于形成大学生科学世界观和共产主义思想品德来说,都是不可缺少的。这些知识可以帮助学生学会运用正确的立场、观点和方法,去观察分析问题,养成严密思考的习惯和实事求是的作风,克服形而上学的思想,促进品德认识水平的迅速提高。为此,除了有计划地安排从入学到毕业各个阶段的政治理论教育、思想品德教育和形势政策教育外,还应注意围绕教学中心,拓宽学生的知识领域,寓德育于各种求知的学习活动之中。

(2) 引导学生把品德认识转化为品德行为。学生思想品德的形成发展过程,是一个由品德认识不断向品德行为转化的过程。如果说,学生通过智育过程获得的不少知识还不可能一下子用于实践,那么,从德育过程获得的知识却要求尽快地付诸实践。德育过程的实践性更强,思想品德最终都是要通过品德行为和行为习惯表现出来的,并要以此作为衡量思想品德水准的重要标志、检验德育实效的客观标准。德育过程,一般而论是以养成行为习惯为终端的,而行为习惯的养成则是在品德认识向品德行为多次转化的基础上形成的,是知和行的矛盾运动。知与行的统一贯穿德育过程的始终。学生有了正确的品德认识,还不一定能拿出品德行动。这就说明,从品德认识向品德行为的转化是一个复杂的过程,需要经过若干中间环节的作用,要促进学生知、情、意、行诸心理因素的全面和谐发展,才可能实现这一转化,这就要求教育者将晓之以理与动之以情、树之以信、引发动机、炼之以志、导之以行有机地结合起来,引导学生将品德认识转化为品德行为。在这一转化中,要教育学生"从我做起,从现在做起,从小事做起","勿因善小而不为",要"积小善而成大德",只要持之以恒,就可以由量的积累而向质的转化飞跃,就能达到不断提高思想品德水准的目的。实现由品德认识向品德行为的转化,离不开活动和交往。当然,学生的主要任务是搞好学习,他们在校的主要活动是学好各门功课。通过学习实践进行品德修养,这是大学德育的主要途径。但是,有一些思想品德教育的任务仅靠智育过程是不能很好完成的,如集体主义的思想品德,社会公德的培养,就需要围绕教学开展多种健康有益的思想品德教育活动,或交给学生一些社会工作任务。尤其在信息社会里,学生思想品德的培养,要跟上时代前进的步伐,更应重视除了课堂教学以外的"第二渠道"和社会实践活动。要在活动和交往中,加强指导,提出行为要求,使学生在实践的锻炼中,提高其品德认识,丰富其情感体验,增强其信念,坚定其意志,通过反复的品德行为训练，养成习惯，形成社会所要求的良好的思想品德。

（3）选择、调节和控制教育影响因素。学校是社会的重要组成部分，学校的德育过程必然受到社会环境、社会联系等客观因素的影响。大学阶段是青年学生完成社会化的最后阶段，德育过程与社会环境的关系更是息息相通。德育过程的社会性除了它的思想品德规范是一定社会的经济、政治状况所决定的以外，还表现在对学生思想品德形成影响因素的广泛性。从大学德育过程来看，与中小学德育过程相比，这一特点更为突出。这也是大学德育过程复杂性的又一表现。客观世界对学生的教育影响具有多样性，各种各样的渠道，各种各样的形式，有积极的，有消极的，积极的因素对于学校教育产生正作用，消极的因素则产生负作用。德育过程作为一个自觉的、积极的教育影响过程，其突出特点就在于它的可控性。德育过程是掌握社会思想品德规范的教育者所创设的一种特殊环境，在实施德育中，影响学生的主要因素都是教育者有目的、有计划地筛选和安排的，符合社会要求和大学德育培养目标的思想体系、政治观点和道德规范。因而，要使德育过程最佳化，教育者就必须充分发挥德育过程可控性的特点，精心设计、精心组织德育活动，认真选择和调节教育影响因素。例如，可以用积极因素的教育影响，抵制、战胜、排除、改造转化消极因素的影响。当然，可控性不是绝对的，德育也不是万能的。但是，往往正是在那些放弃教育的地方出现了漏洞，出现了矛盾向相反方向转化的不可控状况。只要教育者遵循德育过程可控性的原则，充分发挥教育者的主导作用，许多不可控制的影响，也可以变为可以控制的影响。客观外界作用于学生的影响因素的多样性要求德育工作者的教育活动、教育形式也具有多样性，要寓教育于青年学生喜爱的活动之中。选择、调节、控制教育影响因素，正是为了在多样性的教育影响之中，增强正合力作用，抵制负合力作用。为此，要灵活运用各种各样的教育形式，有时侧重进行理论教育，有时侧重形象教育，有时侧重个别教育，使各种教育形式都为施加积极影响、克服消极影响服务。

2.受教育者接受教育影响的过程

虽然教育者在德育过程中居于主导地位，起着主导作用，但这只是从教育影响方面而言的。从德育过程的另一方面，即接受教育影响方面来说，受教育者（学生）则居于主体地位，起着主体作用。受教育者的这种主体地位和作用绝不可轻视。因为德育过程不是受教育者孤立、静止、被动地接受外部影响的过程，而是受教育者在参与实际活动中接受影响，引起主体内部各种思想矛盾运动和转化的过程，德育过程也不是教育者单向传导思想品德规范的过程，而是教育者与受教育思想、情感交流的双边活动。只有外部的教育影响成为学生活动的对象，被纳入主观反映领域之中，并与学生内在的需要、动机、思想、情感等因素发生交互作用时，才能使受育者"自我介入"到德育过程之中，真正受到教育，促进学生内部思想矛盾的运动和转化。因此,教育者要在德育过程的各项活动中确立受教育者的中心地位,发挥其主体作用,使活动的全过程成为受教育者内部思想矛盾运动和转化的过程。

(1) 认真分析把握大学生思想矛盾运动的特点。既然任何教育影响都只有通过受教育者的思想矛盾运动,才能实现由不知到知、由知到行和行为习惯的转化,那么,研究大学德育过程就必须认真分析和把握大学生思想矛盾运动的特点,以便掌握规律,有的放矢,创造条件,促其转化的实现。大学生的思想矛盾同一般人相比,虽然都具有二重性的特点:从认识发展的过程看,存在知与不知的矛盾;从认识内容看,存在着正确与错误的矛盾;从认识发展的形式看,存在着偶然与必然的矛盾;从认识发展的阶段看,存在着量变和质变的矛盾;从认识发展的表现状态看,存在着表露与隐蔽的矛盾。但是,大学生由于处在青年中期,其心理发展水平处于迅速走向成熟而又未真正完全成熟。大学生既不同于少年儿童,又不同于已经走向社会的成年人。同少年儿童相比,大学生的思想品德正在形成,正确的观点和错误的观点也开始部分形成,这就使克服某种错误思想和不良行为习惯,具有一定的艰巨性;而同成年人相比,大学生的心理发展又远未达到成熟水平,各种心理特点均具有积极因素与消极因素,自我意识突出的矛盾性,集中反映出发展的特点,因而仍具有较大的可塑性。比如,他们有强烈的求知欲,对新事物敏感,但由于知识和阅历所限,识别能力还不强,有时"先入为主",又容易受错误思潮影响;他们富于理想,积极向上,有时又产生愿望与现实的矛盾;他们情感丰富,情绪强烈,但有时又容易感情用事,出现感情与理智的矛盾,等等。这些都说明大学生的思想、心理各方面同时存在着积极因素与消极因素,这是发展过渡期所独具的同一特点的两个方面。许多错误思想认识又是同无知有关的,然而却有继续发展、继续接受不良影响的可能,并成为阻碍新的思想品德形成的根子,不可等闲视之。教育者要认真细致地对大学生思想矛盾运动的特点进行立体、动态、具体的分析,在看到大学生的积极因素时,还要看到他们尚未完全成熟;而在看到大学生的消极因素时,又要看到他们正在走向成熟,是发展过渡期特有的两重性的表现,不可将他们同成年人一般对待,尤其不应只看他们消极因素的一面,一味谴责、惩办,而要善于发现他们积极因素的一面,要允许他们犯错误,允许他们改正错误。相信只要坚持积极教育引导,他们身上的消极因素是可以逐步消除的。教育者的任务就是要把握受教育者思想矛盾运动的特点,促进受教育者主体内部积极因素的发展,不断化消极因素为积极因素。

(2) 创造条件促进学生思想矛盾的转化。在具体的德育过程中常常可以看到,有的学生进步快,有的学生进步慢,有的学生甚至落后了,究其内部原因,是由于各人对待同样的教育所采取的态度不一样,也就是说自觉性不同。严格要求自己的学生，能自觉开展思想斗争，让头脑里的先进思想克服落后思想，正确思想战胜错误思想，积极的教育影响和学生内在的积极因素达到了一致，并占据了思想矛盾的主要方面；不严格要求自己的学生，不能自觉地开展思想斗争，接受教育影响不多，收获不大，所以进步不明显；而缺乏自觉性的学生不仅不能开展思想斗争，而且还可能对教育影响产生反感，头脑里的错误思想、落后思想占据了思想矛盾的主要方面。这说明，只有内因起作用，即学生能自觉开展思想斗争，才能实现内部思想矛盾向积极方面的转化，德育才能真正奏效。然而，任何内因都是一定外因影响下的内因，就是说，学生思想矛盾的转化需要一定的外因作条件，没有一定条件是不能促成转化实现的。教育者要防止克服德育一般化、"一刀切"的毛病，注意教育的针对性，就是要创造能激发学生开展思想斗争、促进其思想矛盾转化的条件，达到长善救失、扶正祛邪的目的。

这种条件就德育过程而言有外部条件和内部条件之分。学生思想品德形成、发展的外部环境即外部条件，包括社会经济、政治文化、思想的影响，国际交往和国外思想文化的影响，集体生活及一切人际关系的影响。这些影响都有积极方面和消极方面。学校和教师、德育工作者要通过分析、选择、调节、控制影响源，协调人际关系，以充分发挥积极影响的作用，抵制和消除消极的影响，创造有利于学生思想矛盾向正确、积极方面转化的外部条件。内部条件就是学生的思想基础及思想矛盾向积极方面转化的动力状况。教育者要针对不同学生及不同情况，从他们的原有思想基础出发去提高他们：有的需要塑造和再塑造教育，有的需要进行改造教育，对缺乏思想品德规范知识的人，应侧重提高其品德认识，对意志薄弱的人，应侧重增强其意志，对具有不良行为习惯的人，应侧重行为习惯的训练，有的还应通过集体的教育或必要的纪律处分，使学生受到思想震动，引起思想斗争，从而产生自我反省、自我约束、自我控制的能力，生长出接受积极教育影响、抵制消极影响、实现思想矛盾转化的内部条件。一般来说，不论对于哪一类学生都要坚持以正面教育为主的疏导原则，通过创造思想转化的各种条件，促使学生内部思想矛盾运动实现由知之不多到知之较多，由消极方面向积极方面，由品德认识向品德行为和习惯转化。

（3）形成学生良好的内部道德环境。学生的思想品德总是在外部影响下形成的，一旦形成之后又有相对的独立性，成为自身思想品德修养的支配力量和改造客观环境的反作用力量，体现出主观能动性，这就是内部道德环境。良好的内部道德环境则是思想品德修养的一种自为境界，即学生接受了教育影响后，经过内在的思想矛盾运动，把品德认识变为品德行动，达到知行结合、知行统一，养成习惯的程度。良好的内部道德环境，对于大学生来说，可以发挥以下一些方面的主观能动作用：①能加强自我修养，自觉开展经常的思想斗争、不断提高自己的思想品德水准；②能按照品德追求来调节行动，而不以外部环境的好坏为转移，直至达到"慎独"的境界；③能以自己的品德行动，反作用于客观环境，改造客观环境。良好的内部道德环境的形成只能是学生长期坚持自我教育、注重自我修养的结果，教育者是不能越俎代庖的。因为良好的思想品德作为一种精神追求，其真诚是出自内心深处的，只有通过反复的自我教育，达到认识和感情的统一，才能使社会思想品德规范内化为信念，成为自己个性的有机组成部分，从而支配自己的行动。这时，学生就能自觉运用社会的思想品德规范，对自己的思想言行进行自我认识、自我评价、自我改造、自我修养，对外部环境的影响进行自我选择、自我调节、自我控制，真正形成良好的思想品德。

二、德育过程的规律

何为规律？列宁在《哲学笔记》中说："规律是关系……本质的关系或本质之间的关系。"《中国大百科全书·哲学卷》注释为："规律也即法则，是客观事物发展过程中的本质联系，具有普遍性的形式。规律和本质是同等程度的概念，都是指事物本身所固有的，深藏现象背后，并决定或支配现象的方面。然而本质是指事物的内部联系，由事物内部矛盾所构成，而规律是就事物发展过程而言，指同一类现象的本质关系或本质之间稳定的联系，它是千变万化的现象世界的相对静止的内容。规律是起反复作用的，只要条件具备，合乎规律现象就必然重复出现。"规律具有客观性、必然性、普遍性、可重复性等特点。

德育过程的规律，体现了德育过程自身的特点和自身各种矛盾运动的特点及其相互间的联系。德育的目的、任务、内容、方针、原则、途径和方法以及教育者、受教育者各自都具有特殊的矛盾性，都有其内在规律。而基本规律则是贯穿于德育过程各个方面和德育过程始终的最本质的规律。为了探讨德育过程的基本规律，首先必须分析德育过程的主要特点及诸因素相互联系，弄清德育过程中的基本矛盾是什么，才能更好地认识大学德育过程的规律，也才能更好地从实际出发运用这些规律。

虽然学生思想品德的性质和内容决定于人与人的实际社会关系和社会政治思想、伦理的性质和内容，具有明显的时代特征，它的发展方向和发展水平，也直接受学生的心理活动规律的制约。然而，这并不是说学生思想品德的形成、发展无客观规律可循。通过以上分析，我们认为有以下几方面的规律。

（一）德育过程的规律是受多方面因素影响的

这一规律是指人们的思想品德是受家庭、学校、社会各方面的影响而形成和发展的。从学校自身来看，仍存在着重智轻德、重课堂教学轻社会实践的问题，教育者与受教育者之间、社会与学校之间存在某种程度的不和谐，没能很好地理顺学生成人与成才的关系、课堂内外的关系、校园内外的关系、升学考试与素质教育的关系，没能解决好学校正面教育与社会多种影响之间矛盾的问题，致使智德分离、校内外教育分割，没有形成教育合力。我们知道，德育不是孤立存在于学校教育中的，在人的思想品德发展中，学校只是一个重要因素而不是唯一因素。

当前，我国社会总体上是和谐的，但也存在着诸多不和谐的现象和问题。从社会发展方面来看，《中共中央关于构建社会主义和谐社会若干重大问题的决定》指出："我国城乡、区域经济社会发展很不平衡，人口资源环境压力加大；就业、社会保障、收入分配、教育、医疗、住房、安全生产、社会治安等方面关系群众切身利益的问题比较突出；体制机制尚不完善，民主法制还不健全；一些社会成员诚信缺失、道德失范，一些领导干部的素质、能力、作风与新形势新任务的要求还不适应；一些领域的腐败现象仍然比较严重；敌对势力的渗透破坏活动危及国家安全和社会稳定。"社会是教育的大生态，学校仅仅是这个生态中一个小小的"群落"。作为社会人的学生，是不可能脱离这样的"生态"而生存的。正是这一生态系统内的社区环境、道德风尚、文化习俗塑造着学生的思想品德，可以说，学生品德问题归根结底是社会问题的反映。正因为如此，加强学校与家庭、社会沟通问题已成为国际社会的共识。建设学习型的社会更多是将学校与社会融为一体，这样才能使学校的作用得以拓展和延伸，并取得良好的效果。单一的德育形态无法实现品德培养和人格完善的目标。德育不仅要关注学生在校的教育，更要关注学生走出校门、走向社会的教育，学校与社会结合为终身教育及学习型社会的实现构筑了基石。

（二）交往与活动是思想品德形成基础的规律

人们彼此之间的利益关系只有在人们的交往中，在人们的社会实践活动中才能产生和改变。恩格斯指出："人们自觉或不自觉的，归根结底总是从他们阶级地位所依据的实际关系中——从他们进行生产和交换的经济关系中，吸取自己的道德观念。"这就是说，人们的道德是在人们的生产关系中产生和形成，在人们的交往和实践中通过彼此之间利益关系的处理表现出来的。人们只有在社会交往和实践中才能判断一个人的言行是善的还是恶的，是美的还是丑的，是道德的还是不道德的。人们在社会交往和实践中，才能掌握社会思想与道德规范，并逐步形成自己的思想品德。18世纪法国著名的思想家爱尔维修曾说，如果我一个人生活在孤岛上，孑然一身，我的生活就没有什么罪恶和道德，我在那里既不能表现道德，也不能表现罪恶。脱离了人与人之间的社会交往和社会关系，脱离了人的社会实践，就无所谓言行一致，不存在彼此之间的利益关系，也就无所谓道德。因此，培养良好的人际关系是道德实践的出发点。从小处而言，要处理好自己与家人、朋友、他人的关系，处理好眼前与长远的关系；从大处而言，要处理好自己与集体、国家、社会之间的关系，处理好人类与自然的关系。社会关系是人的生存方式，通过人与人之间的交往而形成。而德育过程是一定社会信息的双向交流，它要求以一定的社会活动、社会交往为中介。学生的思想品德是在社会关系总和中形成和发展的，因此，德育过程离不开一定的人际关系、社会交往和社会活动。一定的社会活动和交往，是人的思想产生的条件、形成的因素和依附的客体，也是教育者将社会所要求的思想品德规范传导给受教育者的桥梁，是德育过程的教育手段及表现形式。学生的思想品德是在活动与交往中形成，同时又在活动与交往中表现出来，没有教育的活动与交往，社会思想品德规范不可能实现它的教育作用，也不可能转化为受教育者的思想品德。所以，交往是人们思想品德形成的基础。

交往包括物质交往、精神交往、生产交往、文化交往、艺术交往、日常生活交往等。它是社会关系现实化的方式，具有广泛的社会意义，有多少种交往就有多少种社会关系。社会关系总是通过人与人之间的交往形成的，也总是通过各种交往对人发生作用的。人在社会关系中，通过交往来掌握社会的思想道德观点，形成行为习惯。

德育具有很强的实践性。实践活动既是内化德性、外化德行的必要介质，更是德育目标的真正意义所在。一般认为，人的德性的生成、发展、成熟，不是靠灌输，它们不是外界授予的，而是通过主体的践履、体悟来建构的。实践的观点是德育首要的、基本的观点。德育不同于智育，智育的任务是传授知识，培养能力，它主要解决知与不知、会与不会的问题；而德育不仅要解决知与不知、会与不会的问题，而且要解决信与不信、行与不行的问题，即不但要授之以知、晓之以理，而且要动之以情、导之以行、持之以恒。只有知识传授，而无情感陶冶、意志磨炼和行为引导不是完整的德育。因此，在德育活动中，要坚持"近、小、实、亲"四个原则。近，就是贴近生活，贴近学生，贴近实际；小，就是从小处着眼，从小处入手，从小事做起；实，就是倾注真情实感，讲述真实情形，做诚实守信的人；亲，就是亲切融洽，可亲可信，亲身践行。

实践活动是检验学生品德素质高低的唯一标准。学生思想品德只有在实践中才有价值和意义。德育作为一种实践活动包括教师主体活动和学生主体活动，两者是统一的。从认知层面上说，教师主体活动把自己的知识、才能、品德等转化为客观要求；学生经过自主活动将这些要求加以鉴别、分类、整理、吸收，最后转化为自己的观念。从行为层面上看，教师主体活动就是对学生的自主活动加以推动、监督、督促、评价的活动；学生的自主活动就是根据社会、教师和自身评价来实践道德价值观念的过程。从德育是一种实践活动这一命题出发，可以看出，教师的主体活动不是把知识、才能、品德等直接加在学生身上，实际上这也是不可能的，因为他只能使自己客体化、对象化。而学生的品德形成过程必须由学生自主完成，如果没有学生的自主活动，只能算教师一厢情愿了。

认知的深化、情感的陶冶、意志的磨炼、行为习惯的养成、信念的确立都离不开个体现实的生活和活动。学校要创造条件，让学生走向社会，参加社会公益活动、学农学军、科技发明等实践，通过这些活动培养学生热爱劳动等习惯。《说文解字》中说："德，行有所得也。"思想道德只能在参与社会实践活动，在有所作为的过程中获得品质或品行。脱离社会实践必然无所"得"，也就无所"德"，故有"君子以果行育德"的教诲。

实践是人的存在方式，是人的自我生成、自我创造的活动，实践的根本指向是人自身的全面自由发展；实践又是人通过改造、征服外部世界获取所需要的生活资料以维持自己生存的活动。实践既是人生命的积极表现，又具有改造对象世界的性质，这两种指向是相互促进、彼此推动的，统一于同一过程之中。实践是自身品德发展的基础，也是自身品德存在的形态。个体只有置身于实践中才能达成知情意行的协调统一。实践活动形式多种多样，既有课堂德育活动，也有课外德育活动；既有校内活动，也有校外活动。活动的主题鲜明，生动活泼，针对性强，是学生品德形成和发展的有效途径。学生在实践中感悟，在感悟中生成，在生成中积累，在积累中提升。只有在生活实践中才能认识个体品德对人、对社会的价值和意义。如果不把道德知识运用到实践中，不仅自身的品德素质不能得到提高，而且还会出现知行不一的问题。"我们由于从事建筑而变成建筑师。由于奏竖琴而变成竖琴演奏者。同样，由于实行公正，而变为公正的人，由于实行节制和勇敢，而变成节制和勇敢的人。"

第四节 高校德育课程及其主要内容

课程问题是任何一个教育体系中居于中心地位的问题。课程是教育运行的手段和媒介。德育课程作为德育活动的中介，是学生品德成长的载体。长期以来，德育课程一直是我国各级学校德育的主渠道、主阵地。目前，关于德育课程方面的研究大都倾向于把这一体系分为显性德育课程和隐性德育课程两个组成部分。

一、显性德育课程

德育者为了实现德育目标，既可以采取有组织的、有计划的、明确的、直接的、外显的方式，使受教育者获得思想道德方面的培养和提高，也可以采取非直接的、不明显的、暗含的方式实现德育目标。通常，我们将有组织的、有计划的、明确的、直接的、外显的课程方式称为显性课程。它包括认知德育课程和活动德育课程。

（一）认知德育课程

所谓认知德育课程，也称德育学科课程，有些学者也称为知识性的、理论性的或认识性德育课程。主要通过把有关政治思想和道德知识等观念传授给学生，促进学生认识、情感、意志与行为习惯的形成与发展。具体地说，认知德育课程在课堂中借助于教材，在教师的启发、引导下，通过说理、讲授、讨论与阅读等方式，让学生理解和掌握系统的正确的政治理论、思想观念、道德认识乃至道德信念等，是专门培育德性的课程。它主要是指目前我国各校开设的正规德育课程，是相对于智育课程、体育课程、美育课程等而言的。直接地进行思想道德教学是我国学校德育最常见的一种形式，它存在于学校正式的课程之中，有课程标准和计划。认知德育课程是集中反映统治阶级意识形态和思想观念的课程，在学校课程建设中居于主导地位，起着支配作用。

首先，德育是否可以作为一个专门的学科课程存在是德育课程理论反复争论的一大课题。从中国的现实来说，我们采取的是正面肯定学科课程的立场。从世界现当代德育发展的趋势来说，肯定回答的声音也越来越强烈。事实上，通过课程传授的方式对学生进行德育，仍然是世界上绝大多数国家德育的主要途径和基本方式。

综合起来看，反对将德育作为专门课程去开设的理由一般有以下几条：①德育课程如作为专门学科课程去开设，就会出现一些与一般课程概念相抵触的东西。比如，道德教育不像一般课程那样以知识教学或思维训练为目标，德育以态度和行为的改变为主要目的。又比如，列入学科课程的科目一般都应当、也可以进行课业成绩评定，但德育课的成绩却很难评定。②特定学科课程一旦设置，就应当有专门的教师，而真正合格的德育教师很难找到。即使这一问题能够得以解决，也会有淡化其他学科教师德育义务的危险。③德育作为专门的学科课程容易导致灌输；容易忽视理性、情感、行为能力的培养等。开设专门的德育学科进行德育，效果不如利用其他学科中进行的间接的德育。

赞成将德育作为专门的学科课程予以设置的理由是：其一，德育的特殊性不能作为其不能独立存在的理由，而只能被看作是德育课程设置应当考虑更多的问题。其二，如果不将德育作为专门学科开设，德育可能成为一种"边缘性学科"。由于各科教学都有自己特定的任务，没有专门的德育课程就意味着学校放弃或部分放弃了德育的责任。其三，德育有自身特定的教育目的、教育内容、教育程序，所以应当作为一门专门的学科看待。作为一门学科专门设置并不会必然导致灌输以及对理性、情感、行为能力培养的忽视。相反，教授必要的思想道德知识，让学生掌握必要的正确观念倒是培养理性、情感、行为的必要前提。直接和专门的德育是"专业"和"诚实"的做法。

我们的意见是：德育可以也应当作为一个专门的学科课程去设置，但同时德育专门课程设置应当与各科教学结合起来进行，即在其他学科中，教师也要充分挖掘教材蕴涵的德育因素，自觉地将德育目标落实到教学的各个环节，体现育人价值；德育课程教与学的方式必须符合德育的特殊实际；必须充分注意研究和处理好与活动德育课程和隐性德育课程建设的关系。

高校德育课规定了统一的大纲、教材、学时，配置了专门教师。这就在内容、人员、学时上保证了认知德育课程途径的系统性和方向性。全国统一教学大纲、教学内容的思想政治理论课是系统化的马列主义思想和社会主义道德的学科课程，这种体系化学科课程在德育中具有重要价值。正因为"德育课程"有如此独特的作用，所以我国提出了德育学科是学校德育主渠道的论断。德育课是向学生较系统地进行社会主义政治思想教育，其教学的目的是提高学生思想觉悟和认识能力，培养社会主义道德品质。但是，我国认知德育课程曾出现"政治热"或"经济热"的"跟风现象"或"钟摆现象"，曾经过多地强调政治思想教育，忽视心理品质、个人修养、行为规范等方面教育。另外，我国德育课程从编制到教学，很少有教育对象的参与，对教育对象的品德实际和需要以及发展的逻辑考虑不够。其结果是，教育内容教条化，学习方式的"静听"式。德育课程设计与教学中没有充分考虑学生的主体参与，吸收现当代德育理论与实践的优秀成果仍然不够。因而把德育从生活、学科知识中抽离出来，单独对学生进行德育，往往由于目标定位过高，实际效果反而落空。空洞说教可能造成普遍的虚假，如致使一部分学生表面上信奉某些道德信条，但"知行脱节""口是心非"，有时甚至会造就出一些道德的"伪君子"来，导致理想化德育目标与实际生活之间出现差距。这是德育缺乏实效性的最直接原因，也是我们在加强和改进认知德育课程时应注意的问题。因此，认知德育课程不免遭到一些质疑。学生品德的形成仅仅依靠认知这种单一的形式是不够的，是难以达到目的的，不能局限在课堂里进行思想道德的直接教学。同时，我国认知德育课程基本上采用的是螺旋式结构。这一结构的确有利于学生对一些抽象的伦理、哲学概念的掌握。但是这一结构也带来了一个十分突出的消极后果，即使德育课程的教育内容重复严重，既浪费时间也削弱了学生学习的积极性。近年，我国德育课程设计已经注意了这一弊端，但是这一问题远未得到解决。今后仍然需要在课程编制上做更多的科学化努力。

其次，认知德育课程有它自身的理论基础。从认知主义角度看，个体如何内化社会的思想道德规范呢？学生品德又是怎么形成和发展的？科尔伯格提出了道德教育的"认知—发展方法"。他解释说："它之所以是发展的，是因为它认识到道德教育的目的就是促进各个阶段的发展。"德育决不是背诵条例或强迫遵守纪律，而是促进思想道德认知水平发展。从伦理学角度看，尽管在不同的历史时代，不同的社会与不同的人之中，肯定存在着多种多样的、具体的、特殊的或相对的思想道德价值规范或伦理准则，但是，普遍的、一般的思想道德价值是始终存在于有理性的人类与人类社会之中的，像苏格拉底、柏拉图、康德、孔子、孟子等思想家、哲学家以及亚伯拉罕·林肯、马丁·路德·金及"圣雄"甘地等道德领袖曾经提出与实践过的那些普遍的道德原则或道德价值观念。普遍的思想道德规范需要通过书本学习来达成共识。

从德育社会学角度看，在世界不同的国家、民族、阶级、党派、团体、地区、部落、村舍直至家庭等大大小小的文化与亚文化中，的确存在着不同的思想道德观念或伦理准则，它们是具体的、特殊的或相对的；尽管人们应相互容忍、尊重各自所信奉的思想道德观念或伦理准则，但是，这并不意味着这些不同的"社会"文化或亚文化中的思想道德体系是等价的。

一方面，不同历史时代的思想道德观念体系在性质上是不同的，因而也是不等价的或不等值的，因为社会总是在向前发展着的，思想道德体系也基本上是同其所处的那个社会同步发展的；另一方面，即使是处于同一时代或历史时期的不同的思想道德体系也不是等价或等值的，在某一社会历史时期"共时"存在的各种不同思想道德体系有发展水平和程度上的高低优劣之分，如果将它们纵向排列起来就显示出它们之间的"异时"性，就可以看到它们之间的"发展性差异"了。例如，在现代社会的某些民族和部落中，至今仍存在和流行着近乎"原始"的行为方式与道德规范。

从品德发展心理学角度看，个体的思想道德观是从不成熟逐步走向成熟的。在这一过程中，一个人经历了各种不同的思想道德发展的水平、阶段与亚阶段，而发生在这同一个人身上的这些不同的发展的纵向水平与阶段如果被横向排列起来，就成了同时并存的许多种各不相同的思想观点或道德价值体系。如果我们假定由不同的人同时分别采纳其中的每一个水平或阶段的思想道德观，那么，我们就可以将这些不同的人所具有的不同的思想道德观看作发展水平上的不同或发展程度上的差异。可见，所谓的各种不同思想道德观具有同等价值的看法—道德价值上的多元论与相对论是不符合心理科学的事实的。

总之，无论从伦理学、德育社会学还是品德发展心理学角度看，都存在着对于全世界、全人类与所有历史时代而言都是共同的、普遍的、一致的道德价值。例如，对人的生命价值的尊重（救死扶伤、人道主义），对人的独立、自由、平等、尊严等权利的尊重，公正，己所不欲，勿施于人等"金科玉律"以及存在于很多联合国文件、国际协定、国际条约与国际法中并为它们提供道德与价值基础的关心人类和平、进步、发展的观念，对人类生存的共同生态环境的关心，对世界文化遗产的保护与发展，对人类共同的"困境"或"危机"的共同关心等，这些已成了维护与发展人类社会与自身的一种新的意义的"公共生活起码的道德准则"。认知德育课程的主要功能就在于传授这些知识，发展学生的思想道德判断能力。它重理智、尚系统，注重思想道德行为中智慧之启迪，诉诸学生的理解，旨在使学生养成正确的思想道德判断能力，使他们对有关思想道德的知识、观念等系统地进行把握，从而自觉地服从、遵守思想道德规范，促使个体思想道德由他律到自律的转变。通过教学进行的德育，是建立在掌握科学知识和认识事物发展规律的基础上，经过了逻辑论证和个人的判断及领悟。

（二）活动德育课程

活动课程的思想发源很早，现代意义上的活动课程之首倡者当是美国教育家杜威。杜威说过："细心考察一下学校教育中永远成功的教学方法，无论是算术、阅读、地理或外国语的教学，将会表明这种教学方法之所以有效，全靠它们返回到校外日常生活中引起思维的情境。它给学生一些事情去做，不是给他们一些东西去学；而做事又是属于这样的性质，要求进行思维或者有意识地注意事物的联系，结果是他们学到了东西。"活动课程是作为对学科课程的否定者面貌出现的。杜威反对以学科为中心，将学科分得过细，忽视学生的兴趣与经验，也同实际生活严重脱节的传统课程，主张使课程满足学生当前的兴趣和需要，以学生为中心组织课程。杜威提倡和实验过的活动课程模式产生过世界性的影响。杜威的活动课程理论主张以学生的社会动机、建设动机、探索动机和表演动机为基础组织教学，其目的在于帮助学习者解决他们当前认为重要的问题，扩大、加深他们的已有兴趣和生活经验，教师只是学生学习活动的顾问，教材只不过是为学生解决疑难问题、满足当前兴趣而提供的参考材料。

活动课程由于不能使学生很好地掌握系统的科学文化知识、使学生按部就班地学习曾经受到过广泛的批评，其发展势头在20世纪50年代以后曾经一度受到抑制。但是20世纪70年代以来，由于社会发展的新的需要（对人的创造性的需要），也由于哲学、心理学的发展提供了更扎实的价值与科学的基础，活动课程的理论和实践又重新活跃起来。

二、隐性德育课程

国外课程专家认为，学生除了在学校安排或教师指导下从教师教课和教科书中学习外，他们还从学校的制度特征、集体生活、学校的气氛中受到影响。有计划、有意识的课堂教学有时会产生与之相反的"无意识的学习结果"，课程内容无形中受到社会价值体系、意识形态的过滤，学校规范、课堂纪律也渗透或折射出价值观、道德观的要求。这些因素以隐蔽的、潜在的、渗透的方式作用于学校生活中的每一个学生。

（一）隐性课程的基本内涵

1968年，美国教育社会学家杰克逊在其专著《班级生活》中首次提出隐性课程的概念时指出："学生从学校生活中不仅学到了文化知识，而且获得了态度、动机、价值和其他心理的成长。这些价值、规范，态度、动机不是从学术课程中获得的，而是经由学校的非学术方面，暗默中、潜在中不直接地传递给学生的。"杰克逊把这种非正式的文化传递称为隐性课程。随着隐性课程理论研究的深入，人们从不同角度提出了众多的定义，但一般认为"隐性课程是指形成学生的非正式学习的各个要素，这些要素在学校课程中没有得到明确的规定，它们被看作是一部分隐藏的、无意的甚至是完全没有得到承认的学校生活经验，但又经常地有效地对学生发挥着影响"。

从隐性课程定义中我们可以看出隐性课程具有的基本特征：一是隐性课程作为课程的一个下位概念，是课程的一个组成部分，其外延不能超出课程所规定的范围，因此，它不包括家庭和社会的影响，是学校生活经验的组成部分。二是隐性课程就其内涵来讲，它不直接指向学科内容，属于非实体性的精神文化。"隐性课程是指在学校中除正规课程之外所学习的一切东西，是学校经验中隐蔽的、无意识的或未被完全认可的那部分经验"。三是隐性课程作为与教师按照教学大纲、教学计划的要求传授、学生通过正式学习获得的学校经验相对立的一个概念，与显性课程一起构成了学校课程体系。四是隐性课程既体现着学校教育范围内自然影响的属性，也体现着教育的属性。换言之，隐性课程对学生的影响，通常都是在"非目的性""无计划"的自发偶然情况下发挥作用，学生是在潜移默化中受影响，但也不否认隐性课程是有一定目的、有计划、有意识地对学生施加影响，学生也会有意识地从学校环境中得到某些体验，隐性课程处于一种意图性、预期性的状态。五是隐性课程与显性课程的划分也是相对的，实际上，两者是互相联系、互相渗透并且互相转化的。显性课程中潜含着隐性课程的成分，隐性课程中强化着显性课程所传递的经验。显性课程中包含的观念，如世界观、人生观、价值观，等等，由于连续多年的传递过程，会转而消融成隐性课程；隐性课程的内容由于教师的精心设计与有关方面的重视，转而可以成为显性课程中的一个内容。

（二）高校隐性德育课程的基本构成

根据以上理论分析，高校德育课程也可以分为显性和隐性两种。所谓隐性德育课程是指学校通过（或创设）一定的教育环境，对学生进行一种间接的教育性经验的传递与渗透。

依据隐性课程理论，高校隐性德育课程应由四个部分构成：

1.隐藏在各种正规显性德育课程中或各学科教学中被忽视的隐性德育因素

课程理论研究者指出，学生思想品德的学习一般包括两种形态：一种是通过专门的（有计划、正规的、显性的）学习任务获得学术性知识（如"两课"），但学生从这些课程中"学会"或"获得"的并不一定就是这些课程的设计者与传授者所预期的结果；另一种是学生无意识地获得的非学术性知识，它以无形的方式自发地作用于学生的思想品德的形成与发展。如通过学校环境、气氛、风气施加给学生的影响，或是通过交往、评价等学习活动而获得的价值、态度、情感、兴趣、意志和信仰等。这种自然的潜在的因素确有其非预期性一面，我们很难估计它究竟会对学生产生什么样的影响，然而这种潜在的影响因素经常由于它的隐蔽性或无形性而被教育者有意或无意地忽视了。事实上，隐蔽在各种正规显性德育课程中以及各学科教学内容中的德育因素是自然而然地潜在着的，它的作用又具有不可预期性，它以潜移默化的方式对学生的思想品德发生着深刻影响。

2.以校园物质环境为载体的隐性德育课程

这主要是指学校规划、建筑设计、班级教室设置以及各种自然景观、人文物质景观等因素对学生思想品德的隐性作用。美国学者德伯里认为，物质景观有三种不同的艺术形式，即建筑、雕塑和服装，它们具有极高的审美价值和教育功能。校园各种物质景观积淀着历史、传递文化和社会的价值，蕴含着巨大的潜在教育意义，其直观性和超语言性潜移默化地影响着学生的价值观、态度和情感，它通过学生对各种物质景观的解读去领悟其丰富、深刻的内涵。如学术报告厅的庄重、课堂教室的严谨、体育场馆的朝气、各种雕塑的寓意等。正是由于校园物质、自然景观的象征性、隐喻性、激励性和模糊性，造就了隐性德育的教育功效。

3.以制度形态为内容的隐性德育课程

制度即规定，是维系各种社会生活关系的规章体系。学校的规章、守则和组织是学校教、育结构的特性，也以隐蔽的方式对学生产生德育功效。它具体包括学校的组织结构，领导者的思想观念、方式，教学管理方式及其评价机制，学生宿舍生活及一切活动的安排方式，规章制度的健全与合理性等。应该看到，制度或体制对人的行为的规范性是极其复杂的，表现出诸多因素的不可预期性，甚至出现恰恰相反的效果，由此引起我们思考制度形态上存在的隐性德育因素。如学生考试中的作弊处罚制度，缺课处罚制度，公共课、选修课点名制度，男女生宿舍管理隔离制度等，为什么在这些规章、守则颁发后，有制度而效果不大呢？显然与忽视隐性德育课程意义相关。目前高校规章制度的制定普遍偏重于其科学性、规范性和可操作性，没有考虑制度的可行性，即忽视了学生作为道德主体参与的程度，致使学生缺乏自主设计、自主学习、自觉检查、评价的习惯和能力以及自主负责的态度，这样将会削弱学生道德行为的自觉性与持久性。高校学生出现的与学校各项规章相悖的现象，既不反映学生认知水平问题，也不属于道德品质问题，而是一个心理问题。如果那些经过他们参与讨论并自主选择了的学校规章在获得心理认同后，应该会内化为自己的自觉行动并选择相应的道德行为。

4.以文化、心理内容为特征的隐性德育课程

这主要是指校园风气、学校气氛、社团组织气氛、教师人格、心理影响、师生关系以及班级心理环境等。隐性德育课程发挥德育功能来源于深刻的心理学理论基础，它对学生影响的心理方式主要是感染、暗示、模仿等。它是通过无意识发生作用的，学生在观察、模仿中形成了自己特定的思想品德和个性特征。学校中特定的文化、心理内容集中反映了校园的历史传统、精神风貌以及学校成员共同的目标追求、价值体系、道德情感和行为规范。如良好的师生关系会给学生带来愉悦的情感体验，极大地促进学生认知积极性和学习主动性；同时，和谐的、健康的班级心理环境有利于缔结学生积极向上、友谊合作的同伴关系。乌申斯基曾指出："教师个人的范例，对青年人心灵的影响是任何教科书、任何道德箴言、任何惩罚和奖励制度都不能代替的一种教育力量。"

第六章　高校德育的发展研究

第一节　高校德育方法及其应用

在德育的整个逻辑进程中，德育工作者要实行目标体系由理想向现实的有效转变，除了取决于诸如目标体系的确立是否科学、内容是否体现了时代要求、主客体之间情感沟通是否处于较好的状态等因素外，德育的方法是否科学也是极为重要的制约因素。毛泽东曾形象地把目标的实现比喻成桥或船。他说："我们不但要提出任务，而且要解决完成任务的方法问题。我们的任务是过河，但是没有桥和船就不能过。不解决桥和船的问题，过河就是一句空话。不解决方法问题，任务也只是瞎说一顿。"可见，在完成任务的过程中，解决问题的方法是非常重要的。

一、德育方法概述

"方法"一词，英语为"method"，来源于希腊文的"metodos"，原意为沿着一定的路径（前进），也就是以一定方式或程序开展活动，从而达到目的的意思。德育方法因此可以定义为教师和学生在德育过程中，为达成一定的德育目标而采用的、有一定内在联系的活动方式与手段的组合。要正确理解德育方法的概念，必须搞清德育方法与德育手段、德育方法与德育方式之间的关系。

德育方法与德育手段的关系。德育手段主要是指道德教育活动的工具、载体及其应用，如直观教具、阅读材料、辅助读物、艺术作品、电子网络及应用等。教师如何用语言、榜样、情境、环境、体验等手段对学生进行道德教育呢？这是方法问题。一种手段往往有多种用法，一种方法也可用多种手段。

德育方法与德育方式的关系。德育方法在生动和具体的德育过程中可以分解为一系列具体的活动细节或组成部分，这些活动细节或组成部分叫作德育方式。德育方式既有外显的动作方式或操作方式，也有内在的思想活动方式或道德思维方式。

学校德育能否成功往往取决于德育方法。方法对头，事半功倍；方法不对，事倍功半。德育方法是促进教育对象思想品德转化的中介要素，与德育活动相伴而生，直接决定着德育活动的方式和存在状态。

（一）德育方法的特点

德育活动的形式丰富多彩，因此，历史上积累起来的德育方法极其丰富。德育方法尽管千差万别但是有其共性。与其他教育领域相比，不同德育方法具有的这一共性就是德育方法的特点。人们已经认识到的德育方法的特点至少有以下几点。

首先，德育方法所要完成的任务较为特殊。德育心理学认为，一个道德概念的内化一般要经过认识发展的三种水平。一是具体的道德概念水平，对道德概念的认识是与具体的道德行为、道德形象结合在一起的；二是知识性道德概念水平，道德概念、理论、规范等作为知识而未内化为学习主体的内心观念的形式被掌握；三是内在性道德观念水平，对道德问题的认识不仅达到了理性的概念水平，而且道德知识已经转化为个体的道德观念（最后成为道德信念），成为自己道德评价的依据和道德行动的准则。一般的认知性教与学，对知识的学习达到第二阶段就基本完成了任务，而德育则必须达到第三种水平。所以，信念问题、情感问题才是德育的核心和关键。从方法的角度看，不能作用于学生的情感，不能有助于学生信念的建立的德育方法都是不合格的。

其次，对应用德育方法的主体要求较高。德育由于涉及情感、信念的问题，所以对应用方法的主体也有特别的要求。一是德育过程中身教重于言传，教师的道德人格就是德育的工具，是德育方法的有机组成部分之一。德育方法只有与教师的道德人格结合在一起才能发挥真正的教育功效。二是德育的价值性使教育意图的处理变得困难起来。一般教育活动教师公开自己的教育意图没有问题，有时甚至还有积极功效。但是德育过程中过于公开的教育意图往往会导致学生的心理抗拒，削弱教育效能。所以德育在方法上必须处理的问题是：要么公开教育意图，但是必须真诚，不致学生反感；要么采取较为间接、巧妙的形式实施德育。因此德育方法是否有效的一个关键是师生间能否建立亲密和信任的人际关系。

最后，德育方法及其运用的复杂程度高。关于德育方法的复杂性，除了上述两个方面直接构成理由之外，还有一个时间上的原因，那就是德育效果取得的情境性、长期性与反复性。这里着重解释一下"情境性"：一种方法在此时此刻、此个体身上有效，但换一个时空环境，对同一个体可能没有效果。所以，如果说德育方法有其特殊性的话，最大的特殊就是德育方法及其效能发挥的复杂性。德育方法实际上只能是德育艺术。

（二）影响德育方法选择的因素

德育方法是德育活动目标达成的中介。所以德育方法的选择往往会受到德育过程内外各方面因素的影响。从宏观的角度看，德育方法会受到一定社会的文化、政治经济发展和体制因素等方面的影响。所以我国许多德育论方面的著作都一致指出：德育方法有一定的历史性和阶级性。不过从教育理论的立场出发，在德育过程之内进行德育方法决定因素的分析是德育原理需要着力的重点。一般来说，直接影响德育方法选择的主要因素有以下几点。

其一，教师和学生因素。教师方面，首先必须考虑的是教师作为具体德育活动主体的特点，即优势和不足。从事德育活动的教师宜选择那些能够发挥自身特长的德育方法，尽力避免选择那些自身条件不足因而可能为某种方法所累的德育方法。在学生方面，最主要的考虑是特定学生及其群体的道德发展水平、实际的道德经验、身心发展实际、文化背景、兴趣和个性、特长等，以做到因材施教。

其二，对德育过程的理解与设计。德育过程观不仅影响对德育过程的解释，而且影响对具体德育活动过程的设计，影响到教育方法的选择。当一个教师将德育理解为传统的赫尔巴特式的教育过程时，其德育方法可能已经选择以讲授法等"灌输"的方法为主。而当教师接受杜威式的德育过程观时，让学生在道德生活中学习，或者提供必要的材料，鼓励学生假设和推理，发现的所谓价值体验、价值澄清的方法等就会成为教师的首选。同理，依据具体的德育任务，教师怎样设计某一具体的德育的活动过程，也就影响教师对具体德育方法的选择。

其三，其他要素的影响。这里讲的"其他要素"主要指德育目标、德育内容、德育手段等。如前所述，德育方法当然要以德育目标为最根本的选择依据。同时，德育方法为了完成一定的德育目标，还必须与相应的德育内容相适应。这就是说，要考虑到具体教学内容去选择教育方法。比如，教育内容决定着德育方法不同于体育方法，同时，在以知识传授为主要内容的教学过程中与以规范训练为主要任务和内容的德育过程中，教师也应选择相应不同的教育方法。教育手段是指具体的教育活动的工具形式和媒体手段等。应当考虑不同的教育手段的实际来设计教育方法。比如，在电化设备具备且需要应用时，即使同样使用讲授法，也会与传统的讲演法有显著的不同。目前，教育手段、教育技术上的迅速变化，如计算机辅助教学（CAI）以及教育网络化时代的到来，也正在对传统的教育方法提出了进一步改进的要求。德育方法应当根据德育过程的所有条件和要素来决定。

德育方法选择的具体要求：一是针对性，走出放纵、溺爱、虐待（肉体、精神）的误区。二是时代性，在多元化社会里培养判断能力、道德敏感性、自我教育能力。三是有效性，充分调动受教育者参与育德的主动性，增强德育的吸引力。

二、几种常用德育方法的应用

德育的实施过程是使教育目标在实际操作中得以实现的过程，因而这一过程采用的方法就成为教育方法体系中最具实效性的部分。我国古代就有"因材施教""慎独""自律""知行统一""长善救失""启发式教育""吾日三省吾身""听其言，观其行"等教育方法。毛泽东同志在长期的革命实践和战争中，总结出许多德育方法，诸如批评与自我批评、榜样示范、自我教育、以理服人等。由于德育过程是一个受多种因素互相影响的过程和受教育者品德是一个多层次发展的过程，这就决定了德育方法具有多样性和多变性的特点。正如不存在包治百病的灵丹妙药一样，德育也不存在万无一失的方法。本节主要介绍几种常用的德育方法。

（一）说理与激励法

1.说理法

说理法是指教师通过阐述某种思想理论，启发开导学生，以理服人的教育方法。在德育中，之所以要用说理教育，其依据是：其一，解决思想问题必须依照思想发展的规律，思想问题的产生是与人们的认识角度、认识能力及环境等各种因素密切联系的，思想问题的形成有一个逐渐积累的过程，思想问题的解决，也绝不是一朝一夕可以完成的，人不可能在短时间内完成认识上的跨越，企图用行政命令的方法解决是非问题、思想问题，不但没有效力，而且是有害的。其二，德育的目的是引导学生形成正确的理想和信念，正确的理想和信念的形成需要经历复杂的过程，它需要以对某种理论的认识为基础，并经历情感接受和理智支撑等过程才能形成。德育必须坚持循序渐进、进行耐心的说理教育，正确的理想和信念才能在与错误的思想认识相比较、相斗争中逐渐确立。因此，一个人形成思想的复杂过程绝不可以用一种简单的压服的方法完成。

说理教育方法在实施过程中应注意以下几个方面才能使诲人之理真正进入人的心田。首先，说理教育必须坚持以理服人。教师所传播和宣传的思想理论必须具有真理性，理论只要彻底，就能说服人，这是说理教育的前提条件，也是说理教育的力量所在。其次，有的放矢。说理教育做到针对当代大学生的思想实际和他们关心的"热点""难点"问题，有的放矢；对他们反映出的思想问题进行实事求是的分析，分清思想问题的症结与性质，对症下药；针对不同的教育对象的情况采用不同的方式。最后，讲究说理艺术。一是要讲究语言艺术，善于运用幽默风趣的语言评述深奥的道理；二是要善于寓理于事，用生动、形象、具体的事例说明讲述的道理，事例的选择要具有新、近、精、实的特点。要选"新"的事例，"接近"大学生接受视域范围的事例，"精"选具有典型性的事例，确有其事的"实"例。

2. 激励法

激励法是指持续地激发人的动机，使人提高积极性，从而达到提高行为效率目的的教育方法。秋瑾说过："水激石则鸣，人激志则宏"。现代心理学研究表明，人的工作热情在经过激发与未经激发之间有着巨大的差异。德育的重要功能之一，就是要运用多种激励手段，激发和调动学生参与现代化建设的积极性和创造性。

新时期，德育的一个根本性的转变是，在德育的着眼点上，实现从批评教育到调动学生积极性的转变。把德育仅仅看成对学生的批评和改造，其结果是把教育对象当成了一个被动的客体。事实上，德育更为根本的目的在于通过对学生进行德育来激发和调动学生的积极性。换一句话说，即德育不仅要消除思想障碍，更要通过思想激励手段使学生不断地在原有的水平上再迈出新的步伐。德育之所以将激励作为新时期德育的重要方法，因为它是调动学生积极性的有效方法。

激发学生的积极性，就要研究学生的积极性的源泉，这样的激励就不是盲目的。学生的需要是学生的积极性的动力要素，学生产生积极的行为的关键在于采用什么样的措施来满足学生的需要。学生的需要是分层次的，由于需要的层级不同，必须给予不同的激励方法。

在德育中，激励的方式很多，以学生的行为过程为依据，可以分为四种。

第一种，在学生行为之前所采取的激励方式，以目标激励为代表。运用目标激励应注意的问题是：目标对教育对象要有价值，才具有激励作用；目标的设置应以引起教育对象的适度期望为宜；目标应具有层次性和阶段性；设置目标时要将个人目标与集体目标、国家目标尽量相结合。

第二种，在学生行为过程中所采取的激励方式，以强化激励为代表。强化激励是教育者对教育对象的行为肯定或否定，使其行为进行或停止的激励方式。运用强化激励应注意的问题是：强化要及时，不能搞"秋后算账"；肯定、赏识、赞扬使正确行为得到支持的正强化激励，与否定、批评和制止使错误的行为消失的负强化激励，两种方式要结合运用；要依据客观情况对强化的程度掌握"适度"、准确的原则。

第三种，在学生行为之后所采取的激励方式，以奖励激励为代表。运用表彰等手段，对学生的思想行为及行为结果予以肯定，使之得到发扬。奖励是最有效的激励方式之一。运用奖励激励应注意的问题是：奖励要及时、适当、公平；把赞许的重点放在效果上，多考虑如何高效率地完成任务和提高素质。

第四种，贯彻于学生行为始终的激励方式，以信任激励为代表。信任激励是通过对学生的信任、尊重、支持等激发其积极性、主动性和创造性的激励方式。信任激励可以使人产生自尊心、自信心、兴奋感、满足感等多种美好的情绪体验。关怀激励、情感激励、授权激励、理解激励、归属激励等都是信任激励的具体体现。运用信任激励应做到：理解学生的困难，相信学生的能力，支持学生的创造精神；为学生施展才华创造条件提供机会；尊重学生的人格，尤其是对失足沦落、犯过错误的学生，更应给予关怀和信任激励，提供改正的机会。

（二）情感法与指导法

1.情感法

情感法是教师通过真挚的情感、善意的言行，激发学生的感情共鸣，使其形成正确思想的教育方法。情感法所以能起作用的原因有两个，其一，情感具有调节效应。情感是人的需要与客观事物之间联系的中介和联系的产物。人总是按照一定的情感方式调节自己的思想和行为。情感对于人们的认知过程具有组织或抵触效能。同样的道理，施受双方情感融洽，人们对讲述的道理接受起来就没有障碍；如果施受双方情感隔阂，即使讲述的理论是正确的，教育对象也会拒之千里。其二，情感具有感化效应。情感教育需要情感沟通与感化，一个人只有倾听了正确的道理并且被感化之后，这些道理才能铭记于心，生发出亲身实践的要求，产生正确的行为，并且保持持久。

进行情感教育的基本要求有如下三点。

第一，师爱。教育者以自己的品德、情操和对受教育者深切期望的态度来感染对象。人是有情感的，情感是德育的"催化剂"。自觉的、理智的、高尚的情感是陶冶、感化的基本因素，教师从对课程内容的发觉，到教学策略的选择，从对问题的设计，到课堂氛围的营造，都有师爱的意蕴。德育是一种渗透着爱的教育，是用爱进行的教育。只有透过爱，教育才有可能。教师的爱应体现三方面的内容，即关心、尊重和要求。只有严格要求而没有关心、尊重的爱，并不是爱。只有关心、尊重，而没有要求的爱是放纵。只有关心和要求，而缺乏尊重的爱，也是有缺陷的爱。关心就是细微的体贴之心，就是主动觉察学生表现出来的或尚未表现出来的各种需要，并给予及时、适时的应答，尊重就是要认识每个学生不同的个性，去发现、了解他们，发掘他们身上的闪光点；尊重就是理解与信任，是换位思考、以心交心。

教师的尊重会消除一些学生对自己不适当的低评价。许多行之有效的经验都证明，只有在关心和尊重的基础上，教师对学生严格的要求才可能被学生接受。

在若干种情感法尝试中，对德育情感予以充分关注的如美国斯坦福大学教育学院教授诺丁斯（Nel Noddings）。20世纪80年代她提出了德育的关怀模式。诺丁斯强调，如果我们"按照数学方式处理德育的话，我们就大错特错了"。所以，关心者与被关心者的关系应当成为德育的基本人际关系；教师应当淡化职业角色，不仅是帮助者，更要成为关心者；教师和家长应当与学生进行真诚、平等的对话；教师应当跟着学生原来班级直到毕业，以利于长时间地了解和关心学生；创造"关心"的机会，在关心的行动中学会关心，等等。

第二，切实帮助学生办实事、解决实际问题。以情感人不能只停留在口头上，还应落实到行动上。学生正是从帮助他们解决的具体问题和实际困难上真切地感受德育者的诚心实意。尤其对那些暂时后进和思想问题比较多的学生更是如此。只有给予他们更多的帮助、更多的关心，他们才能更努力地学习和工作。

第三，情理交融，以理为主。教师要懂得情感教育的力量，也应了解情感的局限。德育陶冶性灵，培育身心，引人思进。德育有时是"三分情，七分理"，情与理是互为补充、互相渗透的，既要寓理于情，以情为基础；又要寓情于理，以理为主打。这样的德育才会更富有摄取人心的魅力。所以，情感法有时须与其他教育方法结合起来才能发挥最大的教育功效。

2. 指导法

指导法是教师指导学生进行思想道德上的自我修养，从而提升思想道德水平的教育方法。由于这是一种以学生自我修养为核心的教育方法，所以也有人称为"自我教育法"。不过"修养指导"与"自我教育"还是有一定的区别的。区别在于自我修养过程中有无教师的"指导"的存在。

指导法存在的合理性建立在两大基础之上。其一，任何德育过程的实质都是主体自我建构的实现。不通过主体自身的价值体悟与接纳，任何思想道德真理都无法让学生真正接受。按照辩证唯物主义的观点解释就是：内因是变化的根据，外因通过内因起作用。正是因为这一点，一些学者主张将修养指导的方法与德育的方法并列，成为德育方法两个地位相当的组成部分。其二，学生，尤其是青年时期的学生有一种自我意识凸显的时期。他们会自觉不自觉地对自己的内心与行为做出反思、反省，有希望自己成为一个高尚的人的愿望，并且会自觉不自觉地约束自己的行为。品德修养存在是修养指导法存在的最现实的依据。

教师指导学生自我修养首先要激发学生自我教育的动机，然后指导学生掌握修养的标准，进行自我评价、道德情感体验，在社会实践中锻炼品德，养成自我教育的习惯。所以，指导法要做的主要工作有如下三点。

第一，培养学生自我修养的自觉性。修养的前提是主体的思想道德发展需求。启发和激发学生修养的动机是指导法的首要环节。具体方式可以是鼓动、读书、报告等。

第二，帮助学生制订修养的标准与计划。有了修养的动机，就必须有修养的行动。为了进行有效的修养，制订恰当的修养目标和计划是避免修养盲目性的一个重要方式。教师应当鼓励和帮助学生制订程度适当、具体可行的修养目标与计划。

第三，指导学生监控和评价自己的思想道德表现。修养过程实际上是一个意志锻炼的过程。应当鼓励学生在实践中不断反思自己，自我监控、自我评价、自我激励，形成修养的连续动力，形成修养习惯。而自我评价过程的一个重要方面是帮助学生在实践中实现和欣赏自己在情感体验、意志磨炼及行为策略上的提升。

在指导法中，读书辅导法是一个十分重要的方法。我国教育家朱熹不仅重视读书，而且重视对读书的辅导，为此他曾经提出过著名的"朱子读书法"，指出读书应当注意六条原则：循序渐进、熟读精思、虚心涵泳、切己体察、着紧用力、居敬持志。应当说朱熹的思想具有十分重要的德育价值。

读书，尤其是读好书，无疑具有思想道德修养的价值。教师在指导时应鼓励、推荐、辅导和支持。所谓鼓励，就是应当将读书，尤其是课外的读书活动作为一个积极的修养行为予以提倡和褒扬。所谓推荐就是应当依据不同学生的实际适时推荐有利于学生成长的读物。所谓辅导，就是要引导学生学会读书，包括介绍一些读书的方法，帮助学生制订读书计划等。所谓支持，除了以上诸点之外，还应当注意营造读书的氛围，比如，开展读书比赛、读书心得报告会、书评等活动，使读书与修养、读书与教育有机结合起来，并相互支持。

第二节 高校德育环境及其评估

一、德育环境

马克思主义认为，每个事物的运动都和它的周围其他事物互相联系着和互相影响着。大学生思想品德的形成，必然受外界条件的影响，因而必须把握环境诸因素对高校德育及学生的思想政治品德形成的影响。为此，首先要弄清德育环境的含义、特征及其作用。

(一) 德育环境的含义及研究意义

1.德育环境的含义

环境在汉语中是指周围的地方，周围的情况和各种条件，即围绕着人类的外部世界。因此，所谓环境，是指特定的社会人们赖以生存和发展的各种条件的总和。换句话说，环境是指生物体生存空间内各种条件的总和。

教育学告诉我们，影响教育对象的一切外因的总和称为教育环境。所以，德育环境，是指在德育过程中，学生所直接接触到的，影响德育活动及影响学生思想品德形成的周围外部条件的总和。具体说来，包括人类生存发展影响德育的一切自然条件、社会物质生活和精神生活条件，诸如生产力水平、社会的政治制度、经济制度，人们的物质条件、社会意识形态进步程度、社会风气、社会思潮、文化传统、周围的人际关系，言谈举止，穿戴起居等，凡是与人的思想发生关联的政治的、经济的、物质的、精神的、社会的、家庭的、整体的、个体的影响条件都可以构成教育或德育环境。因此，德育环境是一个复杂的系统。

2.研究德育环境的意义

研究德育环境，对于加强高校德育，提高高校德育的效果，培养社会主义一代新人有着十分重要的意义。

（1）研究德育环境，能够使我们创造优美的环境，改造恶劣的环境。同世界上一切事物无不具有二重性一样，德育的环境也具有二重性：优美的环境和恶劣的环境。我们应发挥人的自觉能动性，研究并掌握环境发展的规律，积极去发现和创建优美环境的资源，提供更多更好的德育场所，如创建爱国主义教育基地，创建人文景观，创建中华民族英雄人物的纪念馆等，发挥环境的作用，促进德育健康发展。同时，也要努力改造恶劣的环境，使之转化成好的环境，使德育沿着健康的轨道，积极向上发展。

（2）研究德育环境，能使我们充分利用好的环境，搞好高校德育。毛泽东指出："外因是变化的条件，内因是变化的根据，外因通过内因而起作用。"紧紧抓住学生的内因，是搞好德育的内在根据。但是，德育的环境也是不可缺少的外部条件。它对德育，对人的思想品德的形成和发展起重要的作用。充分利用好的环境，发挥它的积极作用，能促进德育的健康发展，形成大学生的先进思想和好的品德，促进人的发展。

（二）德育环境的特征及环境在德育中的作用

1.德育环境的特征

从德育环境的含义来看，我们知道，环境是教育对象同周围的一切关系所构成的。有人就有思想，有思想就必然同周围的人和事发生联系，这种联系就构成了德育环境的多种特征。

（1）广泛性。德育环境是链式反应的。从普遍意义上讲，每个人都同周围事物有着直接联系，而这许多事物又同别的许多事物有联系，只要是人涉及的认识的或没有认识到的社会对象，都可能构成环境，这就决定了环境的无限广泛性。从空间上讲，宇宙无穷大，现代科学的发展，航天技术的应用，使人类活动范围不断扩大，扩大了环境的领域；从时间上讲，人类不断对远古社会的认识发现，对原始人类及地球起源等方面的研究，也不断为环境提供了宽阔的领域；从发展上讲，人们不断对未来的预测、分析以及创造环境能力的加强，也在拓宽环境这一地带。因此，我们才说环境具有链式反应的无限广泛性。

（2）具体性。在唯物辩证法看来，世界上一切事物的存在都是具体的，没有抽象的事物。同样，德育的环境也是具体存在着，没有抽象的环境。每个人都在一定的社会关系中生活，处在一定的自然环境、社会环境和精神环境之中。我们开展德育，就离不开这种特定的具体环境，人的思想品德政治观的形成也离不开这种具体的环境。因此，只有深入研究德育的具体环境，才能有效地进行德育，做到一把钥匙开一把锁。

（3）依存性。环境作为条件是依存于对象而发挥作用的，环境和对象是相互依存的，谁也不能独立出来，没有对象就无所谓环境，环境虽然客观存在，但离开了对象就失去了意义，就不是我们这里所要研究的环境了。对于一个人，整个世界都是他的环境，这是从总体的抽象观念上谈的，具体地讲，一个人不可能接触整个世界的各个领域。这个环境只是就其已经接触或认识的方面而言的，每一个人都有一个特定的环境，因为每个人所接触的，所思所感的并不完全一样。

（4）环境具有变异性。唯物辩证法认为，一切事物都处在不断运动、变化和发展之中。德育的环境也是在不断运动、变化和发展之中的。也就是说，一是环境是动态的环境，它本身在不断地更新变化；二是人的观念、个性由于环境的影响而形成和发展，环境刺激思维，思维刺激行动，行动反作用于环境，环境又产生新的变化，这种循环往复的过程，决定了环境总是处于不断的变化之中。这种变异性，就决定了环境的可创造性。

2.环境在德育中的作用

环境在德育中起着重要的作用。我国古代的思想家已经看到了环境对人的思想品德形成的重大影响。春秋时期的墨子认为，人性如"素丝"，"染于苍则苍，染于黄则黄"。荀子用"蓬生麻中，不扶而直，白沙在涅，与之俱黑"来说明环境对人格、对人的思想品德形成的重要影响。人们常说的"入鲍鱼之肆（铺子），久而不闻其臭""入兰凤之室，久而不闻其香""近朱者赤，近墨者黑"。这些看法颇具唯物主义的哲理。

（1）环境是德育能够进行的必要条件。人的生存和发展离不开社会，社会也离不开人，正如马克思指出的："个人是社会存在物。社会不过是处于相互关系中的个人。社会本身，即处于社会关系中的人本身。"正因为人的生存和发展离不开社会，所以塑造和培养人的先进思想、优秀道德品质也就离不开特定的环境。自然环境为人们进行德育提供物质条件；社会环境和精神环境为德育提供了社会氛围、内容和目标。因此，人类脱离环境就无法生存和发展，更谈不到进行德育了。

（2）环境对学生的思想政治品德形成有着重大的影响。

1）环境对学生的思想政治品德形成能起潜移默化的感染作用。相传孟母三迁，选择了一个好的环境使孟子成为博学之才。古代人的思想和行为，对我们认识人性的形成和环境的关系，都不同程度地有一些积极意义，值得我们借鉴。现今，环境能影响学生的性格、思想和感情已成为不争的事实。优越的自然环境，美好的社会环境和良好的精神环境，能启迪学生们的思想，引导学生积极向上，陶冶学生的情操，铸造学生的美好心灵，使学生思维敏捷、情趣高尚、人际关系和谐、意志坚强。就是说，学生在这样的环境中有益于培养和塑造自己的优秀思想道德品质。相反，恶劣的自然环境、不良的社会环境和颓废的精神环境，能潜移默化地使学生思想消极颓废、精神萎靡不振、情趣卑劣低下、心胸狭窄、道德败坏。就是说，生活在这样环境中的学生，就可能形成颓废的思想和丑的人格，形成卑劣的道德品质。有些学生因接触坏人而走上犯罪道路，就是例证。另外，环境的好坏，还直接关系到德育的效果，在一个坏的环境中进行德育，往往起到事倍功半的效果，而在一个好环境中开展德育，常常容易收到良好的效果。总之，环境对人格的形成和发展有着不可低估的重大的感染和改造作用。

2）环境对德育、对学生思想品德的形成能起约束和规范的作用。生活在社会中的人，不能不受许多东西的约束，德育和思想品德政治观点的形成，也必然处在一定的德育环境中，社会的政治法律制度、法律规范、道德规范、行政规范，占统治地位的社会意识形态等都约束、规范着德育，规范着人们的行为及思想政治品德的形成。因此，德育同它的环境必须保持协调发展。

3）环境对人的思想品德形成有着重大的创造作用。环境在人的思想品德形成中，在人们的德育中，一般说来不起决定性作用。但是，在特定条件下，它对人们的思想品德的形成，有重大的创造作用。马克思认为，环境也创造人。德育的环境对人的思想品德的形成或起积极的创造作用，或起消极作用。一般说来，好的环境能形成优秀品德、造就美的心灵和美的人格；坏的环境容易造就丑的人格，容易产生坏人。18世纪的法国唯物主义者认为：人是环境的产物，是教育的产物，好的环境、好的教育造就好人，坏的环境、坏的教育造就坏人。这里面包含着合理的思想。

二、德育评估

德育就是育德，就是培养人，就是使年轻一代成为符合社会发展需要的建设者和接班人。如何有效地开展德育活动，作为德育系统组成部分的德育评估起到了关键的作用。可以说，定规矩，以成方圆，没有系统化的评估体系来切实衡量德育工作，德育工作很容易滑进"说起来重视，做起来忽视"的泥潭。中共中央、国务院《关于进一步加强和改进大学生思想政治教育的意见》指出，"要把大学生思想政治教育工作作为对高等学校办学质量和水平评估考核的重要指标，纳入高等学校党的建设和教育教学评估体系"，这就凸显了高校德育评估的重大意义。通过德育评估，肯定成绩，找出问题，可以发现当前德育工作中存在的某些问题和不足，找出德育现状与预定目标之间的差距及其产生的主客观原因，找准德育工作的着力点，为不断改进德育的实施提供反馈信息和决策依据，把诊断和教育结合起来，调整和控制德育过程，提高德育工作的成效。

（一）德育评估的含义与特点

德育的评估，是判断德育的效率、效果和社会作用的重要途径，是整个德育过程的重要环节，也是德育学的重要内容。那么，什么是高校德育评估呢？

1. 评估与高校德育评估

评估与英文Assessment相近，原意是指评定、估定的意思，可被解释为"评述"、"评判"和"估价"，是一种实证分析、事实判断，即判断价值高低之意。由于人有意识、有自觉能动性，因此，人们对事物、现象能够进行评价，人们对德育的效果、社会作用等也经常进行评判、估价。

德育评估，是指人们根据一定阶级、集团的思想品德要求，实施德育过程以及对被教育者施加影响所取得的实际效果和社会作用进行评判和估价。其本质是一种思维创造性活动的过程，即人们的思维对德育的评价过程、价值判断的过程。特别是对德育实施的效果做出肯定或否定的价判断，判明通过德育是否达到了预期目的、目标及其产生了何种社会作用。因此，德育的评估是评定其效果、效率和社会作用的重要环节。

高校德育评估是高等学校德育的有机组成部分，是指教育行政主管部门、教育科研机构、社会以及高等学校等根据党和国家的教育方针、法规和教育目标，按照促进大学生全面发展的教育规律，通过系统的信息收集、判断、分析等，有计划、有组织地运用科学手段、形式和方法，对高等学校德育领导体制、组织机构、规章制度、内容、途径、方法、教育者和受教育者、硬件建设等德育工作质量状况以及德育效果作出价值判断，以保证德育目标实现并为德育决策提供依据。高校德育评估既是高校德育活动过程的一个十分重要的环节，又是对高校德育活动过程进行宏观调节和控制的重要手段。科学的德育评估既可以为德育目标的制定、德育内容与德育方法的优选提供依据，又能使德育效果外化，得到社会的认可。

影响高等学校德育的因素包括学校、社会、家庭等诸方面，而学校、社会和家庭又都涉及较多、较复杂的因素,因此,本节所讲述的德育评估,是针对高等学校德育活动的价值评判活动来说的。

高校德育评估不同于一般的课程评估或专业评估,德育评估体系的建立,影响着对高等学校德育价值尺度的正确认识和宏观把握,反映着高等学校德育工作及人才培养现状。从评估的主体角度来分析,德育评估不仅有政府、教育机构的评估,还有社会性评估机构的评估;不仅有高等学校的自我评估,还有学生对德育评估的参与等。

之所以能对德育进行评估,是因为德育的目标、要求的设定是客观的;被教育对象的思想品德状况、水平的变化也是客观的;实施德育以后,被教育者的思想品德水平同教育目标、要求之间的差距缩小到何种度,德育的社会作用也是可以通过定量分析和定性分析加以测定的。因此,人们对德育的实际效果及其效果程度、社会作用能够作出正确的价值判断。

2.德育评估的特点

德育是一项极其复杂的活动,它的效果是极其复杂的。这种复杂性,形成了德育评估的复杂性及其特点。

(1) 阶级性。德育从来都是有阶级性的。每一个阶级都从本阶级的立场、世界观和利益出发而构建本阶级德育的目标、任务和内容,也是按照本阶级意图来实施德育。德育的评估总是由一定阶级、集团和个人来实施的。他们总是从本阶级、集团的利益、需要出发,也总是按照本阶级设定的目标、内容和任务、价值取向来作出评估的,即一定阶级、集团总是把德育与自身的利益要求联系起来进行分析。就是说,各个阶级评估德育效果的标准是不同的,甚至是截然相反的。因此,德育的评估有着强烈的阶级性。

但究竟哪个阶级的原则是正确的?只有那些在历史上属于先进的阶级,才能作出正确或比较正确的判断,而那些腐朽的阶级,违背历史发展的基本趋势,因而他们所作的判断是不可能正确的。因此,评估一个阶级的德育是否先进,要看这个阶级是否代表先进的经济关系,是否代表历史发展的总趋势,而不是依主观而定。我们对德育的评估是以马列主义为指导,以党的根本任务和德育的具体目标来进行德育的效果评估。当前,我们的根本任务是实现社会主义现代化和全面建设小康社会,评价高校德育的效果和社会作用,就不能离开这个宏伟的战略目标。因此,德育评估就不能离开阶级性的特点。

(2) 历史性。历史性,就是指把要评估的德育放到特定的历史条件下、特定的社会关系中,特别是放到特定的生产关系中进行评估,而不能脱离时代进行评估。首先,这是因为任何阶级的德育,都是在一定的经济关系基础上产生、形成和发展的,反过来,它们又都是为一定经济关系服务的。因此,离开特定经济关系，离开特定时代，是无法对德育作出正确评估的。其次，任何阶级的德育总是在特定条件下进行的，德育评估也不能离开特定的条件。况且，德育本身也是随着条件的变化而不断变化的，德育评估也必须根据变化了的条件而具体地加以评估。因此，历史性是德育评估的重要特点。阶级性和历史性的特点是紧密联系的。阶级的德育总是在一定的历史条件下进行的，一定的阶级又总是代表一定生产关系的。因此，我们既要坚持阶级性，又要坚持历史性，才能既唯物又辩证地评估德育，从而作出正确的评估。

（3）客观性。德育的评估是由有意识、有目的的人参与的，但这并不排斥德育的评估具有客观性的特点。毛泽东早就指出："我们是马克思主义者，马克思主义叫我们看问题不要从抽象的定义出发，而要从客观存在的事实出发，从分析这些事实中找出方针、政策、办法来。"又说："'实事'就是客观存在着的一切事物，'是'就是客观事物的内部联系，即规律性，'求'就是我们去研究。……而要这样做，就须不凭主观想象，不凭一时热情，不凭死的书本，而凭客观存在的事实，详细占有材料，在马克思列宁主义一般原理的指导下，从这些材料中引出正确的结论。"德育究竟是有效、无效、有效程度，以及有何社会作用都是客观的、不以人的意志为转移的。德育的评估正是对德育客观过程真实的正确评判。能否坚持德育评估的客观性，既关系到能否坚持唯物论和辩证法的科学真理，又关系到评估的可信度问题。坚持高校德育评估的客观性，就是坚持实事求是，一切从实际出发，排除人的主观随意性、片面性和表面性，真实而又全面地反映德育的实际效果。否则就有可能夸大或缩小德育的实际效果，而作出错误的评判。

（4）全面性。列宁指出："要真正地认识事物，就必须握住、研究清楚它的一切方面、一切联系和'中介'。我们永远也不会完全地做到这一点，但是，全面性这一要求可以使我们防止犯错误和防止僵化。"列宁的这一教导为德育的评估指明了方向。

德育是一个极其复杂的系统工程，德育的社会效果也是由诸多方面构成的统一整体。因此，全面性是德育评估的重要特点。这就是说，全面性是与片面性相对而言的，是指对事物各个方面的照应。全面性要求在评估过程中，从整体上把握德育活动的全过程及德育活动规律，从全局出发，对德育的实际效果、社会作用要做整体上的分析，而不能片面地挂一漏万地评估它的效果和社会作用。我们既要重视德育的现实效果、效率、社会作用、教育目标、教育内容、教育任务、教育方法、教育途径、教育的领导和管理、教育队伍、教育的状况、思想水平、教育环境、教育过程等的评估，又要兼顾德育潜在的和长期的效果，如果背离了这一点就会犯形而上学的错误。因此，只有对德育的所有方面进行评估，从而达到在整体上、全方位上对德育进行综合的评估，才能得出科学的正确的结论。当然，强调德育评估的全面性，不是在评估时不分主次，对各要素等量齐观。要辩证地对待全面性与重点性问题，如对高校一年级与对四年级德育活动评估的重点就不可能一样。

(二) 高校德育评估的功能与意义

1. 德育评估的功能

德育评估活动具有与一般教育评估活动相一致的作用，因此，它也同样具有评估所固有的鉴定与诊断功能、激励功能和调控功能，而德育评估的功能在其本质上是由德育实践活动规律决定的。我国高校德育价值观决定了德育评估的方向及维度，与西方个人本位主义德育观形成的注重个人评估不同，我国则注重国家及社会整体评估和学生个体评估两个维度。整体评估往往从德育的条件、德育活动的实施、德育的效果入手，反映的是高校德育的整体目标，为国家及学校宏观控制德育活动及高校自身加强和改进德育工作提供依据；而个体评估则是从学生的思想、政治、道德素质入手，反映的是德育工作的效果及学生素质的提高。因此，这两个维度基本反映了我国高校德育评估独特的功能。从这两个维度出发，我们认为高校德育评估的功能主要有如下三个。

（1）导向功能。德育评估的导向功能是其题中应有之义，是客观存在的，这就是德育评估为德育工作指明政治方向，使之保持社会主义性质，沿着党和国家教育方针所指引的方向发展。德育评估始终关系到培养什么人、走什么路、党的领导能否实现的重大问题，这就决定了德育评估必须把解决政治方向和政治原则问题贯穿于全过程，把政治导向功能放在首位。

近年来，有些人要求淡化德育中的政治意识，提出了德育功能的一个转变就是由政治性功能向生产性功能转变的观点，片面强调德育评估的评价作用而淡化其政治导向功能，导致有一些人淡化政治、淡化马克思主义在意识形态领域的指导地位，不学政治理论、不谈政治观点、不问政治方向，忽视德育评估的导向性。

事实上，德育主要是培养学生的思想素质、政治素质、道德素质、法纪素质、心理素质等，具有多方面的功能，当然不能完全政治化。如果政治化了，就会取消或削弱其他方面的功能。德育的政治功能就是体现生命线的作用，"生命线"寓于一切工作中，一切工作由"生命线"统帅，即用正确的理论、思想、原则、方针为其他工作服务。德育及德育评估总是为一定阶级、为一定政治目的服务的，具有强烈的阶级性和政治性，这正是德育评估与其他评估的本质区别之所在。由此可见，高校德育评估不是一般的把人的认识转化为实践的工作，也不是一般的素质塑造工作，更不是一般的心理行为引导工作，它的核心在于激发大学生的政治觉悟，把马克思列宁主义的意识形态和无产阶级政党的纲领、路线、方针、政策转化为大学生的思想和行动,把非无产阶级思想逐步转化为无产阶级意识和社会主义的思想,全面提高大学生的素质,调动社会主义建设积极性的工作。因此,"讲政治""从政治上看问题"是德育评估的根本所在,也正是德育评估政治导向功能的具体体现。

（2）教育与发展功能。对德育评估教育功能的研究和认识呈现两种思路:一是把教育功能向社会发散,强调具有多样性功能,如经济功能、政治功能、文化功能等;二是将教育功能聚焦于促进人的培育与发展上,强调内向深入,强化其各部分各环节功能,以求综合地促进人的发展,提高教育质量。

德育是在人类社会演进过程中而出现的并不断完善的培养人的素质的特殊活动,是在特定的时空条件下,通过有目的、高效率的教育活动,促进人的全面发展和社会化,使受教育者成为具有一定素质的公民。实现德育的这种作用和达到受教育者及社会所需求的一定目的,即为德育的教育功能。换言之,德育的功能就是为满足社会的需要,为社会发展与社会进步提供精神力量,为满足人的需要、促进人的全面发展提供能量,而德育评估的教育功能则集中体现在这种功能的实现上,体现在如何促进受教育者素质的提高上,也就是促进人的全面发展上。因此,德育评估所具有的教育功能有社会功能和个体功能,满足社会和个人的需要,促进社会和个人的发展。

（3）预测功能。预测是存在（现时）对事物或系统的未来行为与状态作出的主观判断。预测的目的是为决策系统提供必要的未来信息,因此,从古至今,人们就用各种方式预测未来,因为"凡事预则立,不预则废"。在科学技术飞速发展和人们的理性能力普遍提高的今天,预测成为社会实践的关键。没有预测,就没有科学的决策,也就不可能有科学的、有效的社会控制。同样,德育评估对德育也具有预测功能。通过评估,总结经验,发现问题,促使改进工作,并可以为未来决策提供参考,发挥预测作用。

由德育培育而来的人之德性是包含着人生观、理想、信念、情感、意志等精神因素的综合体,它不但是社会控制的约束力量,而且是社会活动的激活力量。无论是社会还是个人,具有正确的人生观、远大的理想、坚定的信念,就有了自觉活动的动机,就有了预定的行为目标,就会产生对未来的强烈向往,就会积极主动地预测将来。道德修养不同,人们预测的目的、角度和方法也不同。注重德育评估的预测功能,有利于加快德育观念的更新,从更高的视野上,为高校德育工作提供指南,尽快建立符合时代精神的新型德育价值准则。我国高校德育工作存在理论脱离实际的主要表现是德育理论落后于实践和无法解决实际问题。任何一种理论的生命力不在于它多么贴近现实,而在于它自身的超越力,走在时代的前面,成为实践的指导。德育评估必须在理论研究上具备超前意识,为高校德育工作的实现提供预测指导，有效地引导高校德育工作。

2.德育评估的意义

高校德育评估是高等学校加强德育工作的重要手段，也是德育工作科学化的要求；是德育管理工作的重要环节，也是实现高等学校德育目标的基本保证。评估高等学校德育工作，就是以战略的眼光来判断高等学校贯彻教育方针和实现人才培养任务的状况，并为国家进一步对其进行监督和指导提供依据。德育的评估在德育中有着重要的意义，概括起来有如下几个方面。

（1）德育评估是德育的重要环节和重要组成部分。德育的实施是一个极复杂的过程，这一过程包括四个基本环节：①教育者确定教育目标，选择教育内容，制订教育计划，选择教育的方式方法；②教育者向被教育者实施教育，指导被教育者践行教育的目的、要求；③被教育者消化教育者灌输的观点和目的、目标，并付诸行动；④总结评估德育是否有效及其社会作用。这四个基本环节是密不可分的，缺少任何一个环节，都形不成德育的整体。如果只有前三个环节，而无第四个环节，那么就根本无法知道德育是否有效及有效程度，也无法知道取得了哪些成绩，有什么经验和教训。如果连德育有什么社会效果都一概不知，那么，这样的德育就成了虎头蛇尾，一切胸中无数，成了毫无结果的教育。因而，这样的德育也就失去了意义，更谈不上对以后德育进行指导。可见，德育的评估是德育极为重要的组成部分和重要的环节。

（2）德育评估是高校落实"德育首位"、贯彻教育方针的迫切要求。德育是教育的主导，智育是教育的主干，体育是教育的物质基础。把德育放在首位，就是体现德育在教育中的主导作用、方向作用，是高等教育的重要任务，尤其是国际国内政治、经济、文化发展的新形势更凸显其重要性。那么，高等学校的"德育首位"工作究竟做得怎么样？现实中"德育首位"喊得响、做得少的现象依然存在，"重智轻德""以智代德""德育是说起来重要、做起来不重要、忙起来不要"的现象，在一些学校还不同程度地甚至是严重地存在着。有人认为，德育一直不到位的原因是尚未建成教育实体，没有建立起与高等教育多样性教育体系相适应的德育体系，学校缺少把德育放在首位的社会环境；有人认为出现重智育、轻德育的主要原因是办学指导思想上出现了偏差；还有人认为，德育缺乏实效性的主要原因在于德育本身缺乏科学性，低效能。这些分析都有其合理之处，但我们认为，"德育首位"得不到落实的一个很重要的原因就是缺乏像智育一样的运行及评估机制。德育工作本来应是动态的教育过程，国际、国内形势的变化，导致教育的环境发生了变化，教育目标、内涵及受教育者的自身要求也会有新的变化，而有的教育者把客体当作固定不变的对象，用一种固定的模式进行塑造，教育的内容、方法等千篇一律，将德育知识化、教育模式化等。教育的知识化与模式化导致德育泛教育化，这一切导致评估体系片面追求指标化、体系化，缺乏德育的真正要义以及德育评估的理性含义，对德育应有的质量问题难以得出明确的解释和评价。

开展高等学校德育评估，就是通过系统全面地考察高等学校德育状况，准确地反映各个高等学校在完成根本任务中德育落实情况的客观差异，进一步促进高等学校把既定的德育目标融入可实际操作的德育过程，改进高等学校德育工作状况，促进教育观念的更新，注重培养学生的创新精神和实践能力，确立以促进人的全面发展作为目标的思想，从而有效地落实"德育首位"意识，全面贯彻党的教育方针。

（3）德育评估是改进和加强德育，提高有效性的重要途径。德育的评估，就是对德育的效果和社会作用作出评判，通过评判就能确定德育的有效、无效及效果程度，把德育取得的成绩、经验与缺点、错误、教训分开，检查目标是否切合实际，目的是否达到，方法是否恰当，内容、要求是否合理。这样，就为进一步改进和加强高校德育提供依据和指导，以便调整部署和进行新的安排，发扬成绩，纠正错误，推广经验，解决薄弱环节，为提高高校德育的有效性和质量提供重要途径。

（三）德育评估的内容

德育评估应包含哪些内容？这是需要进一步探讨的问题。我们认为，它有以下几个方面的内容。

（1）德育效果的评估。德育究竟是否有效？这是德育评估的最主要的内容。所谓"有效"，指能达到预期目的、效果，即正效应，一点预期目的都没有达到，称零效应，即无效果，同预期目的正相反的效果，称负效应。从效果上看，德育达到预期目的也是有层次的，它可分为有效、比较有效、基本有效、非常有效等不同的层次。同时，要对德育是否有效作出正确的评估，必须注意德育有效性的复杂表现形式，如直接的、现实的效果和潜在的、间接效果；暂时的、具体的效果和长久的、根本的效果；精神效果和物质效果等。这里需要注意的是，物质效果是指通过德育，在改变了学生思想政治观点和精神面貌以后，精神的力量转化成物质力量，创造了更多的物质财富和精神财富，从而最终表现为物质效果，推动社会前进。当然也存在着另外一种情形，即腐朽的精神力量给物质力量带来巨大的破坏，阻碍社会和谐的发展。但这是一种负面的效果。

（2）德育的目标、内容设定的评估。德育是否有效同德育的目标、内容的设定有着密切联系，如果设定的德育目标和内容太高、太空、太远，甚至太抽象，即它严重地脱离学生思想政治的实际，那么要想取得德育的良好效果，则是不可能的。如果设定的德育目标和内容太低、太具体，那么要想取得德育的良好效果也是不可能的。因此，德育目标的设定，内容的确定，必须从学生的实际出发，这就需要摸清他们思想道德觉悟的高低、水平，分析他们思想道德素质的主流和支流，掌握他们的特点等。只有这样才能制定出切合德育实际的目标和内容，从而取得良好的德育的效果。

（3）德育实施的途径和方法的评估。德育是否有效同实施它的途径和方法密切相联系，即使德育的目标设定和内容选择得当，它符合学生的实际，但如果德育实施的途径和方法选择不当，同样达不到预期的效果。生动活泼、丰富多彩的寓教于乐的方法，把思想性、知识性和趣味性融为一体，潜移默化地教育人、感染人的方法，往往能使德育取得良好的效果。而那些简单的说教的方法，空洞无物的高喊口号的教育方法，通过行政手段强制人接受的方法，常常使受教育者产生逆反心理，甚至导致教育失效。因此，德育的途径和方法也应该是德育评估的重要内容。

（4）德育效果性质和社会作用的评估。要评估这种效果的性质和社会作用，不能从德育自身是否有效得到评判，而是要看德育的目标和内容的性质。如果德育的目标和内容均具有先进的性质，即它是先进的经济关系的反映，那么，这种德育越有效，就越会起进步作用；如果德育的目标和内容具有落后的性质，即它是落后经济关系的反映，那么，这种德育越有效，它就越起着反动作用。因此，评估德育有效的性质和社会作用，归根结底要从分析决定德育性质的经济关系入手，才能判明德育有效性的性质及其社会作用的性质。

第三节　高校德育的现状及其对策

一、高校德育工作现状

高校德育的根本目标是培养和造就社会主义事业建设者和接班人，引导和帮助大学生坚持马克思主义科学世界观和方法论，树立远大理想和拼搏精神，培养良好品行和高尚情操，提高实践能力和创新能力。从当前高校德育工作的总体实践看，其效用不可替代，但同时我们也发现其在诸多方面差强人意，其主要表现如下：

（一）对德育工作重视不够

很多教师认为学生到校的任务就是学习，因此忽视了对学生综合素质的培养，其结果是，片面注重智育的发展，忽略了德育在大学的全盘工作中的地位和作用。

（二）德育方法相对陈旧

学校无小事、处处是教育，对学生的教育是通过多种渠道和方式来完成的，对不同类型的学生，对学生中的不同问题，教育的方法和内容就应该不同。单纯的说教、惩罚式的教育很难拉近师生的距离，容易使学生在心理上与教师产生隔阂，甚至有敌对情绪，不仅加大了思想教育工作的难度，其效果也不明显。

（三）德育内容的空泛

在德育实践中，我们强化的往往是思想政治教育问题，逐渐弱化了伦理道德方面的教育。"两课"教育是高校开展德育的主要途径，但因其授课内容多是理论性的思想政治教育，教师的教学很多时候不能结合社会实际和学生实际，不能结合实例说明和印证理论，从而引起学生的厌学，这样的课堂教学难以达到思想政治教育和提高学生思想道德素质的目的，德育工作因脱离现实而被弱化。

（四）德育评价体系滞后

当前很多高校对德育的评价缺乏科学的制度和方法，对学生的德育评价多是以成绩论优劣，考试成绩成为学生能否评优、入党和毕业的主要依据，而学生的道德素质和素养却显得无足轻重。学生的思想道德水平不能在真正意义上与学生奖励、毕业、就业相挂钩，导致部分学生对德育工作的忽视。用人单位也大多对学生的思想道德水平没有明确的要求，即便有，也难以得到真实具体的反映。由于德育质量和学生思想道德情况不能真正与学生的切身利益相结合，自然就降低了德育的权威性和现实感，导致了学生接受德育的自觉性和主动性大打折扣。

二、高校德育工作的对策

（一）德育工作应与时俱进

德育工作要与时俱进，要紧跟时代，更新和拓宽教育内容，重点是德育课程要充实具有时代特点的新观念、新事实、新内容。在社会生活急速变化时期，必须注意改变德育内容滞后的状况，不断更新教育、教学内容是德育的一个特点，在信息科技的时代里，现代化的传媒手段是不可忽视的。

（二）德育工作应具有针对性

德育工作具有针对性就是要求德育的内容和方法要与具体环境中具体对象的具体特点相结合，加强针对性，就要加强调查研究，把握学生思想的变化，具体问题具体分析，有的放矢地实施德育。针对性的重要体现，是确定德育目标和要求的层次性，在德育总目标统揽之下，针对不同层次、性格的特点，确定不同的具体内容和要求，形成一个系统的结构。

（三）德育工作应注重实效性

注重实效性指德育工作要创新方法和拓宽途径，培养学生自我教育能力。德育方法是实现德育目标、完成德育任务的手段。教育工作者，不要只把学生圈在校园这个狭窄的空间里，而应把他们放到社会这个大舞台上，来展示他们的能力，这样就应让学生参加一些社会实践活动，从而打开他们的视野，增长他们的社会经验。培养学生热爱劳动的习惯、实践第一的观念、为人民服务的精神。德育工作的实效性最终体现在学生形成自我教育的能力上。德育工作更需要建立民主平等的师生关系，调动学生主体的积极性，把德育要求内化为自身的需要，引导学生做到知、信、行的统一。

（四）德育工作应具有主动性

主动性，首先是由德育的性质和特点决定的，其次是客观形势的需要。德育是个系统工程，高校内要形成"教书育人、管理育人、服务育人"网络，社会上要建立和完善"社会、高校、家庭一体化"德育网络，多方配合，形成合力。党政领导要加强德育工作中重大问题的研究、决策和指导。要制定德育工作的发展规划，做到放眼未来，胸有全局。教育工作者，应在问题出现前发现苗头，及时处理制止，千万不能等靠，否则就失去了效力。每一个德育工作者和学术界去反思和研究。

第六章 高校德育的发展研究

参考文献

[1] 黑格尔.精神现象学［M］.贺麟译.上海：上海人民出版社，2013.

[2] 孙矫雁.艺术世界ABC：杜尚［M］.北京：中国人民大学出版社，2004.

[3] 夏吕姆.解读艺术［M］.北京：文化艺术出版社，2005.

[4] ［英］E.H贡布里希.艺术的故事［M］.南宁：广西美术出版社，2008.

[5] 顾铮.真实的背后没有真实［M］.北京：中国工人出版社，2002.

[6] 莱昂内尔·特里林.诚与真［M］.南京：江苏教育出版社，2006.

[7] 成有信.现代教育论集［M］.北京：人民教育出版社，2002.

[8] 侯德础.抗日战争时期中国学校内迁史略［M］.成都：四川教育出版社，2001.

[9] 冯友兰.那时的学校［M］.香港：国际文化出版社，2005.

[10] 刘海峰，史静寰.教育史［M］.北京：教育出版社，2010.

[11] 李得昇.现代教育技术在教学中的应用［J］.现代信息科技，2019，3（10）：131-132，134.

[12] 赵雅丽，李海涛.浅析"因材施教"对现代教育的启示［J］.产业与科技论坛，2019，18（12）：142-143.

[13] 王丹亚.浅谈现代教育技术在教学应用中存在的问题及对策研究［J］.湖北广播电视学校学报，2014，34（6）：110.

[14] 郭法奇，董国材.现代教育的早期探索：霍尔教育思想研究［J］.贵州学校学报（社会科学版），2017，35（1）：123-129.

[15] 常建文.基于现代教育理论的特殊教育理念探究［J］.绥化学院学报，2017，37（10）：13-16.

[16] 杨磊.现代教育技术在山东省学校体育教学中应用的研究［D］.天津：天津大学，2008.

[17] 周建新，杨瑞.过程性评价对孔子"因材施教"教育理念的传承和发展[J].教育与教学研究，2016，30（10）：9-15.

[18] 陈清梅，邢红军，雷凤兰.论因材施教及其对基础教育改革的启示[J].首都师范学校学报（自然科学版），2009，30（1）：22-26.

[19] 吕燕霞，黄磊，洪波，等.基于数据库管理的数据采集系统的设计及实现分析[J].电子设计工程，2017，25（4）：11-13.

[20] 杨开城，许易.论现代教育的基本特征与教育信息化的深层内涵[J].电化教育研究，2016，37（1）：12-17，24.